Gerhard Pilgram | Wilhelm Berger | Werner Koroschitz

ZU RANDE KOMMEN
Eine Fuß- und Bahnreise von Ljubljana zum Meer

Herausgeber: Universitätskulturzentrum UNIKUM Klagenfurt
Kulturni center univerze v Celovcu

DRAVA

ZU RANDE KOMMEN ist ein Projekt des Universitätskulturzentrums UNIKUM Klagenfurt/Celovec im Rahmen der Programmreihe DURSTRECKEN | RAZDALJE | DISTANZE 2013–2014

Projektkoordination: Emil Krištof, Gerhard Pilgram

Für die finanzielle Unterstützung dankt das UNIKUM:
dem Bundeskanzleramt Österreich, Kunstsektion, Abteilung II/7
der Kulturabteilung des Landes Kärnten/Koroška
der Kulturabteilung der Stadt Klagenfurt/Celovec
der Alpen-Adria-Universität Klagenfurt/Celovec

Kontakt:
Universitätskulturzentrum UNIKUM
Kulturni center univerze v Celovcu
Universitätsstraße 65–67 | A-9020 Klagenfurt/Celovec
0043 463 2700 9712, 9713
unikum@aau.at | www.unikum.ac.at

Titelbild: Auf der Vremščica, Slowenien

1. Auflage 2015
© 2015 Universitätskulturzentrum UNIKUM, Klagenfurt/Celovec
Drava Verlag – Založba Drava, Klagenfurt/Celovec
www.drava.at
Druck: Druckerei Theiss GmbH
ISBN 978-3-85435-743-8

Pfauenküken in Kožljek

INHALT

Vorwort und Gebrauchsanweisung 8

1. AUSSCHREITUNG
Wanderung von Ljubljana nach Notranje Gorice 13

Bahnhof verstehen 41

2. GANZ MOOR
Wanderung von Notranje Gorice nach Vrhnika 52
3. QUELLENSUCHE
Wanderung von Vrhnika nach Bistra 69
4. ZUR HÖLLE
Wanderung von Bistra nach Kožljek..................................... 81

Unter Bären 95

5. SEITENSPRÜNGE
Wanderung von Kožljek nach Dolenje Jezero 134
6. IN DIE TIEFE
Wanderung von Dolenje Jezero nach Rakek 153
7. FELDSTUDIE
Wanderung von Rakek nach Postojna 165

Häuserkampf 185

8. NUR NATUR
Wanderung von Postojna nach Trnje oder Pivka 193
9. DORFSCHÖNHEITEN
Wanderung von Pivka nach Gornja Košana 209
10. HOCHGEFÜHL
Wanderung von Gornja Košana nach Divača oder Matavun .. 226

Im Bandengebiet 251

11. GROSSER HAKEN
Wanderung von Divača oder Matavun nach Slope oder Rodik .. 257
12. ÜBER DEN BERG
Wanderung von Rodik oder Slope nach Podgorje 272
13. HOHER WELLENGANG
Wanderung von Podgorje nach Zazid 285

Kleine Wasserkunde 295

14. GLEITSTÜCK
Wanderung von Zazid nach Hrastovlje oder Gračišče 303
15.1 MEERZUGANG
Wanderung von Gračišče nach Koper................................ 312
15.2 ZU RANDE KOMMEN
Wanderung von Gračišče nach Osp 331

Trst je naš 381

16. ÜBERTRETUNG
Wanderung von Osp nach Draga Sant'Elia 391
17. STARKER ABGANG
Wanderung von Draga Sant'Elia nach Villa Opicina
oder Triest 407

Ortsregister 424
Autoren 426
Fahrplanauskunft für Bahn und Bus 428
Erläuterungen zu den Wegbeschreibungen 428

Übersichtskarte .... Umschlagklappe hinten

VORWORT UND GEBRAUCHSANWEISUNG

Wer je mehrere Tage zu Fuß unterwegs war, weiß, wie bereichernd eine solche Reise sein kann. Weitwanderungen tragen nicht nur dem Bedürfnis nach Bewegung unter freiem Himmel Rechnung, sondern ermöglichen es, in die Geschichte und Kultur einer Landschaft buchstäblich einzutauchen. Das schärft die Sinne, erweitert den Horizont und vermittelt Erfahrungen, die über die körperliche Herausforderung weit hinausgehen. Weil sich aber die Vorzüge des Wanderns längst herumgesprochen haben, ist das Vergnügen nicht immer ungetrübt. So ist mancher Pilgerweg zum Trampelpfad verkommen und bewerben manche Tourismusverbände Weitwanderwege, die diesen Namen kaum verdienen.

Eine unkonventionelle Alternative zu Jakobsweg & Co eröffnet dieses Buch. Es ist die Anleitung zu einer Fußreise durch die Notranjska (Innerkrain) und Primorska (Küstenland) im Südwesten Sloweniens sowie durch den italienischen Carso Triestino im Hinterland von Triest. Die fast dreiwöchige Tour beginnt am Hauptbahnhof von Ljubljana, führt über den Notranjski kras nach Postojna, verzweigt sich dort in eine Nord-*) und eine Südroute, die sich bei Divača wieder vereinigen, und endet wahlweise in der Altstadt von Koper oder im Zentrum von Triest. Der labyrinthische Verlauf ist der Vielfalt der Landschaft geschuldet, die fast jeden Tag ihren Charakter ändert. Zu den schönsten Gebieten zählen

- der Regionalpark Ljubljansko barje
- die einsame Hochebene Menišija
- der berühmte Zirknitzer See
- die dramatische Schlucht von Rakov Škocjan
- die stillen Wälder der Javorniki
- der idyllische Bergrücken Vremščica
- der UNESCO-Welterbe-Park Škocjanske jame
- die sanften Hügel der Brkini
- der eigenwillige Kraški rob
- das spektakuläre Val Rosandra und
- die Steilküste bei Triest.

---

*) Die Beschreibung der Nordroute findet sich unter www.unikum.ac.at als Gratis-Download.

Vorwort und Gebrauchsanweisung

Dazu kommen zahlreiche Kulturdenkmäler und freundliche Dörfer, die auf historischen Saumpfaden und Wanderwegen abseits der Hauptverkehrsrouten liegen.

Eine Besonderheit der hier vorgeschlagenen Weitwanderung besteht in der Verschränkung mit der Bahnstrecke zwischen Ljubljana und Divača, sowie den Nebenstrecken von Divača nach Rakitovec bzw. von Divača nach Koper. Dadurch sind die wichtigsten Etappenziele mit der Eisenbahn erreichbar, woraus sich mehrere Abkürzungs- und Variationsmöglichkeiten ergeben. So kann, wer nur am Wochenende wandern möchte (und über einen PKW zur Anreise verfügt), die Wanderung als »Fortsetzungsgeschichte« anlegen, d. h. die einzelnen Etappen auf einen längeren Zeitraum verteilen. Die küstennahen Etappen können auch im Winter zurückgelegt werden. So oder so sollte man von den empfohlenen Übernachtungs- und Einkehrmöglichkeiten Gebrauch machen. Das erhöht den Reiz der Wanderreise und hilft den örtlichen Wirtschaftreibenden. Fast immer geben die Wirte ihr Bestes, auch wenn nicht überall kulinarische Spitzenleistungen zu erwarten sind. Umso heller strahlen die Leuchttürme des sanften Tourismus', die einem in der zweiten Hälfte der Weitwanderung den Weg weisen.

Am 2. Februar 2014, zwei Monate vor dem ursprünglichen Erscheinungstermin dieses Buches, wurde Slowenien von einem verheerenden Eisregen, *žled* genannt, heimgesucht. Millionen Bäume barsten unter der Last des Eispanzers, der sich auf ihre Äste gelegt hatte. Wunderschöne Laubwälder verwandelten sich über Nacht in Zonen der Verwüstung. Viele Wanderwege und damit etliche Abschnitte der geplanten Route waren auf Dauer unpassierbar geworden. Zerstört wurden aber auch die Oberleitungen der Bahnstrecke zwischen Borovnica und Divača, was den Personenverkehr zwischen Ljubljana und Koper für ein Jahr zum Erliegen brachte. Erst im Sommer 2015 sollen die Regionalzüge wieder in gewohnter Frequenz verkehren. Bis dahin ist man zum Teil auf Schienenersatzverkehr, Linienbusse oder Taxis angewiesen.

Aufgrund der Naturkatastrophe mussten mehrere Tagesetappen vollständig überarbeitet werden. Die Umgehung der

Vorwort und Gebrauchsanweisung

devastierten Waldgebiete ist weitestgehend gelungen, meist sogar zum Vorteil der betroffenen Abschnitte, weil durch die neue Wegführung reizvolle Kulturlandschaften einbezogen werden konnten. Dennoch stößt man zwischen Vrhnika und Postojna immer wieder auf Spuren des *žled* und muss man von der dritten bis zur siebenten Etappe mit gelegentlichen Beeinträchtigungen durch Waldschäden rechnen. Unversehrte Landschaften darf man sich erst ab Postojna erwarten.

ZU RANDE KOMMEN versteht sich einerseits als touristischer Wanderführer mit entsprechendem Gebrauchswert, andererseits als Lesebuch, das der bereisten Landschaft mit ausführlichen Ortsbeschreibungen und Aufsätzen zu Geschichte und Kultur der Region gerecht werden möchte. Die Texte erheben keinen Anspruch auf Wissenschaftlichkeit, sondern verbinden Nachgelesenes mit eigener Recherche und subjektiven Eindrücken. Manches basiert auf mündlichen Überlieferungen oder wurde in der Absicht verfasst, auch »unbedeutende« Orte an der Geschichtsschreibung teilhaben zu lassen.

Bei aller Sympathie für das Land bleiben seine Schattenseiten nicht unerwähnt. Der Buchtitel verweist auf den landschaftlichen Charakter der Fußreise (die vom Alpenrand zum Kraški rob, dem Karstrand, oberhalb der Küste, führt) aber auch auf Widrigkeiten und Widersprüche, mit denen man unterwegs »zu Rande kommen« muss. Dazu gehören ärgerliche Bausünden, gelegentlicher Verkehrslärm oder schwierige Wegverhältnisse. Das lässt sich leichter verkraften, nimmt man die Irritationen als Kontrapunkt wahr, der die Schönheit der Natur noch besser zur Geltung bringt. Mit der Bereitschaft, das Hässliche und Banale nicht auszublenden, sondern als Spiegel sozialer Verhältnisse zu betrachten, wird man selbst einer Vorstadtsiedlung etwas abgewinnen können.

Fragwürdig mögen manchen Lesern die zwei- oder dreisprachigen Bezeichnungen der slowenischen Ortschaften erscheinen. Die meisten deutschen Namen sind veraltet und wurden von den Nationalsozialisten (wieder)eingeführt, während viele italienische Toponyme in der Notranjska Erfindungen der italienischen Besatzer sind. Die »belasteten« Ortsnamen werden in diesem Buch nicht zur Rechtfertigung einstiger Germanisierungs- bzw. Italianisierungspolitik genannt, sondern weil sie Teil der Geschichte der jeweiligen Ortschaften sind.

Wer sich mit diesem Buch auf den Weg macht, sollte denselben auch finden. Das dürfte kein großes Problem sein, wenn man sich an die Wegbeschreibungen hält, die Kartenausschnitte zu lesen weiß und im Zweifel den eigenen Spürsinn befragt. Bei veränderten Bedingungen, etwa durch Forstarbeiten oder Überschwemmungen, sind zudem Selbstverantwortung und Phantasie gefordert. Verirren kann man sich trotzdem, beispielsweise im Nebel oder nach überhasteter Flucht vor wilden Tieren. Zum Glück ist die Wahrscheinlichkeit, von Hunden, Wölfen oder Bären angefallen zu werden, verschwindend gering. Eher kann es passieren, dass ein reserviertes Zimmer bereits belegt ist oder sich der verschuldete Wirt aus dem Staub gemacht hat. Auch die Zugfahrpläne sind nicht immer verlässlich. So oder so stelle man sich der Herausforderung mit Neugier und Zuversicht und betrachte die missliche Lage als Geschenk: Was wäre eine Weitwanderung ohne Überraschungen!

Dass Sie alle Abenteuer glücklich überstehen, wünschen Ihnen

Gerhard Pilgram, Wilhelm Berger, Werner Koroschitz

PS: Aktualisierungen, ergänzende Texte und Leserreaktionen sind unter www.unikum.ac.at abrufbar. Die Autoren freuen sich über jede Rückmeldung: unikum@aau.at

1. AUSSCHREITUNG
Wanderung von Ljubljana nach Notranje Gorice

Ljubljana zu Fuß zu durchqueren ist ebenso kurzweilig wie von landschaftlichem Reiz. Wer den »Wasseradern« der slowenischen Metropole folgt, braucht weder eine Überdosis Asphalt, noch ständigen Verkehrslärm zu fürchten, sondern erlebt eine durchwegs grüne Stadt. Selbst an der von Fabriken und Autobahnen geprägten Peripherie müssen nur kurze Durststrecken in Kauf genommen werden, ehe man ins idyllische Laibacher Moor eintaucht.

Vom verlotterten Hauptbahnhof ist es nicht weit zum *Metelkova mesto*, einem kunterbunten Hort der Anarchie. Wo einst Rekruten exerzierten, übt man sich heute im zivilen Ungehorsam. Strenge Architekten haben dem benachbarten Museumsquartier ihren Stempel aufgedrückt. Minuten später findet man sich in der Altstadt wieder, in der sich eine Sehenswürdigkeit an die nächste reiht: die kaiserliche Drachenbrücke, der Fischmarkt unter den Kolonnaden, Jože Plečniks *Tromostovje*, des Erzbischofs Dom und der barocke Mestni trg. Prächtig sind auch die Hausfassaden an der Ljubljanica, auf deren schöner Uferpromenade man das Zentrum hinter sich lässt. Gastgärten säumen die Böschung; Ruder- und Ausflugsboote frequentieren den Fluss. In der Vorstadt angekommen, wird man mit einem düsteren Kapitel der Geschichte konfrontiert. Die *Pot ob žici*, ein stimmungsvoller Gedenkweg entlang des Mali graben, erinnert an die Besetzung Ljubljanas durch die italienischen Faschisten. Noble Backsteinhäuser verkörpern die Schokoladenseite des jugoslawischen Sozialismus, das Elendsquartier vis-à-vis steht für die Ungerechtigkeit der Welt. Man unterquert die Autobahn und findet sich im Kapitalismus wieder. Fabriken und Lagerhallen, kaum aus dem Boden gestampft, sind schon dem Niedergang geweiht.

Zwei Straßenecken weiter kehrt plötzlich Ruhe ein. Baumhecken, Äcker und Wiesen fügen sich zur schier endlosen Ebene

Am Mestni trg in der Altstadt von Ljubljana

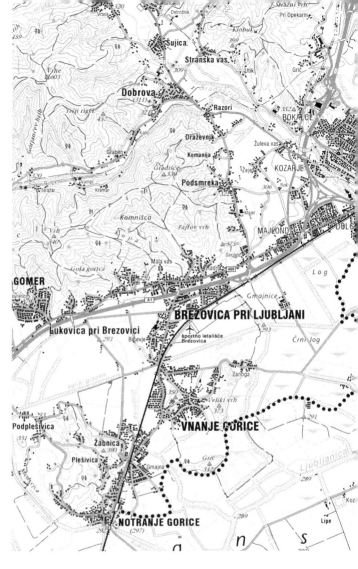

mit unzähligen Wassergräben und Feldwegen. Anfangs noch großflächig gegliedert, wird die Landschaft immer kleinteiliger. Man folgt dem slowenischen Jakobsweg, der sich nun den bewaldeten Grič entlangschlängelt und schließlich durch einen kleinen Auwald führt. Ein letzter Schlenker ins Feld, dann ist das Ziel erreicht: Notranje Gorice, von wo man mangels Quartier mit dem Regionalzug weiterreist.

HINWEISE ZUR WANDERUNG
LÄNGE: 21 km
HÖHENDIFFERENZ: 50 m ↑ ↓
GEHZEIT: 5:30 Std.
ANFORDERUNGEN: gering
KARTE: Turistična karta »Ljubljana in okolica«, 1:40.000, Verlag Kartografija

1. Wanderung von Ljubljana nach Notranje Gorice

ORIENTIERUNG: mittel
GASTSTÄTTEN: Ljubljana, Notranje Gorice
UNTERKÜNFTE: Ljubljana
VERKEHRSVERBINDUNGEN: Regionalzug von Notranje Gorice nach Ljubljana; Taxi Ljubljana 00386 31 234000
ANMERKUNG: Da in Notranje Gorice keine Übernachtungsmöglichkeit besteht, empfiehlt es sich, am Abend per Bahn nach Ljubljana zurückzukehren und dort zu nächtigen. Am nächsten Morgen kehrt man mit dem Zug nach Notranje Gorice zurück und setzt die Wanderung wie beschrieben fort.

WEGBESCHREIBUNG

Man verlässt den **Hauptbahnhof** von **Ljubljana** durch den Haupteingang, wendet sich nach links und durchschreitet, parallel zum Bahnkörper, erst den Busbahnhof und dann einen **Parkplatz**. Nach 400 m (2. Ampel) wendet man sich nach rechts in die **Metelkova ulica**. Nach 300 m geht man nach links (Wegweiser »Hostel Celica«) bis zum »Dorfplatz« des **Metelkova mesto**. Von hier gelangt man, ein paar Stufen nehmend, zum benachbarten **Museumsquartier**. Man überschreitet den großen Platz, wendet sich halb rechts und betritt wieder die Metelkova ulica; auf dieser nach links. Vor dem Hochhaus am Ende der Straße wendet man sich halbrechts in die **Vidovdanska cesta** und überquert kurz darauf die Illirska ulica. Man gelangt zur Trubarjeva ulica und steigt über einen Treppenweg zur **Ljubljanica** ab. Hier geht man 200 m nach rechts bis zur **Zmajski most** (Drachenbrücke), auf der man nach links den Fluss überquert.

Nach der Brücke geht man rechts und wandert über den **Marktplatz**, bis rechter Hand das **Tromostovje** (»Drei Brücken«) erscheint. Hier wendet man sich nach links in die **Stritarjeva ulica** und trifft auf den **Mestni trg** (Stadtplatz); auf diesem nach rechts. Der Platz verjüngt sich bald; man wendet sich nach rechts und überquert auf dem **Čevljarski most** (Schusterbrücke) neuerlich die **Ljubljanica** (0.45 Std.).

Man wendet sich nach links und folgt der **Ljubljanica** auf dem Gehweg neben dem **Ufer** flussaufwärts. Bei der darauffolgenden Brücke steigt man zur Straße an; weiter entlang der **Ljubljanica** bis zur Einmündung eines Zuflusses, welchen man überquert. Man steigt neuerlich zum Fluss ab und folgt einer schönen **Uferpromenade** bis zu deren Ende (1:10 Std.).

Markthalle am Ufer der Ljubljanica

Hier steigt man zu einem Sträßchen nach rechts an; auf diesem nach links. Man trifft auf die **Velika čolnarska ulica** und geht auf dieser nach rechts. Nach 200 m eine Querstraße; man geht links, folgt der **Opekarska cesta** bis zu einer Ampel und geht wieder links (Hladnikova cesta). Man überquert kurz darauf das Flüsschen **Mali Graben** und wendet sich nach rechts in die **Cesta na Mesarico**. An deren Ende nach links in die **Pot na Rakovo Jelšo**, dann sofort nach rechts in einen Fahrweg, der gleich darauf endet. Weiter auf einem Pfad zu einer Asphaltstraße; auf dieser nach rechts bis zu einer großen **Kreuzung**. Man geht rechts und überquert auf einer breiten **Straßenbrücke** neuerlich den **Mali Graben**. Unmittelbar nach der Brücke wendet man sich nach links, dem **Wegweiser »Pot«** folgend in einen Gehweg, der gleich darauf nach links dreht (1:30 Std.).

Angenehmer **Promenadenweg**, anfangs entlang einer modernen Backsteinsiedlung und immer unweit des Flusses. Eine Querstraße sowie eine Fussgängerbrücke nach links werden ignoriert.

1. Wanderung von Ljubljana nach Notranje Gorice

Nach 45 Min. erreicht man die **Autobahn** und wendet sich, den Gedenkweg verlassend, in eine **Fußgängerbrücke** nach links (**Markierung »Jakobova pot«**). Man überquert den Fluss, unterquert die **Autobahn** und trifft auf eine Querstraße; auf dieser nach rechts. Eine Abzweigung nach links wird ignoriert. Linker Hand etliche **Fabriksgebäude** sowie die **Bar Ming** (Einkehrmöglichkeit; 2:30 Std.).

100 m geradeaus weiter bis zu einer **Querstraße**; auf dieser nach rechts (**Markierung »Jakobova pot«**). Nach 100 m wendet man sich nach links und folgt der Straße (bzw. der Markierung) bis zu einer Querstraße; auf dieser nach links. Kurz darauf passiert man eine **Pizzeria** (Einkehrmöglichkeit auch am Wochenende). Man durchschreitet eine **Siedlung** von Einfamilienhäusern, an deren Ende die Straße nach links dreht; hier wendet man sich halbrechts in einen **Schotterweg**, der sofort in den **Wald** führt (2:45 Std.).

Man folgt dem Hauptweg und trifft nach 10 Min. auf einen geschotterten Fahrweg; auf diesem nach links. Nach weiteren 10 Min. erreicht man eine **Asphaltstraße**; auf dieser nach links, die Markierung der **Jakobova pot** verlassend. Nach 200 m biegt man nach rechts in einen geschotterten Fahrweg. Der Weg führt bald auf eine langgestreckte Wiese; geradeaus weiter auf undeutlicher **Fahrspur**. [Sollte der Weg aufgrund hohen Wasserstands unpassierbar sein, kehrt man zur **Asphaltstraße** zurück und folgt der Markierung der »Jakobova pot«.] Nach 20 Min. gelangt man auf ein Schottersträßchen; auf diesem nach rechts. Fast schnurgerader Weg, der von einer **Stromleitung** mit Holzmasten begleitet wird. 20 m nach dem **Masten Nr. 23** wendet man sich in eine undeutliche Fahrspur nach rechts.

Man betritt gleich darauf eine große Wiese, an deren rechtem Rand man auf einen **Hochsitz** zugeht. Weiter weglos rechts der Wiese bzw. eines Ackers, bis man nach 100 m auf einen Feldweg trifft, dem man geradeaus folgt. Kurz darauf ein breiter **Querweg**; auf diesem nach rechts in Richtung eines weißen Hauses. Man passiert einen **Hochsitz** und ignoriert gleich darauf eine undeutliche Fahrspur nach links. Kurz darauf (ca. 200 m vor der Häusergruppe) wendet man sich nach links in einen **Feldweg**, der sich nach 200 m gabelt; man geht links und trifft bald darauf auf einen breiten Querweg; auf diesem nach rechts bis zu einer Gruppe von vier langgestreckten **Betriebsgebäuden**. Man geht geradeaus in eine **Schotterstraße**, die nach 200 m scharf nach rechts biegt; hier geht man geradeaus in einen

Feldweg (**gelbe Markierung »Jakobova pot«**). Angenehmer Feldweg, der nach gut 10 Min. auf einen geschotterten Querweg trifft; man geht links. Nach weiteren 10 Min. eine **Wegkreuzung** (Wegkreuz); man geht links in einen Fahrweg, der Markierung der »Jakobova pot« folgend (4:30 Std.).

Schöner Weg unterhalb des bewaldeten Hügels Grič. Abzweigungen nach rechts und links werden ignoriert. Nach 20 Min. verlässt man den Hauptweg und wendet sich, der gelben Markierung folgend, nach links. Schöner Pfad, der erst durch einen Auwald, dann über das **Flüsschen Drobtinka** führt. Der Weg dreht bald darauf nach links und trifft auf einen Feldweg; auf diesem nach rechts, auf Notranje Gorice zugehend. Bei den ersten Häusern eine **Querstraße**; auf dieser nach links. Der Asphalt endet nach 300 m; weiter auf geschottertem Fahrweg, der sich scheinbar wieder vom Zielort entfernt, aber nach 10 Min. auf einen Querweg trifft. Man geht rechts und erreicht nach weiteren 10 Min. den Ortsrand, wo man auf einer Asphaltstraße geradeaus geht und kurz darauf den **Bahnhof** von **Notranje Gorice** erreicht (5:30 Std.). Einkehrmöglichkeit an der Hauptstaße.

AM WEGE

LJUBLJANA | LAIBACH | LUBIANA

Metelkova mesto | Metelkova City

Was *Christiania* für Kopenhagen, ist für Ljubljana *Metelkova mesto*: befreites Terrain, eine Stadt in der Stadt mit eigenen Gesetzen und Bewohnern, die etwas »anders als die anderen« sind. Da wie dort ist es ein ehemaliges Militärgelände, das nach seiner Räumung von jungen Leuten besetzt wurde und seither, mit behördlicher Duldung, als Laboratorium für Gegenentwürfe zum bürgerlichen Leben dient. Selbstbestimmung, Basisdemokratie und Gemeinschaftseigentum sind hier keine leeren Phrasen, sondern gelebte Praxis. Benannt ist das Areal nach der angrenzenden Straße Metelkova cesta, die an den katholischen Priester Franc Serafin Metelko erinnert, der um 1830 ein eigenes slowenisches Alphabet erfand und damit scheiterte. Wurde *Christiania* schon 1971 gegründet, besteht *Metelkova mesto* erst seit 1991. Aber auch dessen Wurzeln reichen in die 1970er Jahre zurück, als die englische Punkbewegung ins sozialistische Jugoslawien überschwappte und – vorwiegend in der Teilrepublik Slowenien – Freiräume eroberte, die sich der politischen Kontrolle entzogen. Diese Szene war es, die nach dem Abzug der Volksarmee die leerstehenden Kasernen im Südosten des Laibacher Hauptbahnhofs besetzte, ihren Abriss verhinderte und ein autonomes Kulturzentrum begründete.

Dass das Projekt bis heute existiert, ist dem taktischen Geschick der Besetzer, aber auch der Solidarität der Zivilgesellschaft zu verdanken, die die Staatsmacht stets vor einer gewaltsamen Räumung zurückschrecken ließ. Trotzdem musste *Metelkova mesto* im Laufe der Jahre auch Niederlagen hinnehmen, wie den Abriss einer selbstverwalteten Schule im Jahr 2006, der mit massivem Polizeieinsatz einherging, sowie Überfälle von Skinheads und Neonazis auf antirassistische Veranstaltungen. Erst nach dem Sieg der Linksparteien bei den Kommunalwahlen 2009 entspannte sich die Lage. Der seither praktizierte »konstruktive Dialog mit der Stadtverwaltung« und die Inanspruchnahme von Subventionen stehen allerdings auch unter dem Verdacht politischer Vereinnahmung. Mittlerweile ist *Metelkova mesto* aber zum Aushängeschild einer liberalen Kulturpolitik geworden, das aus der städtischen Kulturlandschaft nicht mehr wegzudenken ist und von Reiseführern als Sehenswürdigkeit gepriesen wird.

Das 12.500 m² große Gelände umfasst sieben Gebäude mit Veranstaltungsräumen, Galerien und Werkstätten für ein gutes Dutzend Kulturinitiativen. Größter Club und Konzertveranstalter ist die *Gala Hala*, andere nennen sich *Channel Zero, Atelje azil, Gromka, Galerija Alkatraz* oder *Tiffany*, letzterer ist Treffpunkt für Schwule und Lesben. Die zentrale Bar *Jalla jalla* liegt am »Hauptplatz« des *Metelkova mesto* und nimmt für sich in Anspruch, »keine legalen Beziehungen zur Stadt« zu unterhalten, also weder eine Konzession zu besitzen noch Steuern zu bezahlen.

Wanderer, die am frühen Morgen (auf dem Weg zum Meer) über das Gelände spazieren, werden von den Veranstaltungen des *Metelkova mesto* wenig bemerken – zu sehen bekommen sie dennoch genug. Wilde Graffiti, bunte Mosaike und surreale Installa-

Grafitto im Metelkova mesto

tionen zieren die Fassaden der besetzten Häuser und ergeben in ihrer Gesamtheit ein fröhliches Bild der Anarchie. Da erinnern bizarre Gnome, die an einem Gerüst hochklettern, an eine Grottenbahn, hier lässt die exotische Ornamentik einer Betonwand an fernöstliche Tempel denken und dort fühlt man sich angesichts der fantasievollen Sperrmüllverwertung nach Afrika versetzt.

EINKEHR:
Hostel Celica. Eine von der Hochschülerschaft der Universität Ljubljana betriebene Jugendherberge, deren Name auf die ehemalige Nutzung des Gebäudes als Militärgefängnis verweist. Wo schon in der Monarchie und noch zu Titos Zeiten Fahnenflüchtige und Kameradschaftsdiebe schmachteten, übernachten heute Reisende aus aller Welt und lassen sich den geringen Komfort gar nicht so wenig kosten. 00386 1 2309700, www.hostelcelica.com
Hotel Park. »Das Hotel Park liebt die Unterhaltung, Kunst und Künstler, Tanz und Musik. Es liebt das Leben«, verspricht die Homepage. Für Wanderer empfiehlt sich das Haus wegen seiner günstigen Lage unweit des Bahnhofs und des *Metelkova mesto.* Preiswerte Zimmer. 00386 1 3002508, www.hotelpark.si

Am Tromostovje von Jože Plečnik

Brücken und Stege

Ihren besonderen Reiz verdankt die Laibacher Altstadt nicht zuletzt einer Handvoll von *mostovi* über die Ljubljanica, die allesamt bedeutende Kulturdenkmäler sind und jeweils ihren eigenen Charakter haben. Sie ermöglichen dem Wanderer einen kurzweiligen Zickzackkurs und damit einen ständigen Perspektivenwechsel, der den Fluss als Hauptachse der Stadtlandschaft erscheinen lässt.

Wer vom Norden kommt, quert die Ljubljanica erstmals auf dem Zmajski most, der Drachenbrücke, die 1901 zu Ehren Franz Josef I. eingeweiht (aber erst 1907 fertiggestellt) wurde. Die für damalige Verhältnisse kühne Stahlbeton-Konstruktion war die erste ihrer Art in Europa und wird von Architekturführern als eine der schönsten Jugendstilbrücken Europas bezeichnet. Architekt war Jurij Zaninovič, ein Schüler des österreichischen Sezessionsarchitekten Otto Bauer. Bewacht wird die Brücke von vier furchteinflößenden Drachen aus gehämmertem Kupferblech, die aus einer Wiener Werkstatt stammen und zum inoffiziellen Wahrzeichen der Stadt geworden sind. Hübsch anzusehen sind auch die in das Geländer integrierten Bronzekandelaber, die einst mit Gas versorgt wurden. Die ursprüngliche deutsche Aufschrift an der Brücke wurde nach dem 1. Weltkrieg entfernt.

150 m weiter westlich verbindet die 2010 eröffnete Fleischer-Brücke, Mesarski most, den Laibacher Markt mit dem nördlichen Flussufer. Schon in den 1930er Jahren war an dieser Stelle ein Übergang geplant, der jedoch wegen des Krieges nicht realisiert wurde. War damals noch eine monumentale Brücke vorgesehen, zeichnet sich die heutige Konstruktion durch noble Zurückhaltung aus. Die 17 m breite, leicht gekrümmte Stahlkonstruktion trägt einen hellgrauen Belag aus Marmorplatten, beidseitig von einem Glassteg gesäumt, der die Fußgänger über dem Wasser schweben lässt. Ein Geländer aus Metallprofilen und Stahlseilen unterstreicht die Transparenz des Bauwerks, hat aber auch etwas Verspieltes, weil es mit hunderten Vorhängeschlössern versehen ist, mit denen sich Liebespaare ihrer ewigen Treue versichert haben. Die dazugehörigen Schlüssel liegen am Grunde der Ljubljanica. Einen düsteren Kontrast zu solcher Romantik bilden die Bronzefiguren von Jakov Brdar, darunter ein ausgeweideter Prometheus, ein zombieartiger Satyr sowie eine Reihe grotesker Tierfiguren.

Die Dreibrücke, *Tromostovje*, gehört zu den bekanntesten Bauwerken des slowenischen »Nationalarchitekten« Jože Plečnik, obwohl die mittlere Brücke die Arbeit eines italienischen Baumeisters aus dem Jahr 1842 ist. Plečniks Verdienst war es, den Übergang 1929 zu verbreitern und mit zwei Seitenbrücken zu ergänzen, die fächerartig angeordnet sind und so den Verkehrsstrom in verschiedene Richtungen lenken. Dazu kommen vier Stiegenabgänge, Gerbertreppen genannt, die zum Flussufer und zum Fischmarkt führen. In Verbindung mit den Brückengeländern aus unzähligen weißen Steinsäulen lässt die Konstruktion an ein Gebilde von M. C. Escher denken, vor allem, wenn die tiefstehende Sonne scherenschnittartige Schatten wirft. Dabei wird aber auch die Kritik nachvollziehbar, die gelegentlich an Plečniks Bauten geübt wird, nämlich, dass ihnen etwas Gekünsteltes anhafte, weil die Funktion der Form untergeordnet worden sei und die Schönheit mangels Gebrauchswert hohl erscheine. Der Verdacht erhärtet sich bei

Am Gradaščica-Kanal in Ljubljana

der Rückschau auf die zweigeschossige Nordfront der Markthallen, die sich wie eine Theaterkulisse in der Ljubljanica spiegeln und ein befremdlich imperiales Gehabe an den Tag legen. Dazu tragen vor allem die tempelartigen Säulen und andere Anleihen aus der antiken Baukultur bei, die man auch kaum als innovativ bezeichnen kann.

Für Fachleute wie Boris Podrecca ist Plečnik trotzdem »ein moderner Klassizist im besten Sinne«, der zeitlose und regionale Stilelemente auf eigenständige Weise zu verknüpfen wusste und Ljubljana mit genialen städteplanerischen Würfen ein unverwechselbares Gepräge verliehen hat. Letzteres trifft zweifellos auf viele von ihm gestaltete Plätze sowie auf die Terrassen am Ljubljanica-Ufer zu, deren Aura noch immer spürbar ist. Den für Plečnik typischen Stilmix, vielleicht ein Vorbote der Postmoderne, wird man aber vom Vorwurf der Beliebigkeit nicht ganz freisprechen können. Das zeigt sich auch an der von ihm

1931 fertiggestellten Schusterbrücke, Čevljarski most. Sie besteht wie der *Tromostovje* aus Kunststein und wird von einem zweibogigen Mittelpfeiler getragen, der wie ein Zitat aus dem Mittelalter anmutet. Als Aufputz dienen zwölf hohe Säulen mit verschnörkelten Kapitellen, auf denen kleine Steinkugeln sitzen, sowie zwei weitere Pfeiler, die jugendstilartige Lampen krönen. Bemerkenswert ist die ungewöhnliche Breite der Brücke, die in der Dimension den angrenzenden Jurčičev trg sogar übertrifft. Ursprünglich befand sich hier eine Holzbrücke (mit mehreren Schusterwerkstätten), die 1867 durch eine gusseiserne Brücke ersetzt und später von Plečnik flussabwärts versetzt wurde.

Seit seiner Renovierung und neuerlichen Verlegung überquert dieses technische Denkmal unter dem Namen Hradeckega most die Ljubljanica unweit der Einmündung des Gradaščica-Baches. Die 31 m lange Konstruktion ist das Werk des Wiener Ingenieurs Johann Hermann und gilt als eine der innovativsten freitragenden Eisenbrücken ihrer Zeit. Die einzelnen Bestandteile wurden in einer Krainer Eisengießerei produziert und vor Ort zusammengeschraubt. Tragende Elemente sind schlanke Hohlkörper, durch die der Materialaufwand erheblich reduziert werden konnte, ohne die Tragfestigkeit zu beeinträchtigen. Noch bis 2004 wurde die heute für den Autoverkehr gesperrte Brücke auch von LKWs befahren. Ihr inoffizieller Name, »Brücke des Todes«, stammt aus der Zeit, als sie noch das städtische Krankenhaus mit der Leichenhalle verband, und ist ihr bis heute geblieben.

Jurčičev trg

Verlässt man das mittelalterliche Stadtzentrum in südlicher Richtung und wechselt dabei auf das linke Ufer der Ljubljanica, betritt man den Jurčičev trg, der einst den Kern des Judenviertels bildete. Nur noch die Straßennamen Židovska ulica (Judengasse) und Židovska steza (Judensteig) zeugen vom einstigen Ghetto. Es umfasste im Mittelalter rund 15 Häuser und eine Synagoge, die bereits 1213 urkundlich erwähnt wurde. Johann Weichard von Valvasor bemerkt dazu, dass die Juden damals »überaus reich waren und mit den Venetianern, Ungarn und Krabaten großen Handel trieben«. Um 1300 kam es zu mehreren Pogromen, bei denen zahlreiche »Tempelherren« (Valvasor) erschlagen

1. Wanderung von Ljubljana nach Notranje Gorice

oder erwürgt wurden. 1408 »ward ein Jude, der sich mit einer Christin fleischlich vermischt [hatte], gefänglich eingezogen und nach bestandener That mit dem Schwert hingerichtet«. Ende des 15. Jahrhunderts, Ljubljana war katholische Diözese geworden, setzten erneut massive Repressalien gegen die jüdische Gemeinde ein, die in der Vertreibung aller Mitglieder und der Zerstörung ihres Bethauses gipfelten. Erst im 18. Jahrhundert wurde das Niederlassungsverbot gelockert und siedelten sich wieder einige Juden in der Stadt an. Bis zur Eröffnung einer neuen Synagoge sollten aber noch weitere 300 Jahre vergehen.

Anfang des 20. Jahrhunderts bildeten die Juden in Ljubljana eine verschwindende Minderheit, die kaum gesellschaftlichen Einfluss besaß, aber ständig Antisemitismus und Behördenwillkür ausgesetzt war. 1910 wurden in ganz Slowenien nur 146 Juden gezählt, wohl auch aufgrund des großen Assimilierungsdrucks. 1939 stieg ihre Zahl auf 1.533, weil einerseits die relativ starke Gruppe der ehemals ungarischen Juden aus Prekmurje hinzukam, und andererseits viele deutsche und österreichische Juden in Jugoslawien Zuflucht vor den Nazis gefunden hatten. Die größte jüdische Gemeinde mit 288 Mitgliedern lebte in Maribor, gefolgt von Ljubljana mit 273 Juden und Murska Sobota, das 270 Juden zählte.

Nach dem Einmarsch der Wehrmacht im Jahr 1941 wurden fast alle Juden Oberkrains und der Untersteiermark deportiert, während sich die Laibacher Juden unter italienischer Besatzung relativ sicher fühlen konnten. Das änderte sich schlagartig, als die Stadt 1943 von den Deutschen okkupiert und »gesäubert« wurde. Nur wenige Juden entgingen dem Vernichtungslager, es sei denn, es gelang ihnen die Flucht in ein von den Partisanen befreites Gebiet.

Nach dem 2. Weltkrieg zählte die jüdische Gemeinde der Sozialistischen Republik Slowenien weniger als 100 Mitglieder, von denen einige – Ironie der Geschichte – als »Volksdeutsche« ausgewiesen wurden, wodurch sich ihre Zahl weiter dezimierte. Jüdische Traditionspflege stand unter dem Verdacht reaktionärer Umtriebe und fand hauptsächlich im privaten Rahmen statt. In Murska Sobota verfügten die Kommunisten gar den Abriss der Synagoge. Dass die jüdische Kultur wieder

Am Ufer der Ljubljanica

ins öffentliche Bewusstsein drang, ist unter anderem der Autorin und Schauspielerin Berta Bojeta zu verdanken, die in den 1970ern ihre Identität als slowenische Jüdin thematisierte und damit für Aufsehen sorgte. Ihr Grab – sie starb 1997 – wurde vor wenigen Jahren mit Hakenkreuzen beschmiert.

Heute wird die Anzahl der in Slowenien lebenden Juden auf 400 bis 600 geschätzt, von denen aber nur 150 der jüdischen Gemeinde angehören, die meisten davon in Ljubljana. Noch viel geringer ist der Anteil orthodoxer Juden. Einen Aufschwung erlebte die Gemeinde mit der Eröffnung einer kleinen Synagoge und eines Gemeindezentrums in einer ehemaligen Tabakfabrik im Jahr 2003. Hier trifft man sich zu religiösen Feiern sowie zu Kulturveranstaltungen, Kochkursen und Vorträgen. Auch ein jüdischer Jugendklub hat hier seinen Sitz. Religiöses Oberhaupt ist der Rabbiner von Triest, der ein- bis zweimal im Monat anreist und mit den Laibacher Juden den Sabbat feiert. An hohen Festtagen werden Ausflüge nach Triest organisiert, um in der dortigen Synagoge zu beten und den Kontakt mit der italienischen Gemeinde zu pflegen.

Gastgarten am Hradeckega most

Breg

Der schmale Ortsteil südwestlich des Zentrums gehört zu den ältesten Vierteln der Stadt und bezaubert mit seinen gemütlichen Kneipen entlang der Ljubljanica und der breiten Promenade mit Jože Plečniks Steintreppen entlang des Ufers. Hier befand sich bis zum Eisenbahnbau im Jahr 1856 der Verkehrsknotenpunkt der Stadt in Form eines Hafens, in dem die aus Vrhnika bzw. dem Osten kommenden Transportschiffe be- und entladen wurden. Begrenzt war es bis Ende des 18. Jahrhunderts durch eine Stadtmauer und einen Wehrgraben entlang der heutigen Zoisova ulica (die der Wanderer auf einer Brückenunterführung unterquert). Unter den historischen Bauten sticht das große neoklassizistische Palais des Barons Sigmund Zois von Edelstein hervor, das im 19. Jahrhundert Treffpunkt slowenischer Aufklärer, Dichter und Intellektueller wie Anton Tomaž Linhart oder Jernej Kopitar war.

Pot spominov in tovarištva

Grün-weiß lackierte Wegweiser mit der lapidaren Aufschrift *pot* (Weg, Pfad) und einem roten Stern in der Mitte kennzeichnen einen 33 km langen Gedenkweg rund um Ljubljana. Er erinnert an die Okkupation der Stadt durch Mussolinis Truppen im Jahr 1941, in deren Folge Lubiana, so die italienische Ortsbezeichnung, mit einem durchgehenden Stacheldrahtzaun entlang der Außenbezirke von seinem Umland abgeschitten wurde. Ziel der Maßnahme war es, den Kontakt der Stadtbevölkerung mit den sich am Land formierenden Partisanen zu unterbinden und zugleich die Widerstandsgruppen in der Stadt selbst zu schwächen. Die Errichtung des »Verteidigungsringes«, für den eine 80 m breite Schneise durch die Peripherie geschlagen und teilweise vermint wurde, nahm fast ein ganzes Jahr in Anspruch und ging mit dem Bau von über 100 Bunkeranlagen sowie zahlreichen Wachtürmen und einigen wenigen Grenzübergängen einher. Die Bewachung oblag 1.300 Soldaten und 400 Polizisten, die jede Person penibel kontrollierten, die die Stadt betreten oder verlassen wollte. Willkürliche Anhaltungen und Verhaftungen standen auf der Tagesordnung; wer sich verdächtig machte, wurde nach Italien deportiert, sofern er nicht an Ort und Stelle erschossen wurde.

Das Amt des Bürgermeisters übertrugen die Italiener dem ehemaligen SHS-General Leon Rupnik, der später die faschistische slowenische Heimwehr kommandieren sollte. Rund 2.400 deutschsprachige Laibacher, sogenannte »Volksdeutsche«, wurden gemäß des Hitler-Mussolini-Paktes nach Oberkrain und in die Untersteiermark umgesiedelt. Nach der Kapitulation Italiens im September 1943 brachten die Nationalsozialisten mit SS-General Erwin Rössler und Gauleiter Friedrich Rainer die Stadt unter ihre Kontrolle. Der Terror gegen die Bevölkerung erreichte mit Massenverhaftungen, Deportationen und Geiselerschießungen einen neuen Höhepunkt. Obwohl sich zu diesem Zeitpunkt die gesamte Region (einschließlich des Küstenlandes) in deutscher Hand befand, blieb die »italienische« Provincia di Lubiana formal bis Kriegsende bestehen. Auch der Stacheldrahtzaun fiel erst am 9. Mai 1945, was von der Stadtbevölkerung, die 1.170 Tage eingeschlossen gewesen war, stürmisch gefeiert wurde.

12 Jahre später wurde mit der Umgestaltung des ehemaligen »Todesstreifen« zur begehbaren Gedenkstätte begonnen. Der Startschuss erfolgte im Rahmen des Festivals für Körperkultur, das vom Veteranenverband der jugoslawischen Volksbefreiungsarmee (*Zveza borcev narodnoosvobodilne vojne*) ausgerichtet wurde. 74 Mannschaften, die verschiedene Berufs- und Altersgruppen repräsentierten, beteiligten sich an einem Wettlauf entlang der Zauntrasse und demonstrierten den »gemeinsamen Willen zu Frieden und Fortschritt«. Noch im selben Jahr wurde die Laufstrecke von der sozialistischen Stadtverwaltung zum nationalen Symbol erklärt und der Beschluss gefasst, jährlich am 9. Mai einen Erinnerungsmarsch abzuhalten.

Der Ausbau des Weges zur gepflegten, vier Meter breiten Promenade sollte fast 30 Jahre dauern. Zum Einsatz kamen dabei vor allem Jugendbrigaden und Freiwillige, aber auch geistig Behinderte im Rahmen sozialer Beschäftigungsprogramme. In 330.000 Arbeitsstunden wurden 7.400 Bäume gepflanzt, fast 1.000 Rastbänke aufgestellt und über 100 Gedenksteine errichtet, die die einstigen Bunkeranlagen der Besatzer markieren. Dazu kamen dutzende Informationstafeln zur Geschichte des Weges, der im Laufe der Jahre gleich mehrmals seinen Namen wechselte. So hieß die *pot* anfänglich »Stacheldrahtweg«, später »Partisanenpfad« oder »Weg der Befreiung«, um schließlich in »Pfad der Erinnerung und Kameradschaft« umbenannt zu werden. Gebräuchlich ist auch die Bezeichnung »Grüner Ring«, die für den Abschnitt entlang des Kanals Mali Graben besonders zutreffend ist. Hier befindet sich auch eine große moderne Backsteinsiedlung, die in den 1980er Jahren für politische Funktionäre und Manager staatlicher Betriebe errichtet wurde und ein architektonisches Juwel darstellt. Seit 1988 steht der Weg unter Natur- und Denkmalschutz; ob er tatsächlich, wie von Touristikern behauptet, »Europas größte Gedenkstätte« ist, sei dahingestellt.

Der jährliche Volkslauf auf der *pot* erfreut sich bis heute großer Beliebtheit und hat seinen sozialistischen Leitgedanken auch nach dem Zerfall Jugoslawiens bewahrt. So sind beim sogenannten Dreierlauf, bei dem alle Mitglieder einer Mannschaft gleichzeitig ins Ziel kommen müssen, nicht nur Kraft und Ausdauer, sondern auch Solidarität mit dem jeweils schwächsten Läufer gefordert.

Feldweg bei Notranje Gorice

Ljubljansko barje | Laibacher Moor | Palude di Lubiana
Wer auf der Autobahn an ihm vorbeifährt, kann seine Schönheit bestenfalls erahnen und wird hinter der Leitplanke kaum eine Landschaft der Superlative vermuten. Auch auf den Fußgänger macht das *barje* zunächst keinen großen Eindruck, erscheint es doch in erster Linie flach und monoton. Aber je tiefer er in die Ebene vordringt, desto fasziniert wird er von ihrer Vielgestalt sein.

Schon die Eckdaten sind beachtlich: Das Laibacher Moor hat eine Ausdehnung von 160 km² und ist damit nicht nur das größte Karstbecken und Feuchtgebiet Sloweniens (das immerhin ein Prozent des gesamten Staatsgebietes umfasst), sondern auch das südlichste Großmoor Europas. Seine Entstehung verdankt es der Tektonik, die vor Millionen Jahren den Boden absenkte, sowie dem Fluss Save, der die entstandene Delle mit Ablagerungen füllte, die in der Folge der Ljubljanica den Weg versperrten. So bildete sich nach der letzten Eiszeit, auf einer 100 m hohen Schicht aus Sand und Ton, ein seichter See, der erst vor 3.500 Jahren zur Gänze verlandete und ein riesiges Hochmoor hervorbrachte.

Aufgehende Saat im Ljubljansko barje

Dass die Menschen der ausgehenden Steinzeit ausgerechnet diesen Sumpf zur Wohngegend erkoren, macht das *barje* auch zu einer der bedeutendsten archäologischen Fundstätten des Landes, die von der UNESCO 2003 zum Weltkulturerbe erhoben wurde. Freigelegt wurden die Überreste hochentwickelter Pfahlbauten, komplexe Werkzeuge aus Knochen und Kupfer, Boote unterschiedlichster Bauarten, aber auch ein gut 5.000 Jahre altes Wagenrad mit einer Achse aus Eichenholz, das von manchen Wissenschaftlern für das älteste Holzrad der Welt gehalten wird. Dazu kommen kunstvolle Keramikarbeiten, die auf Sonnenriten und die Anbetung einer weiblichen Gottheit schließen lassen. Es sind Zeugnisse eines geheimnisvollen Völkchens von Fischern, Jägern und Bauern, das vielleicht auch Handel trieb, und vor dreieinhalbtausend Jahren sang- und klanglos von der Weltbühne abtrat. (Auch die Pelikane, die damals das Moor bevölkerten, verschwanden von der

Bildfläche.) Weil es namenlos ist, ordnen es Archäologen der »Badener Kultur« zu, die gelegentlich auch als »Bandhenkelkultur« bezeichnet wird und in der Kupfersteinzeit über halb Europa verbreitet war. Um die Ureinwohner des Ljubljansko barje aus der Anonymität zu holen, seien sie in Hinkunft *barjeci* genannt, zu deutsch: die »Mooren«.

Hatten sich die *barjeci* mit dem großen Nass, sei es als unbeständiger See, sei es als unzugänglicher Sumpf, nicht nur arrangiert, sondern es als Lebensgrundlage zu nützen gewusst, betrachteten es die Römer in erster Linie als Verkehrshindernis. Um den Marmor, der am Fuße des Krim gebrochen wurde, nach *Emona* transportieren zu können, bauten sie die erste Dammstraße durch das *barje*. Die Unterkonstruktion bestand abschnittsweise aus Reisigbündel, die auf dem weichen Untergrund förmlich »schwammen«. Noch viel aufwändiger gestaltete sich die Umleitung und Eintiefung der Ljubljanca, die auf diese Weise dauerhaft schiffbar gemacht wurde. Sie bildete den letzten Abschnitt einer Wasserstraße, die vom Schwarzen Meer über die Donau, die Drau, die Save und die Ljubljanica bis Nauportus, dem heutigen Vrhnika, führte, wo verschiedene Güter aus Aquilea, die über das Karstmassiv herangekarrt kamen, auf Schiffe verladen wurden. Wie bedeutend dieser Binnenhafen war, lässt sich auch daran ermessen, dass hier, der Argonautensage zufolge, der griechische Held Jason anlegte, um die Suche nach dem Goldenen Vlies auf dem Landweg fortzusetzen. Wanderer treffen im Süden von Notranje Gorice auf das alte Bett der Ljubjanica, ein kilometerlanges Biotop, das sich idyllisch durch die Felder schlängelt, und ahnen, welcher Aufwand mit der Flussregulierung im Altertum verbunden war.

Die nächsten nennenswerten Eingriffe in das Laibacher Moor fanden im 16. Jahrhundert statt, als man die ersten Entwässerungsgräben anlegte, die allerdings kaum Wirkung zeigten und regelmäßig verlandeten. Mehr Erfolg hatte der Jesuit Georg Gruber, nach dessen Plänen um 1875, einem Dekret Maria Theresias folgend, mehrere Kanäle entstanden, die die regelmäßigen Überschwemmung eindämmten und den Grundwasserspiegel spürbar senkten, wodurch die Ränder des *barje* landwirtschaftlich nutzbar wurden. Doch blieben die Überflutungen unbere-

Viehweide im Ljubljansko barje

chenbar und weite Teile des Moores unerschlossen. Als kontraproduktiv, zumindest aus der Sicht der Landwirtschaft, erwies sich auch der Torfabbau, der zu einem neuerlichen Anstieg des Wasserpegels führte. Aufgrund der steigenden Nachfrage – Torf fand als Heizmaterial in den städtischen Haushalten sowie als Brennstoff für Dampfmaschinen und Hochöfen Verwendung – verlegten sich ganze Dörfer auf seine Gewinnung und schien das *barje* eine unverhoffte Goldgrube geworden zu sein. So berechneten Wissenschaftler um 1850, dass die Torfvorräte im Laibacher Moor für genau 659 Jahre gesichert seien und damit der Unterhalt für fast 30 Generationen von Torfstechern. Tatsächlich war die Torfschicht im *barje* bis zu neun Meter dick, womit dieses Spitzenreiter unter den Torflagerstätten Europas war. Dass der geerntete Torf, zu riesigen Pyramiden aufgetürmt, sehr schnell in sich zusammensank und bald verrottete, war allerdings nicht bedacht worden.

So unternahm man Anfang des 20. Jahrhunderts neue Anstrengungen, das Laibacher Moor für die Landwirtschaft zu erschließen. Die einschneidendste (sozial-)politische Maßnahme war die planmäßige Ansiedlung von Veteranen des 1. Weltkriegs, denen man günstige Grundstücke mit der Auflage zu Verfügung stellte, darauf Häuser zu errichten und die Entwässerungsgräben zu warten. Die ausgemusterten k.u.k. Soldaten kolonisierten das Zentrum des *barje* entlang der 1930 gebauten, schnurgeraden Straße zwischen Ljubljana und dem Dorf Ig pri Ljubljani, sowie um Črna vas im Süden der Ljubljanica. Dank der neuen »Mooren« entstand ein immer dichteres Netz an Kanälen und Drainagen, die im Verbund mit Pumpstationen und Dämmen den Wasserspiegel deutlich senkten und den Anteil von Weide- und Ackerland sprunghaft ansteigen ließen. Aus dem *morost* (Morast) oder *močvir* (Sumpf), so die bis Ende des 19. Jahrhunderts gebräuchliche Bezeichnung, war Kulturland geworden. Das erklärte Ziel, aus dem Ljubljansko barje die »Kornkammer Europas« zu machen, wurde trotzdem weit verfehlt.

Trotz massiver menschlicher Eingriffe, die sich in einem fast geometrischen Mosaik aus Wiesen, Feldern, Wäldern und Baumhecken widerspiegeln, ist der Artenreichtum im Laibacher Moor noch immer enorm. Unüberhörbar sind für den Wanderer vor allem die Vögel, die das Land zu Abertausenden bevölkern. So nisten hier rund 100 verschiedene Arten, was mehr als der Hälfte aller Vogelarten Sloweniens entspricht. Dazu kommt eine noch größere Anzahl von Vögeln, die im *barje* überwintern, oder hier als Zugvögel Station machen. Zu den gefiederten Bewohnern zählen besonders seltene und gefährdete Arten, denen man klingende Namen wie Wachtelkönig, Großer Brachvogel, Waldschnepfe, Zwergohreule, Feldschwirl oder Kornweihe gegeben hat. Selbst der Wiedehopf, der aus dem Moor bereits verschwunden war, wurde in der Nähe des bewaldeten Hügels Grič wieder gesichtet. Als vermisst gelten aber seit einigen Jahren der Rötelfalke, die Bekassine und der Raubwürger.

Der Mix aus stehenden und fließenden Gewässern (für die es im Slowenischen 24 verschiedene Bezeichnungen gibt) bietet – noch – vielen Amphibien gute Lebensbedingungen. Nacht für Nacht schreien der Europäische Laubfrosch und die Wechselkröte Zeter und Mordio, als wollten sie lauthals ihr drohendes Aussterben beklagen. Unterstützt werden sie dabei von der kleinen Gelbbauchunke, die ebenfalls zu den gefährdeten

Tierarten gehört und tapfer, aber vergeblich, versucht, der Protestkakophonie einen Rhythmus zu geben. Die zwei seltensten Arten sind hingegen zum Schweigen verdammt: der hässliche Alpen-Kammmolch, ein Relikt aus der Urzeit, und die schöne Sumpfschildkröte, der es gelungen ist, sich ins 21. Jahrhundert herüberzuretten, obwohl sie noch im Sozialismus am Laibacher Markt als Delikatesse angeboten wurde. Falls überhaupt, wird ihr der Wanderer im plattgefahrenen Zustand begegnen, weil die Weibchen auf der Suche nach Nistplätzen gelegentlich Fahrwege überqueren und dabei unter Traktorräder geraten.

Die eingangs gepriesene Schönheit des *barje* offenbart sich vor allem in seinen üppigen und bunten Feuchtwiesen, die die monochromen Felder allerorts kontrastieren. Für das Farbenspiel sorgen wundersame Blumen, die nicht nur hübsch anzusehen sind und Botaniker entzücken, sondern allesamt einen Nutzen für die Menschheit haben: im Frühjahr die gelbe Sumpfdotterblume, die bösen Zauber abwehrt, und die dunkelrote Schachbrettlilie, die als Brechmittel dient; später das weiße Wollgras, das gegen Durchfall wirkt, und die leuchtend rote Kuckucks-Lichtnelke, mit der man dem Grützbeutel zu Leibe rückt. Es folgen der Echte Baldrian, dessen wohltuende Wirkung jedermann kennt, sowie zahlreiche Orchideenarten wie das Fleischfarbene Knabenkraut, die violette Mücken-Händelwurz und das gelbgrüne, streng geschützte Sumpf-Glanzkraut, die sich alle zumindest zum Gedächtnistraining eignen. Im Sommer dominiert die Heil-Ziest das Geschehen, die gegen schlechte Träume und Monatsbeschwerden hilft und ganze Wiesen rot einzufärben vermag. Nachzügler ist das weiße Sumpf-Herzblatt, das erst im Herbst erblüht und einst bei übermäßigem Herzklopfen, Augenleiden und Epilepsie verordnet wurde. Bleibt noch der Große Sauerampfer, der gleich vier Monate lang blüht, bis zu zwei Meter hoch wird (wenn man die Wurzel hinzurechnet) und den Wanderer vor Skorbut bewahrt.

Trotz reicher Flora und Fauna ist das Laibacher Moor längst kein Paradies mehr. So führt die Verwaltung des *Krajinski park Ljubljansko barje*, trotz nationaler und internationaler Abkommen zum Schutz des Moors, einen fast aussichtslosen Kampf

Seitenkanal der Ljubljanica

gegen die Zerstörung der Naturlandschaft durch seine Anrainer. Beklagt werden nicht nur die hemmungslose Zersiedelung und Verschandelung durch unangepasste Gebäude, sondern auch die »aggressiven« Landwirte, die mit schweren Maschinen immer tiefere Gräben ziehen und die Gewässer mit Tonnen von Düngemitteln vergiften. Schuldig machen sich aber auch viele Städter, die den Norden des *barje* offenbar als Mülldeponie betrachten. Wanderer stoßen hier im Minutentakt auf ausgediente Autoreifen und aufgeplatze Müllsäcke oder Haufen von Bauschutt und Sperrmüll. Auch Klamotten und Schuhe werden entlang der Fahrwege entsorgt. Das ist kein schöner Anblick, hat aber auch sein Gutes. Zumindest für den zerlumpten Obdachlosen, der, ein klappriges Fahrrad vor sich herschiebend und in ein Streitgespräch mit sich selbst verwickelt, durchs Moor streift und mit den Altkleidern seine Garderobe aufbessert.

Aufgelassener Steinbruch in Notranje Gorice

Notranje Gorice | Niederpuchel

Sieht man von der melancholischen Bahnstation und dem kühnen Dekolleté der Pizza-Kellnerin ab, kann das langgestreckte Dorf kaum als Sehnsuchtsort bezeichnet werden. Zu nichtssagend sind die Häuser entlang der Hauptstraße und allzu hässlich die neuen Siedlungen an ihren Wurmfortsätzen. Allein aufgrund seiner Geschichte und Lage kommt Notranje Gorice eine gewisse Bedeutung zu, gilt es doch als ältestes Dorf im westlichen Ljubljanske barje, das schon vor 6.600 Jahren bewohnt war und mit seinem »Hausberg« Plešivica am weitesten aus dem Moor herausragt. Zeugnisse aus der Steinzeit sind die Überreste von Pfahlbauten, ein aus dem Torf geborgener Einbaum sowie diverse Werkzeuge, die im Ethnologischen Museum in Ljubljana besichtigt werden können. Die erste schriftliche Erwähnung stammt aus dem 12. Jahrhundert, als der Ort dem Stift St. Paul im Kärntner Lavanttal unterstellt war.

Wer sich das Warten auf den Pendlerzug mit einem Rundgang verkürzt, wird ein Denkmal der jüngeren Geschichte entdecken. Es ist ein unbeholfen bemalter Bildstock, der an eine Pest- und Pockenepidemie in den Jahren 1850 bis 1860 erinnert, die zwei Drittel der Bewohner hinwegraffte und das Dorf für Jahre von der Außenwelt abschnitt. Unter Seuchen hatten auch die Arbeiter zu leiden, die 1848 beim Bau des Bahndammes über das Laibacher Moor zum Einsatz kamen. Bei schwierigen Verhältnissen wurden Unmengen von Geröll in den schlammigen Grund verfrachtet, bis sich endlich eine tragfähige Basis für den Bahnkörper bildete. Als Baumaterial diente der Kalkstein aus dem *kamnolom* von Notranje Gorice, der auch im 2. Weltkrieg, als das Bahnviadukt von Borovnica zerstört wurde, den Rohstoff für die neue Trasse lieferte. Weitere Steinbrüche, bedeutend größer und noch immer im Betrieb, finden sich im benachbarten Kamnik pod Krimom sowie in Verd bei Vrhnika.

EINKEHR:

Picerija Pr'Pavlet. Beliebter Treffpunkt der Dorfbewohner, an dem auch Wanderer ausnehmend freundlich bewirtet werden. Hausgemachte Pizzen, gute Salate und mexikanische Gerichte; Gastgarten mit Parkplatzblick, montags geschlossen. 00386 1 3651002, www.prpavlet.si

BAHNHOF VERSTEHEN

Ob zu Fuß oder per Bahn: Unsere Reise beginnt am Bahnhof von Ljubljana. Dieser Ort war nie mit jenen gigantischen Eisenbahnkathedralen vergleichbar, wie sie im 19. Jahrhundert etwa in Leipzig oder Berlin errichtet wurden. 1849, als die Schienen der »Südbahn« von Wien nach Triest die Stadt Ljubljana erreichten, errichtete man ein langgestrecktes Gebäude mit Glockenturm. Der Zugang zu den Bahnsteigen war viele Jahre lang sympathisch bescheiden. 2014, zur Zeit der Abfassung dieses Buches, steckt der Bau eines schon lange angekündigten Gebäudekomplexes in einer undurchschaubaren Planungs- und Bauvorbereitungsphase, die in eine Finanzierungskrise geraten ist. Das Konzept für das gigantische *Emonika City Center* auf dem Bahnhofgelände verspricht eine neue Bahn- und Busstation und die Verbindung der durch die Bahn getrennten Teile der Stadt. Wer diese Verbindung wird nützen wollen, wird eine Shopping Mall mit 200 Geschäften durchqueren, an Restaurants, einem Casino und einem Nightclub vorbeigehen und zu einem 27stöckigen Business Tower aufblicken. Während das für den Stil der 1950er Jahre architektonisch bedeutsame Gebäude des Südbahnhofs in Wien inzwischen abgerissen ist und Platz für einen ganzen Stadtteil rund um den neuen Hauptbahnhof gemacht hat, soll das alte Bahnhofsgebäude in Ljubljana in den neuen Komplex integriert werden.

Die lange Jahre zur Schau gestellte Bescheidenheit des Bahnhofs von Ljubljana steht in scharfem Kontrast zur Gewaltigkeit des Projekts, eine Bahnverbindung zwischen Ljubljana und Triest zu schaffen. Die technischen Herausforderungen waren sogar größer als bei der auf den ersten Blick spektakuläreren Trasse über den Semmering, einem anderen wichtigen Teilstück der Südbahn. So wundert es nicht, dass die Semmeringbahn 1854 eröffnet werden konnte, die durchgehende Verbindung von Ljubljana nach Triest aber erst 1857. Damit war der Schienenweg von Wien ans Meer fertig gestellt. Er endet heute, was das slowenische Eisenbahnsystem betrifft, nicht

Vor dem Bahnhof in Divača

mehr in Triest, sondern biegt in Divača von der klassischen Strecke ab, folgt bis Presnica der alten Bahn Richtung Pula und erreicht von dort auf einer erst 1967 errichteten und 1976 elektrifizierten Strecke den wichtigsten slowenischen Hafen Koper. Dorthin gibt es mehrmals täglich Direktverbindungen. Nach Triest zu fahren, erfordert mehrmaliges Umsteigen, zum Beispiel in Sežana.

Wer von Ljubljana Richtung Süden fährt, wird die Probleme kaum erahnen, mit denen die Erbauer der Strecke konfrontiert waren. Gleich nach Ljubljana verbergen sich die Schwierigkeiten im Untergrund des Laibacher Moors. Im Buch *Geschichte der Eisenbahnen der oesterreichisch-ungarischen Monarchie* aus dem Jahre 1898 heißt es bewundernd: »Es schien ein allzu kühnes Unternehmen, mitten in diese breiige Masse einen Damm zu stellen von jener bedeutenden Tragfähigkeit und großer Solidität, welche der Schienenweg einer Locomotive erheischt«. Ein umfassendes System von Entwässerungsgräben, dessen Spuren auch heutige Wanderer noch sehen können, musste ausgehoben werden, fortlaufende, versenkte Wände aus Trockenmauerwerk, die über vier Meter breit waren, wurden links und rechts am Rand der Trasse errichtet. Durch ihr Gewicht sollte die Trasse an manchen Stellen planmäßig mehrere Meter absinken.

War nach der Durchquerung des Moors der feste Karstboden erreicht, so warteten Schluchten, die mit Dämmen oder Viadukten überbrückt werden mussten. Als das schönste Viadukt Europas galt das von Borovnica, zur Zeit seiner Erbauung mit 561 Metern Länge und 38 Metern Höhe auch die größte Eisenbahnbrücke Europas. 5 Millionen handgeschlagene Ziegel fügten sich zu zweigeschossig angeordneten Gewölben, die von 24 Pfeilern gestützt wurden. Ein vom Erbauer Carl Ritter von Ghega gezeichneter und im Internet zu besichtigender Plan macht die künstlerische Qualität des Bauwerks und gleichzeitig den ästhetischen Abstand deutlich, in dem solche, obwohl auch weitgehend seriell geplante und verwirklichte, Bauten zu den phantasielosen Autobahnbetonbrücken der Gegenwart stehen. Das Viadukt wurde während des 2. Weltkriegs zerstört und durch eine neue Trassenführung ersetzt.

Dass schon beim Bau der Bahn umfangreiche Vorkehrungen gegen Schneeverwehungen getroffen werden mussten, weist auf die Wetterbedingungen in dieser »Region der steinigen kahlen Höhen des Karstes« hin, wo »die eisige Bora die entwaldeten Flächen in wenigen Stunden vom Schnee entblößt, um ihn [...] in den künstlichen Ein- und Anschnitten haufenweise abzulagern«, wie es in dem gerade zitierten Band heißt. Was die Bora vermag, musste später eine kleine Verwandte der Bahn von Ljubljana nach Triest, nämlich die Schmalspurbahn zwischen Triest und Poreč erfahren. Am 31. März 1910 wurde ein Personenzug in der Nähe der Station Muggia von einer Böe aus den Gleisen gehoben und umgestürzt. Drei Personen starben.

Waren die Arbeiter beim Bau der Bahn im Winter dem Wind und dem Schnee ausgesetzt, so mangelte es im Sommer an Wasser. Bei Logatec und Rakek wurden Wasserleitungen gebaut, von Gorenje Ležeče nach Prosecco, schon nahe am damaligen Ziel Triest, mit 38 Kilometern sogar die damals längste Wasserleitung der Monarchie. Die Wasserleitung von Aurisina wurde für die Versorgung von Triest wichtig. Der unvermittelte Abstieg der Bahn von den Höhen des Karsts zur Küste musste mit ausgedehnten Rampen überwunden werden, über die sich die Lokomotiven hinaufmühten. Trotz all dem mag man kaum glauben, dass die Bahn zwischen Ljubljana und dem Meer insgesamt eine größere Steigung zu überwinden hat als die Semmeringbahn.

Es ist verständlich, dass man die damals renommiertesten Experten, Hermenegild von Francesconi, ab 1842 Generaldirektor der Österreichischen Staatsbahnen, und den schon erwähnten Carl Ritter von Ghega, bekannt auch als Erbauer der Semmeringbahn, zur Planung heranzog. Unter der Oberleitung des Letzteren waren bis zu 18.000 Arbeiter mit dem Bau beschäftigt. Der österreichisch-ungarische Staat hatte sich jedoch mit seinen Bauprojekten völlig überfordert und verschuldet. Er musste sich Ende der 1850er Jahre zeitweise aus dem Bau und Betrieb des Bahnnetzes zurückziehen. Die Strecke fiel an die »k. k. privilegierte Südbahngesellschaft«, die mit 70.000 Angestellten das größte Privatunternehmen der Monarchie in der letzten Phase ihrer Geschichte war. Die

Aktiengesellschaft war so mächtig, dass sie im Besitz ihrer – anfangs überwiegend französischen – Investoren blieb, als der Staat in der Folge dazu überging, zahlreiche Eisenbahnen wieder zu verstaatlichen.

Der Bau von Eisenbahnen war das größte technische Vorhaben der Staaten des 19. Jahrhunderts. Die Frage, weshalb so enorme gesellschaftliche Ressourcen in dieses Unternehmen investiert wurden, ist weniger trivial als man denkt. Auf den ersten Blick stehen ökonomische und militärische Interessen im Mittelpunkt.

Viele Denkschriften der Zeit thematisieren die Höhe der Frachtraten, die private Bahnen als Monopolisten nehmen konnten, oder den Anschluss von Regionen an das Schienennetz, der für den Gedeih oder Verderb ganzer regionaler Industrien entscheidend war. Der Bau einer staatlichen Parallelstrecke zur privaten »Südbahn« über das Wocheinertal nach Triest, die sogenannte »Wocheinerbahn«, wurde explizit in diesem Zusammenhang propagiert. Im heutigen Zeitalter der Privatisierung öffentlicher Güter mutet das Argument aus dem Jahr 1896 äußerst aktuell an, durch eine staatliche Eisenbahn würde »es der Staatsverwaltung, unter Aufrechterhaltung ihrer Würde, möglich sein, sich von Cartellen, Frachtenbündnissen und anderen, den freien Verkehr hemmenden Verträgen mit Privatbahnen endlich loszumachen, und die directe Ein- und Ausfuhr der Monarchie nach Belieben und Bedürfnis zu regeln«.

Für Österreich-Ungarn war die Bahnverbindung nach Triest ökonomisch sehr wichtig. Vom größten Handelshafen der Monarchie fuhren die Schiffe in Richtung des 1869 eröffneten Suezkanals und über das Mittelmeer in den Atlantik. So verlief über Triest die schnellste Verbindung zwischen Zentraleuropa und dem fernen Osten. Die wichtigsten Industrieregionen der Monarchie, Böhmen und Mähren, konnten von dieser Bahnverbindung profitieren. Immerhin wurde die Stadt Brünn zu dieser Zeit das »mährische Manchester« genannt. Umgekehrt entwickelte die im 19. Jahrhundert stark expandierende Hauptstadt Wien einen enormen Sog an Waren auch aus Übersee, der mit der Bahn befriedigt werden konnte.

Auf die Spuren einer Verbindung von lokaler ökonomischer Bedeutung werden die Wandernden im Val Rosandra stoßen. Hier führte zwischen 1902 und 1935 die schon erwähnte Schmalspurbahn zwischen Triest und Poreč durch. Ausgehend vom ehemaligen Triestiner Staatsbahnhof an der heutigen Via Ottaviano Augusto verband die 123 km lange Strecke 33 Orte, darunter Muggia, Koper, Portorož und Motovun. Mit einer Durchschnittsgeschwindigkeit von 25 km/h wurden Salz aus den Salzgärten in der Nähe von Piran, Obst und Gemüse, Olivenöl und Wein, Holz und Steine transportiert. Die touristische Bedeutung der Bahn wird auch durch die Tatsache illustriert, dass die Station Portorož von 1909 bis 1912 durch eine »gleislose Bahn«, eine der ersten Oberleitungsbuslinien der Monarchie, und dann bis 1953 durch eine Straßenbahn mit Piran verbunden war. Beide Orte hatten sich Ende des 19. Jahrhunderts zu Kurorten entwickelt. Nach dem Scheitern der Idee, die Schmalspurbahn, deren Lokomotiven und Geleise längst verkauft waren, zu reaktivieren, begann man auf der Trasse einen »Weg der Gesundheit und Freundschaft« zu bauen. Auf den bereits fertiggestellten Abschnitten können Radfahrer und Fußgänger nachempfinden, wie sehr die Strecke der Hügellandschaft »eingewebt« war (wie es auf der Homepage der Initiative Parenzana heißt, die das Projekt betreibt), und dass auf ihrer Trasse »die imaginären Züge […] immer noch still und beständig über die Landschaft des istrischen Bewusstseins fahren und sich standhaft gegen den Strom des Vergessens wehren, den die Zeit mit sich bringt«.

Auf die Trassenführung der Bahnen hatte auch das Militär großen Einfluss. Spätestens nach der österreichischen Niederlage in der Schlacht von Königgrätz 1866, für die der preußische Generalstabschef Helmuth von Moltke erstmals große Truppenmassen mit der Eisenbahn mobilisiert und damit gleichsam »fahrplanmäßig« seine komplizierten Aufmarschpläne umgesetzt hatte, war auch dem konservativen österreichischen Generalstab die strategische Bedeutung der Eisenbahn bewusst geworden. Durch die vom Militär beeinflusste Planung nahm zum Beispiel die »Wocheinerbahn« den Verlauf der späteren Isonzofront des 1. Weltkriegs im Hinterland vorweg: eine

»Aufmarschlinie von allergrößter Wichtigkeit«, wie es in einer Denkschrift dieser Zeit hieß.

Auch im 2. Weltkrieg war die »Südbahn« von großer militärischer Bedeutung, weshalb Partisanen während der italienischen und deutschen Besetzung der Karstregion ab 1941 bzw. 1943 so häufig die Tunnel und Gleise zwischen Ljubljana und dem Meer beschädigten, dass die Lokomotiven mit Sandsäcken gefüllte Waggons vor sich herschieben mussten, um sich vor Blockaden und Sprengfallen zu schützen. Von 1942 an war Ljubljana zur Abwehr von Partisanen von einem Stacheldrahtzaun umgeben, und die Bahn durchquerte zunehmend umkämpfte Territorien zwischen den befestigten größeren Orten. Das Viadukt bei Borovnica wurde beim Einmarsch der deutschen Truppen 1941 von der sich zurückziehenden jugoslawischen Armee aus strategischen Gründen teilweise zerstört und von den Besatzern mit behelfsmäßigen Stahlbrücken geflickt. Alliierte Luftangriffe 1944 gaben dem schönen Bauwerk jedoch den Rest.

Die Errichtung von Bahnnetzen hat im 19. Jahrhundert aber über ökonomische und militärische Belange hinausgehende politische, soziologische und symbolische Bedeutung. Das Netz der Eisenbahnen schließt die jungen Nationalstaaten zusammen. In zuvor unbekannter Weise homogenisieren die Bahnen nicht nur den Raum, sondern auch die Zeit. Über Gleise und Telegraphenleitungen rücken weit entfernte Orte näher. Die Uhren werden nach den Bahnhofsuhren und diese wiederum nach Präzisionsuhren gestellt, die in den Zügen mitfahren. Dass Kaiser Franz Josef einen Besuch in Ungarn eigens unterbrach, um am 28. Juli 1857 die Bahn zwischen Ljubljana und Triest feierlich zu eröffnen, zeigt, dass die Herrschenden um die symbolische Bedeutung wussten. Wenn der amerikanische Philosoph Ralph Waldo Emerson schreibt, »immer wenn ich eine Eisenbahn sehe, schaue ich mich nach einer Republik um«, prognostiziert er damit schon früh im 19. Jahrhundert eine Wirkung, die Franz Josef nicht recht gewesen sein wird. Durch den komplexen Steuerungsbedarf der Eisenbahnen entwickeln sich neue Formen der Kooperation im Bereich der Technik und des Managements, die ein enormes Modernisierungspotenzial enthalten.

Die Monarchie war bekanntlich ein politisch und national sehr heterogenes Staatswesen. Die vom Zentrum, der kaiserlichen Haupt- und Residenzstadt Wien, in alle Richtungen führenden Eisenbahnlinien schlossen ein auseinanderstrebendes Territorium technisch zusammen. Von besonderer Wichtigkeit für die Monarchie ist der Süden, denn von Triest aus fahren die Schiffe in die Welt. Sie verbinden einen Staat, der seine Situation als Binnenland immer als Nachteil empfunden hat, mit den Ozeanen. Die Sehnsucht nach dem Meer lockt die Menschen, und sie kommen per Bahn. Ernst Molden nennt die Südbahn das »Rückgrat einer Sehnsucht, die Mitte des vorigen Jahrhunderts geboren wurde«, und meint damit das 19. Jahrhundert. Die Sehnsucht erblüht zum ersten Mal so richtig in der Zeit von 1890 bis zum 1. Weltkrieg. Eine neue Form des Tourismus entwickelt sich aus dem klassischen Kurtourismus heraus und erobert Städte wie Grado, Triest und Opatija/Abbazia. Die »k. k. privilegierte Südbahngesellschaft« errichtet residenzartige Hotelanlagen, nicht nur entlang ihrer Hauptstrecke, wie zum Beispiel das Südbahnhotel und später das Grandhotel Südbahn am Semmering, sondern auch an den Zielorten, wie zum Beispiel in Opatija, das de facto als »Südbahn-Kurort« entwickelt wird. Diese Hotels, die über Restaurants und Telegraphenbureaus, Gesellschaftsräume und Rauchsalons, Pferdeställe und Sportanlagen verfügen, nehmen das Modell moderner Resorts vorweg.

Die österreichische Sehnsucht nach dem Meer wohnt heute weniger im Zug als im sommerlichen Stau vor dem Autobahntunnel durch die Karawanken und auf den Autobahnen rund um Ljubljana. Sie wohnt auch bei den Lesern dieses Buchs, die sich zu einer Wanderung ans Meer verführen lassen. Die Sehnsucht findet ihr schönstes Bild, wenn die Dichterin Ingeborg Bachmann schreibt: »Liegt Böhmen am Meer, glaub ich den Meeren wieder. / Und glaub ich noch ans Meer, so hoffe ich auf Land. / Bin ich's, so ist's ein jeder, der ist soviel wie ich. / Ich will nichts mehr für mich. Ich will zugrunde gehn. / Zugrund – das heißt zum Meer, dort find ich Böhmen wieder.« Dieses Motiv geht eigentlich auf Shakespeare zurück, der *Bohemia – A desert country near the sea* nicht irrtümlich, sondern wohl aus poetischen Gründen zum Handlungsort seines Stücks *Ein Wintermärchen* machte.

Ein echter Irrtum unterlief einem anderen Dichter am 19. Oktober 1904 bei der Zugfahrt von Zürich nach Triest. James Joyce und seine Lebensgefährtin und spätere Frau Nora meinten, schon in Triest zu sein, stiegen in Ljubljana aus und bemerkten am Bahnhofsvorplatz den Irrtum erst, als der Zug schon weiter gefahren war. Die Suche nach einer lebbaren Existenz hatte die beiden in diesem Jahr schon durch halb Europa getrieben. In Ermangelung leistbarer Hotelzimmer hatte Joyce Nora schon zweimal, in London und Paris, in Parks zurück und warten lassen müssen, während er als Bittsteller potenzielle Geldgeber aufsuchte. Nun verbrachten sie beide gemeinsam eine Nacht im Park beim Bahnhof. Eine kleine Skulptur des Bildhauers Jakob Brdar erinnert daran.

Als sich Ende Februar 2014 ein gefrierender Regen auf große Teile des Waldes in der Karstregion gelegt und zahllose Bäume geknickt hat, wurde auch die Oberleitung der Bahn zwischen Divača und Ljubljana zerstört. Zahlreiche Zugfotografen – eine weltweit vernetzte Community, die sich im Internet rege austauscht – reisten an, um die im Dieselnotbetrieb eingesetzten alten Lokomotiven zu fotografieren. Loks der Baureihe 664, die ihre amerikanische Herkunft nicht nur durch ihr Aussehen, sondern auch durch den Spitznamen »Reagan« verraten, waren oft zu drei Stück den Zügen vorgespannt. Es soll ein besonderes Erlebnis gewesen sein, die mächtigen alten Loks die Steigungen heraufröhren zu hören.

Etwas leiser reist man im Personenzug von Koper zurück nach Ljubljana. In der Schleife bei Hrastovlje wird man ein zurückgelegtes Wegstück wiedersehen, von bequemen Sitzen aus kann man bei Črni Kal auf das Meer und bis nach Triest blicken. Vielleicht erkennt man auch das eine oder andere Lokal, in dem man getrunken und gespeist hat. Die Schleife bei Borovnica verdient einen Blick hinaus. Wenn schließlich das Laibacher Moor erreicht ist, hat einen die moderne Zivilisation wieder. Es wäre ein pietätvoller Akt, nach der Ankunft in Ljubljana dem kleinen Denkmal einen Besuch abzustatten, das an den unfreiwilligen Aufenthalt von James Joyce erinnert. Immerhin beschreibt die Episode 10 in seinem Werk *Ulysses* eine Reihe von Charakteren, die durch Dublin wandern. Und ihr Titel *Wandering Rocks* ist in seiner Doppeldeutigkeit vielleicht die schönste Metapher für das Unternehmen, das man gerade hinter sich gebracht hat.

Wilhelm Berger

2. GANZ MOOR
Wanderung von Notranje Gorice nach Vrhnika

Am zweiten Tag auf dem langen Weg zum Meer wandert man im schönsten Teil des Laibacher Moors, fernab der Großstadt und immer wieder in Tuchfühlung mit der Ljubljanica. Die Oberaufsicht hat dabei der Krim, ein dicht bewaldeter Berg im Süden, an dessen Fuße sich drei markante Kirchenhügel in Szene setzen. Wie am Vortag ist die Luft mit Vogelgezwitscher erfüllt, das erst im letzten Abschnitt vom Verkehrslärm bei Vrhnika übertönt wird. Ungeachtet dessen erweist sich das Niemandsland östlich der Autobahn als überraschend idyllische Aulandschaft.

Man verlässt Notranje Gorice auf bequemen Feldwegen, um bald auf den slowenischen Jakobsweg einzuschwenken, der erst dem ursprünglichen Bett der Ljubljanica folgt und dann zum heutigen Flussufer führt. Drei Schwäne gleiten mit der Strömung wie im Schnelldurchlauf vorüber. Sumpfblüten und Baumriesen posieren für die Kamera. Ein einsamer Bauernhof, einst Fährmannsstation, ist wie geschaffen für die erste Rast. Weiter geht es fast weglos nach Blatna Brezovica, das wegen seiner alten Harpfen den kleinen Schlenker lohnt. Ein Ensemble ausgedienter Badewannen, die als Viehtränke dienen, spiegelt den hohen Himmel. Der Boden wird tiefer und immer schwerer der Matsch an den Schuhen. Einen Katzensprung weiter erscheint, wie ein Trugbild, eine alte Hängebrücke zwischen den Bäumen. Man überquert die Ljubljanica und taucht in eine Lagunenlandschaft aus Dämmen und Teichen ein. Verlassene Boote versinken im Matsch, schwarze Strünke ragen aus dem Wasser. Herben Reiz hat auch der Einmarsch in Vrhnika. Er erfolgt auf Schleichwegen, teils über Viehweiden, teils zwischen Feldern und Schrebergärten, die insgesamt ein freundliches Bild der Vorstadt vermitteln. Noch erfreulicher ist, was einen bei der Ankunft erwartet: ein sehenswerter Ortskern, ein gutes Hotel und gemütliche Wirtshäuser, womit einem angenehmen Abend in der Stadt der Argonauten nichts mehr im Wege steht.

‹‹ Teichlandschaft im Westen des Ljubljansko barje

2. Wanderung von Notranje Gorice nach Vrhnika

HINWEISE ZUR WANDERUNG
LÄNGE: 15 km [Variante 17 km]
HÖHENDIFFERENZ: 80 m ↑ ↓ [180 m ↑ ↓]
GEHZEIT: 5:15 Std. [5:45 Std.]
ANFORDERUNGEN: gering
KARTE: Turistična karta »Ljubljana in okolica«, 1:40.000, Verlag Kartografija
ORIENTIERUNG: mittel
GASTSTÄTTEN: Notranje Gorice, Vrhnika
UNTERKUNFT: Vrhnika [Bistra]
VERKEHRSVERBINDUNGEN: Bahnhöfe in Notranje Gorice und Verd bei Vrhnika; Bushaltestelle in Vrhnika; Stadtbus Nr. 47 nach Ljubljana; Taxi Ljubljana 00386 31 234000
ANMERKUNG: Wer die dritte Etappe überspringen möchte, hat die Möglichkeit, Vrhnika auszulassen und gleich bis Bistra weiterzuwandern, um dort zu übernachten, siehe Variante auf Seite 56.

WEGBESCHREIBUNG
Man verlässt den **Bahnhof** in **Notranje Gorice** in Richtung des Bahnübergangs, wendet sich hier rechts und trifft gleich darauf auf die **Hauptstraße**; auf dieser nach links. Man passiert die **Pizzeria Pr'Pavlet** und folgt der Straße bis zum **Ortsende**, um kurz danach die **Bahn** zu unterqueren. 100 m danach biegt man nach rechts in einen geschotterten Fahrweg, der sofort in einen **Feldweg** übergeht. Nach 10 Min. ein breiter **Querweg**; auf diesem nach rechts. Man unterquert wieder die **Bahn** und trifft auf den von rechts kommenden **Jakobsweg** (gelbe Markierung); man geht geradeaus. Schöner Weg entlang des **alten Flussbetts** der Ljubljanica. Nach ca. 2 km wird eine Abzweigung nach rechts im Bereich einer Schautafel ignoriert. 15 Min. später quert der markierte Weg einen kleinen **Wassergraben**, dreht nach links und führt zum **Ufer der Ljubljanica**. Man geht rechts und folgt dem Uferweg bis zu einem **Bauernhof**. Schöner Rastplatz (1:30 Std.).

Man überquert mittels schmalem **Steg** einen **Kanal** und folgt den gelben Markierungspfeilen nahezu weglos bis zu einer Viehweide, welche man durchschreitet.

[**Variante** bei Schlechtwetter: Man folgt der **Zufahrtsstraße** des Bauernhofs in nördlicher Richtung und wendet sich

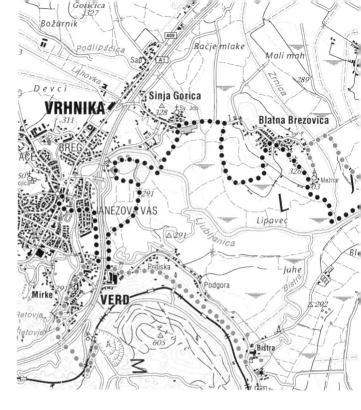

nach 500 m, ein **Betonbrücklein** überschreitend, nach links. Weiter auf angenehmem **Feldweg**, der bald nach rechts dreht und nach 20 Min. auf eine **Straße** trifft. 300 m Asphalt, dann nach links in einen **Feldweg**. Man folgt diesem bis zu einem Querweg; auf diesem nach links. Der Weg vereinigt sich mit einem von rechts kommenden Fahrweg; man geht geradeaus und gelangt kurz darauf zur **Kirche von Blatna Brezovica**.]

15 Min. weiter fast weglos entlang des **Ufers** und einen kleinen **Graben** querend bis zum nächsten **Querkanal**, den man auf einem weiteren schmalen **Steg** überschreitet. Nun wendet man sich nach rechts (gelber Pfeil) und wandert wieder weglos entlang des **Kanals** (sofern man nicht den einen oder anderen Acker links umgehen muss). Man trifft schließlich auf einen deutlichen **Feldweg** und geht rechts. Beim darauffolgenden **Querweg** geht man wieder rechts und gelangt so zur **Kirche von Blatna Brezovica** (2:15 Std.).

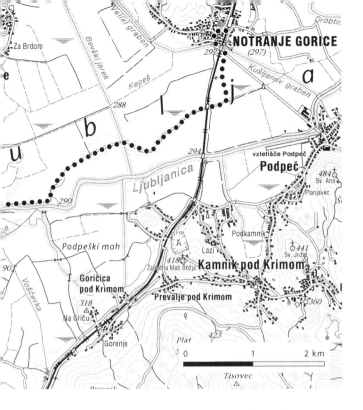

Von der Kirche auf einem ansteigenden Sträßchen bis zum Ortsrand von Blatna Brezovica. Man passiert erst einige **Heuharpfen**, dann mehrere Häuser und trifft im **Ortszentrum** auf eine Querstraße; auf dieser nach links. Nach 10 m wird eine Abzweigung nach links ignoriert. Man folgt der **Dorfstraße**, passiert einen **Kapellenbildstock** und gelangt zu einem aufgelassenen **Mercator**. Hier wendet man sich nach links, passiert einen **Bauernhof** und verlässt auf einem abwärts führenden **Fahrweg** den Ort. Im Tal angekommen, wendet man sich auf einem **Feldweg** nach links. Nach 200 m nimmt man eine Abzweigung nach rechts. Nach 300 m wird eine Abzweigung nach links ignoriert. Man geht geradeaus und folgt nach 50 m dem Hauptweg nach rechts. Breiter **Güterweg**, der nach 1 km zur **Straße** führt; auf dieser nach links. 400 m Asphalt bis zum Ortsbeginn von **Sinja Gorica**, wo man den **Fluss Črna mlaka** überschreitet (3:15 Std.).

Weiter auf der Straße entlang eines **Fabriksgeländes**, an dessen Ende man sich nach links in einen geschotterten **Fahrweg** wendet, der kurz darauf nach links dreht. 50 m danach nimmt man eine Ab-

2. Wanderung von Notranje Gorice nach Vrhnika

zweigung nach rechts. Schnurgerader **Feldweg**, der nach 400 m nach links dreht. Hier geht man geradeaus und folgt einer undeutlichen Fahrspur bis zu einer **Hängebrücke**, auf der man die **Ljubljanica** überquert (3:45 Std.).

Geradeaus weiter auf einem schmalen Pfad, der nach gut 50 m auf einen breiten **Querweg** trifft. Man geht rechts und durchschreitet ein Gatter. Weiter auf breitem Weg rechts eines großen **Fischteiches**. Nach weiteren 300 m auf einem **Dammweg** unterquert man eine **Hochspannungsleitung**. Kurz danach wendet man sich nach links in einen **schmalen Dammweg**, der nach gut 200 m auf eine Wiese führt und sich in zwei undeutliche Pfade teilt. Man geht links entlang einer Wiese, überquert nach 100 m mittels **Steg** einen kleinen Graben und gelangt zu einer **Viehweide**. Hier geht man links, wendet sich nach 70 m nach rechts und wandert 200 m weglos am linken Rand der Weide, ehe man diese auf dem **Zufahrtsweg** verlässt. Weiter auf schönem Feldweg, der nach 400 m auf einen breiten Fahrweg trifft; auf diesem nach rechts bis zu einer **Querstraße**. Man wendet sich nach links und geht bei der darauffolgenden **Hauptstraße** rechts (4:45 Std.).

[**Fortsetzung** der Wanderung bis **Bistra**: Man wendet sich auf der **Hauptstraße** nach links. 500 m Asphalt bis zum Haus Nr. 186, wo man sich halbrechts in eine ansteigende **Forststraße** wendet. 10minütiger steiler Anstieg bis zu einer **Quellfassung**, wo man eine Abzweigung nach rechts ignoriert. Der Weg verflacht sich. Bald darauf nimmt man eine Abzweigung nach links, die sich kurz danach mit einem von rechts kommenden markierten Weg vereint. Weiter im bewaldeten Hang, der undeutlichen Markierung folgend. Der Weg senkt sich bald zu einem breiteren **Querweg**. Man geht rechts und nimmt gleich darauf eine Abzweigung nach links (undeutliche Markierung). Weiter auf undeutlichem Weg, die Höhe ungefähr beibehaltend, bis zu einem verfallenen **Wehrturm** oberhalb von Bistra. (Sollte der Weg verlegt sein, steigt man nach links zur Straße ab und wandert auf dieser nach rechts bis Bistra.) Abstieg über einen **Treppenweg** zur **Straße**; auf dieser nach links bis zum Eingang des **Technischen Museums** von **Bistra** (5:45 Std.).]

Höckerschwäne in einem Teich bei Vrhnika

Man unterquert die **Autobahn**, passiert nach 150 m ein apricotfarbenes Haus und wendet sich sofort nach rechts in einen geschotterten Fahrweg.

[**Variante** zum **Bahnhof Verd**: Man unterquert die **Autobahn** und nimmt nach 300 m eine Abzweigung nach links (Wegweiser »Železniška postaja«). Nach 100 m passiert man einen kleinen **Park** und folgt nach weiteren 100 m dem Wegweiser »Pokopališče« nach rechts. Nach weiteren 100 m nimmt man wieder eine Abzweigung nach rechts. Vorbei an der **Kirche von Verd** und entlang des Flussufers. Das Sträßchen dreht nach links und trifft auf eine **Querstraße**; auf dieser nach rechts. Nach 30 m eine Gabelung; man geht rechts, der Asphalt endet. Breiter Gehweg, der gleich darauf an zwei **Quellen der Ljubljanica** vorbei- und weiter bis zu einer **Holzbrücke** führt. Vor der **Brücke** wendet man sich nach links in einen ansteigenden Weg (Markierung) und folgt diesem bis zu einem geschotterten **Fahrweg**; auf diesem scharf nach links. Nach 40 m wendet man sich nach rechts in einen untergeordneten

Säulengang eines Bauernhofs in Blatna Brezovica

Weg und folgt (nach 30 m eine Abzweigung nach rechts ignorierend) der **Markierung** bergauf bis zu einer **Straße**; auf dieser nach rechts. Man unterquert die **Autobahn** und wendet sich nach 150 m nach rechts (Markierung). Moderater Anstieg im Wald (eine Abzweigung nach links wird ignoriert) bis zu einer **Schotterstraße**, auf der man die Bahn unterquert. Nach dem **Durchlass** wendet man sich nach links und folgt dem Sträßchen bis zum **Bahnhof Verd**. (5:15 Std.).]

Weiter entlang der Autobahn bis zu einer **Siedlung**, wo der Weg nach links dreht und in die asphaltierte **Jagrova cesta** übergeht. Nach 200 m eine breite Querstraße. Man geht geradeaus und überquert auf einer **Fußgängerbrücke** die Ljubljanica. Weiter auf dem Geh- bzw. Radweg bis zur Hauptstraße von **Vrhnika**; auf dieser 200 m nach rechts bis zum **Cankarjev trg** (5:15 Std.).

AM WEGE

Blatna Brezovica | Moosthal

So schön das Ljubljansko barje in landschaftlicher Hinsicht ist, so unansehnlich sind die meisten seiner Dörfer. Dieser Ort bildet aufgrund seiner Lage eine Ausnahme. Während die meisten Nachbardörfer über die Ebene verstreut sind oder sich an die wenigen aus dem Moor ragenden *gorice*, Berglein, nur anlehnen, sitzt Blatna Brezovica auf einem Hügelkamm und erhebt sich, seinem deutschen Namen hohnsprechend, über alle anderen. Nur die Kirche, ebenfalls ungewöhnlich, wurde samt Friedhof ins Tal verbannt.

Vom etwas unglücklich renovierten Gotteshaus steigt ein Sträßlein zum Ortsrand an, wo den Wanderer ein hübsches Ensemble von Harpfen erwartet, die ein Alleinstellungsmerkmal slowenischer Baukultur in Nordslowenien und Südkärnten sind. Die deutsche Bezeichnung leitet sich von der Harfe ab, weil die Grundform – zwei senkrechte Pfosten oder Säulen mit runden Querstangen – dem betreffenden Musikinstrument ähnelt (und häufig 12 Sprossen besitzt, was der Anzahl von Halbtönen einer Oktave entspricht). Der *kozolec*, so der slowenische Name, diente ursprünglich der Zwischenlagerung von Getreidegarben, die zur Nachreifung aufgehängt wurden, sowie der Aufbewahrung von Heu, Maiskolben und Futterrüben. Der *doplar* ist eine Konstruktion aus zwei einfachen Harpfen, auf die ein Dachstuhl samt Dach aufgesetzt wurde, wodurch ein gedeckter Stauraum für landwirtschaftliches Gerät entstand, gewissermaßen die Vorstufe zur geschlossenen Scheune. Die Stabilität wurde durch komplizierte fachwerkartige Holzverbindungen erzeugt, die vom beachtlichen Geschick der Zimmerleute zeugen. In manche Doppelharpfen sind Zwischendecken eingezogen, was ihnen den Charakter von Pfahlbauten verleiht. Heute, da man die Mahd zumeist in Kunststofffolie einwickelt und auf den Wiesen gären lässt, haben viele Harpfen ausgedient und verschwinden nach und nach aus der Landschaft (sofern sie nicht als Werbeträger missbraucht werden). In Blatna Brezovica leisten sie den Bauern aber immer noch gute Dienste: als Brennholzlager, als Traktorunterstand oder – in Noahs Namen – als luftiges Bootshaus.

Ansprechend ist auch der Ortskern von Blatna Brezovica aufgrund der verdichteten Bebauung. Links und rechts der Straße drängen sich die Bauernhöfe, manche von ihnen überraschend groß und einige wenige mit Überbleibseln ursprünglicher Architektur. Dazu gehört auch das Haus Nr. 27, das zwischen einem Betonsilo und einem Stallgebäude von der Größe einer mittleren Fabrik ein Kleinod bewahrt hat: Reste eines historischen Arkadengangs mit Steinsäulen, der im zeitgenössischen Zubau eine unbeholfen zusammengeflickte Fortsetzung aus gebrannten Hohlziegeln und doppelbögigem Betonsturz findet. Als Dekoration und Reminiszenz an vergangene Tage dienen primitive Werkzeuge aller Art, zwei leichtsinnig unterkeilte Mühlsteine, eine Kollektion museumsreifer Tonkrüge sowie eine stattliche Glocke aus Messingguss, mit der wohl schon vor Generationen zum gemeinsamen Abendessen gerufen wurde. Und wie durch ein Wunder reckt sich durch den Zement ein kleiner Weinstock dem Wanderer entgegen.

Vrhnika | Oberlaibach | Nauporto

Noch vor wenigen Jahren schien Vrhnika ein Ort des Niedergangs, heute erweckt es den Eindruck eines vitalen Städtchens, zumindest auf den ersten Blick. Das liegt einerseits an den erneuerten Fassaden historischer Bauten, wie der *osnovna šola* aus der Zeit Franz Josephs oder der manieristischen *Villa Kunstel*, andererseits an den gut besuchten Lokalen entlang der Hauptstraße und in der Altstadt. Vielleicht sind es aber auch die vielen Jugendlichen, die am Freitag Nachmittag die Szene beherrschen und mit ihren Smartphones und Piercings jeder Metropole Ehre machen würden. Und angesichts der dicken Autos, die allenorts herumkurven, zweifelt man ohnehin am Ernst der wirtschaftlichen Lage.

Seine besten Zeiten hat Vrhnika dennoch hinter sich. Zeugen der einstigen Blüte sind eine Reihe herrschaftlicher Häuser, teils barock, teils klassizistisch-bürgerlich, aus einer Zeit, da die Stadt die Schwelle zwischen dem Ljubljansko barje, Laibacher Feld, und dem Trnovski gozd, Ternovaner Wald, markierte, und es als Warenumschlagplatz und Mautstelle zu beträchtlichem Wohlstand brachte. Zu den Händlern, Fuhrleuten und Beam-

Hängebrücke über die Ljubljanica

ten gesellten sich bald Wirte, Schmiede und Wagner, die den Grundstein für spätere Industriebetriebe und damit zur Urbanisierung der Siedlung legten. Die damalige Bevölkerungsstruktur spiegelt sich in den drei Ortsteilen Hrib, wo die Handwerker zuhause waren, Breg, dem Zentrum der Oberschicht, und Ves, dem Quartier der Fuhrleute und Schiffer. Angeblich findet sich noch heute ein gewisses Standesbewusstsein und entsprechende Animositäten in den drei Vierteln.

Schon im Altertum verlief durch den Ort eine wichtige Transitroute zwischen dem Küstenland und dem Alpenraum und spielte *Nauportus*, so der römische Ortsname, eine besondere Rolle. Weil nämlich der Transport über das Laibacher Moor nicht möglich und seine Umgehung zu umständlich war, wurden hier die Güter aus Aquileia auf Schiffe verladen und auf diesen nach *Labacum*, heute Ljubljana, oder weiter bis zum Schwarzen Meer verfrachtet. Auch die griechischen Argonau-

2. Wanderung von Notranje Gorice nach Vrhnika

ten sollen hier – aus der Gegenrichtung kommend – angelegt und dann ihr Segelschiff über den Karst zur Adria geschleppt haben. Mit geblähtem Segel und sieben Riemen ziert *Argo* heute das Wappen der Stadt.

Dass Vrhnika noch im 17. Jahrhundert ein bedeutender Flusshafen war, ist heute kaum nachvollziehbar, weil es davon kaum archäologische Spuren gibt und der Ort gänzlich vom Autoverkehr beherrscht wird. Neben der vielbefahrenen Staatsstraße, die neuerdings durch mehrere Kreisverkehre »veredelt« wurde, ist es die Autobahn, die den Ort mit ständigem Lärm belegt, obwohl sie ihn im Norden nur tangiert, um dann jäh zum Karstmassiv anzusteigen. Mit ihrer Eröffnung als erste jugoslawische *avtocesta* im Jahr 1972 verlor Vrhnika, das maßgeblich vom Transitverkehr lebte, nicht zum ersten Mal an Bedeutung. Schon Mitte des 19. Jahrhunderts, als man die Bahnstrecke von Ljubljana nach Triest in unerreichbarer Höhe vorbeiführte, geriet der Ort mit einem Schlag ins Abseits. Erst die 1899 gebaute und bis 1966 verkehrende Lokalbahn, die Vrhnika an das internationale Eisenbahnnetz anschloss, verhalf der Gemeinde zu neuem Aufschwung. Aus bereits bestehenden Handwerksbetrieben und Manufakturen entstanden Fabriken, in denen Holz und Leder verarbeitet und Lebensmittel erzeugt wurden.

Eine bemerkenswerte Erfolgsgeschichte mit unrühmlichem Ende schrieb dabei die Lederfabrik IUV in Vrhnika. Sie ging aus einer 1857 gegründeten Gerberei hervor, beschäftigte in den 1920er Jahren bereits 136 Arbeiter und produzierte dank umsichtiger Unternehmer energieautark und vergleichsweise umweltschonend. Nach dem 2. Weltkrieg schaffte die nunmehr volkseigene Betrieb aufgrund innovativer Verarbeitungsmethoden den internationalen Durchbruch und galt bald als Trendsetter der Schuhbranche. So belieferte sie in den 1980er Jahren eine Reihe führender Modehäuser Europas und erwirtschaftete Exportüberschüsse, die andere jugoslawische Spitzenunternehmen wie *Lek* und *Krka* (Arzneimittelerzeugung) sogar noch übertrafen. Nach der Privatisierung im Jahr 1997 verlegte man sich auf die Produktion von Schuhen aus Bioleder und drängte unter dem Motto »Stöckelschuhe für Hollywood« auf den US-amerikanischen Markt. Zum hohen Prestige trug auch die angeblich

In der Altstadt von Vrhnika

soziale Unternehmenskultur bei, obwohl die 1.370 Beschäftigten weit unter westeuropäischem Niveau entlohnt wurden. Dem fast zehnjährigen Höhenflug folgte ein jäher Absturz infolge eines Wirtschaftskrimis, der bis heute nicht zur Gänze geklärt ist. Gewinne wurden unversteuert auf Liechtensteiner Konten transferiert, Firmengelder versickerten spurlos, leitende Angestellte, die gegen die Machenschaften aufbegehrten, verschwanden von der Bildfläche. 2008 meldete die IUV Konkurs an und fanden sich 640 Arbeiter auf der Straße wieder, während die Eigentümer ihre Schäfchen längst ins Trockene gebracht hatten. Ein Jahr später wurde die Firma abgewickelt, womit Slowenien einen seiner Vorzeigebetriebe verlor. Die Profiteure wurden nie zur Rechenschaft gezogen.

In Vrhnika über Nacht zu bleiben, befriedigt keine romantischen Bedürfnisse, eröffnet aber die Möglichkeit, die Stadt abseits der Hauptstraße zu erkunden und dabei ein paar Kleinode zu entdecken. Stimmigster Ort ist die elegant geschwungene Stara cesta, Alte Straße, an der sich kleine Läden und gemütliche Lokale aneinanderreihen und deren niedrige Häuser an eine altösterrei-

Hinterhof in Vrhnika

chische Vorstadt denken lassen. Auffallend ist die Häufung der Schuhgeschäfte und Schuster, die sich zum Teil mit historischen Innungszeichen schmücken, ebenso sehenswert historische Portale wie der Jugendstil-Eingang des Hauses Nr. 2. Einzig der Autoverkehr stört das nostalgische Bild, in das eine klapprige Tramway (aufgrund der schienenähnlichen Straßenmarkierung) viel besser passen würde. Lohnend ist auch der Blick in die Hinterhöfe, die mit ihren schäbigen Laubengängen und Resten bäuerlicher Architektur Blitzlichter auf eine untergegangene Epoche werfen, sowie ein Abstecher zum Marktplatz hinter dem erkerbewehrten Alten Rathaus, der am Nachmittag von wohltuender Ruhe ist. Freunde der Herrschaftsarchitektur kommen bei der *Lavrenčičeva hiša* oder Alten Post aus dem 15. Jahrhundert, dem Gerichtsgebäude aus dem 16. Jahrhundert und dem ehemaligen Hotel Schwarzer Adler aus dem Jahr 1850 auf ihre Kosten, allesamt in Zentrumsnähe gelegen und von beachtlicher Größe.

Von der Kirche Sveti Lenart, die zwischen Häusern und Straßen kaum Luft zum Atmen hat, schlängelt sich das Gässchen Na klancu bergwärts, zum einstigen Elendsviertel der Stadt. Wo sich noch vor 100 Jahren strohgedeckte Hütten drängten, finden sich heute schön renovierte Häuser, die die ursprüngliche, dicht verschachtelte Siedlungsstruktur zumindest zitieren. Eines davon ist das »Geburtshaus« des slowenischen Dichters Ivan Cankar, das in Wahrheit längst abgebrannt ist und durch ein anderes Gebäude ersetzt wurde. Es enthält ein kleines Museum, das von der Ärmlichkeit des Originals wenigstens eine Ahnung vermittelt und den Lebensweg des Autors mittels Ahnentafeln, Fotografien und alter Schriften nachzeichnet. Auch Cankars Totenmaske kann besichtigt werden.

Weniger bescheiden nimmt sich die von Ivo Jurkovič geschaffenen Bronzefigur am Cankarjev trg aus, die den Dichter als überlebensgroßen »Denker« darstellt, der es sich auf seinem unproportionierten Marmorsockel bequem gemacht hat. Die Skulptur stammt aus dem Jahr 1930, der Zeit des SHS-Staates, als man Cankar zum Nationaldichter erhob und damit nicht zum letzten Mal politisch vereinnahmte. So wurde er nach dem 2. Weltkrieg zum literarischen Sprachrohr der Arbeiterklasse hochstilisiert und gilt heute als *der* slowenische Dichter, obwohl er Zeit seines Lebens für den Zusammenschluss aller südslawischen Völker eintrat und 1914 wegen »serbenfreundlicher Agitation« in Burghaft einsaß.

1876 geboren, wuchs Cankar in ärmlichsten Verhältnissen auf, bis ihm mit einem Stipendium der Besuch des deutschsprachigen Gymnasiums in Ljubljana ermöglicht wurde. Wie viele Absolventen dieser Schule verschlug es auch ihn nach Wien, wo er bald sein Studium abbrach und (nach einem kurzen Zwischenspiel in seiner Heimat) Schriftsteller wurde. Sein erster, 1899 veröffentlicher Lyrikband *Erotika* fand kaum Verbreitung, weil der Laibacher Bischof die gesamte Auflage aufkaufen und demonstrativ verbrennen ließ. In dieser Zeit lebte Cankar in »wilder Ehe« mit der Tochter seiner Quartiergeberin, bis er sich 1910 nach Sarajevo absetzte, um kurz darauf eine Lebensgemeinschaft mit einer wohlhabenderen Frau einzugehen.

Bildstock vor der Kirche Sveta Trojica in Vrhnika

Ungeachtet seines »liderlichen« Lebenswandels, der nicht nur von einem schwierigen Verhältnis zu Frauen, sondern auch von Geldverschwendung und Trunksucht geprägt war, hatte sich Cankar mittlerweile als Dichter und Essayist profiliert, der sich mit hoher Sprachkunst dem Elend des Wiener Proletariats und seiner slowenischen Landsleute widmete. Seine drastischen Milieuschilderungen wurden ihm vielfach als Nestbeschmutzung angekreidet, brachten ihm aber später den Ruf eines »Charles Dickens der k. u. k. Monarchie« ein. Cankars Prosawerk umfasst 30 Bände. Obwohl er wiederholt die nationale Unterdrückung seines Volkes durch die deutsche Oberschicht und deren slowenische Handlanger geißelte, verfasste er viele Texte auch auf Deutsch.

Einer seiner Romane, *Na klancu siromakov* (»Am Hang«), zeichnet die katastrophalen Lebensverhältnisse des Proletariats in Vrhnika Ende des 19. Jahrhunderts nach. Protagonistin ist die unglückliche Dienstmagd Francka, die Zeit ihres Lebens von ihrer Umgebung drangsaliert wird und vergeblich um ein besseres Leben für sich und ihre Kinder ringt. »An Armut erkrankt« ist auch das übrige Personal: »Bankrotte Handwerker, Bauern, deren Hütten und Grund verkauft worden waren, Trinker, die zu keiner Arbeit taugten und nur darauf warteten, wie ein Vieh zu verrecken, im Graben, hinter einem Zaun – sie alle versteckten sich auf dem Hang, in den niedrigen Hütten mit den niedrigen Fenstern und den Stroh gedeckten Dächern.« Das Buch trägt autobiografische Züge, spiegelt aber auch das problematische Frauenbild Cankars, das die Frau und Mutter in ihrer Opferrolle geradezu verklärt.

Cankar stürzte 1914, vermutlich alkoholisiert, über eine Treppe und erlag bald darauf seinen Verletzungen.

EINKEHR:
Hotel Mantova. Wer hier übernachtet, sollte die straßenseitigen Zimmer meiden, denn das Hotel steht an der belebtesten Straßenkreuzung Vrhnikas. Passable Kost bietet das angeschlossene Restaurant. 00386 1 7557524, www.mantova.si
Gostilna Cankarjev hram. Gasthaus mit traditioneller Küche und gemütlichem Sitzgarten. Schon Ivan Cankar soll hier dem Wein zugesprochen haben. 00386 1 7562018
Gostilna Turšič. 110jähriges Wirtshaus im Ortsteil Hrib, das Riesenportionen zu Spottpreisen anbietet. Haubenköche sind nicht am Werk. Zur Not kann man hier auch günstig übernachten. 00386 1 7551213, www.slodesign.com/tursic/
Gostilna pri Kranjcu. Beliebtes Dorfgasthaus mit überdachtem Sitzgarten unweit der Pfarrkirche. Ob für Einheimische oder Fremde, der Wirt reißt sich einen Haxen aus, und auch Koch und Kellner geben ihr Bestes. 00386 1 7554822, www.gostilna-kranjc.si

3. QUELLENSUCHE
Wanderung von Vrhnika nach Bistra

Naturliebhaber kommen bei dieser kurzen Wanderung nicht restlos auf ihre Rechnung, umso besser wird bedient, wer sich für die Geschichte der Region interessiert. Kurzweilig ist vor allem die erste Hälfte, während man im zweiten Abschnitt ein wenig erbauliches Waldstück zurücklegen muss. Dafür entschädigt der Zielort Bistra mit seinem schönen Ambiente und einem faszinierenden Kulturdenkmal.

Von Ivan Cankar literarisch begleitet, durchstreift man in der ersten Stunde die erstaunlich vielfältige Peripherie von Vrhnika. Man besichtigt das Geburtshaus des Dichters und steigt zur Kirche Sveta Trojica an, die Cankar oft beschrieben, aber selten von innen gesehen hat. Häufiger suchte er die *gostilne* im Ortsteil Hrib auf, den man nun, nicht ohne selber einzukehren, auf verschlungenen Wegen durchschreitet. Zwei Bäche, einst Energiespender für Mühlen und Sägen, prägen das ehemalige Dorf; urbanen Charakter haben die Häuser rund um die Pfarrkirche. Ein Partisanendenkmal, halb Brückenkopf, halb Himmelsleiter, krönt den Hügel am Rande der Stadt. Ihm zu Füßen erlebt der Fluss der sieben Namen seine letzte Wiedergeburt. Mehrere Quellen, kaum entsprungen, vereinigen sich zur Ljubljanica, die im Nachbardorf Verd von weiteren Zuflüssen gespeist wird. Ein Storch stakst zwischen bunten Booten auf der Wiese. Es folgt eine Durststrecke aus Forstwegen und Kahlschlägen – Folge des verheerenden Eisregens im Jahr 2014. Für Abwechslung sorgt eine frische Bärenfährte, kaum einen Steinwurf von der Straße entfernt! In Bistra, das man schon am frühen Nachmittag erreicht, bietet der namensgebende Fluss ein romantisches Wasserspiel. Als Kulisse dienen historische Industrieanlagen und schlossähnliche Klostermauern, hinter denen sich ein wundersames Museum verbirgt. Man löst die Eintrittskarte und absolviert den letzten Teil der Wanderung: eine Reise durch die Jahrhunderte, die im realen Sozialismus ihren Schluss- und Höhepunkt findet.

Auf dem Weg zur Ljubljanica-Quelle Močilnik

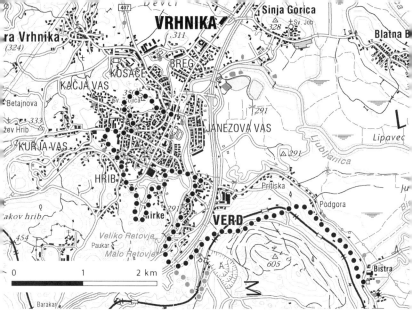

HINWEISE ZUR WANDERUNG

LÄNGE: 11 km [7 km]
HÖHENDIFFERENZ: 280 m ↑ ↓ [250 m ↑ 100 m ↓]
GEHZEIT: 3:50 Std. [2:30 Std.]
ANFORDERUNGEN: gering
ORIENTIERUNG: einfach
KARTE: Turistična karta »Ljubljana in okolica«, 1:40.000, Verlag Kartografija
GASTSTÄTTEN: Vrhnika, Bistra
UNTERKÜNFTE: Vrhnika, Bistra
VERKEHRSVERBINDUNGEN: Bahnhof in Verd bei Vrhnika, Bushaltestellen in Vrhnika und Bistra; Taxi Ljubljana 00386 31 234000
ANMERKUNGEN: Wer diese Etappe überspringen will, fährt am besten (per Bus oder Bahn) bis Borovnica weiter, um von dort die Schluchtenwanderung nach Kožljek in Angriff zu nehmen (siehe 4. Etappe).

WEGBESCHREIBUNG

Man geht in Vrhnika auf dem **Cankarjev trg** Richtung **Kirche** und wendet sich vor dieser halblinks in das ansteigende Gässchen **Na klancu** (zuvor empfiehlt sich ein Abstecher in die **Stara cesta**). Man passiert das **Geburtshaus** von Ivan Cankar und geht bei der darauffolgenden

3. Wanderung von Vrhnika nach Bistra

Gabelung geradeaus. Der Asphalt endet; weiter auf einem Gehweg bis zur **Kirche Sveta Trojica**, die man links umgeht. An ihrer Rückseite wendet man sich nach links in einen abwärts führenden Pfad. Man gelangt zu einer **Kapelle** und nimmt bei einer **Dreifachgabelung** den mittleren Weg. Abstieg zu einem **Quersträßchen**; auf diesem wenige Schritte nach links, dann nach rechts in einen **Fußweg**, der in eine Hauszufahrt mündet. Weiter bergab zum **Haus Nr. 25** bei der **Petkovškova ulica**; auf dieser nach rechts. Man gelangt zum Haus **Vas Nr. 8**, geht wenige Schritte nach links, dann nach rechts, um einen Bach zu überqueren. Nach der **Brücke** wendet man sich nach rechts und geht entlang des Bela-Baches bis zu einem großen **Bildstock**; an diesem links vorbei. Gleich darauf eine Querstraße namens **Pri lipi**; man geht links und gelangt zu einer Straßenkreuzung an der **Idrijska cesta**, wo man sich nach rechts wendet. 150 m entlang der Landstraße, dann nach links (Wegweiser »Pekarna Vrhnika«). Man gelangt zur **Bäckerei** und wendet sich vor einer **Brücke** nach links in einen Wiesenpfad. Schöner Weg entlang eines Ljubljanica-Zuflusses bis zur Einmündung in die **Kurirska pot**, auf der man den Bach überquert. Nach der **Brücke** geht man sofort nach rechts, um sich nach 50 m nach links zu wenden und auf einem Pfad zur **gostilna Pri Kranjcu** anzusteigen (0:45 Std.). Einkehr.

Von der **gostilna** geht man Richtung **Pfarrkirche** und wendet sich vor dieser in die erste Gasse nach links. Abstieg zur **Voljčeva cesta**; auf dieser scharf nach rechts. Vorbei an einem **Mercator**, dann links der **Pfarrkirche** vorbei. Weiter auf der **Voljčeva cesta** bis zur **Hauptstraße**; auf dieser nach links. Nach gut 50 m wendet man sich nach rechts in ein Sträßchen (**Wegweiser »Močilnik«**), quert kurz darauf eine **Ljubljanica-Quelle** und gelangt bald darauf zu einer weiteren **Brücke**. Vor dieser wendet man sich nach rechts in einen **Fußweg**. Nach 50 m nimmt man eine Abzweigung scharf nach rechts. Anstieg im bewaldeten Hang bis zur Einmündung eines Weges von links. Hier geht man scharf links und erreicht ein großes **Partisanendenkmal** (1:15 Std.).

Vom Denkmal zurück zum Querweg; auf diesem scharf nach rechts bis zum Gehweg im Tal. Hier geht man rechts und umrundet die **Močilnik-Quellen** der Ljubljanica, bis man bei einer **ehemaligen Gaststätte** auf eine Querstraße trifft; auf dieser nach rechts. Nach 50 m wendet man sich nach rechts in einen Pfad und folgt diesem,

In Vrhnika, Ortsteil Hrib

stets parallel zur Straße, bis der Weg sich mit dieser vereinigt. Weiter auf dem Fahrweg bis zu einer **Querstraße** am Ortsbeginn von **Mirke**.

Man wendet sich nach links und überquert gleich darauf die **Ljubljanica**. Weiter entlang einer Fabrik bis zu einer Straßenkreuzung, wo man nach rechts geht. 200 m entlang einer Siedlung, dann halbrechts in einen **Gehweg**, der kurz darauf über die **Ljubljanica** führt. Nach dem Fluss geht man rechts, passiert einen kleinen **Park** und folgt nach 100 m dem **Wegweiser »Pokopališče«** nach rechts. Nach weiteren 100 m nimmt man wieder eine Abzweigung nach rechts. Vorbei an der **Kirche** von **Verd** bzw. entlang des Flusses. Das Sträßchen dreht nach links und trifft auf eine **Querstraße**; auf dieser nach rechts. Nach 30 m eine Gabelung; man geht rechts, der Asphalt endet. Breiter Gehweg, der gleich darauf an zwei **Quellen der Ljubljanica** vorbei- und weiter bis zu einer **Holzbrücke** führt (2:00 Std.).

Vor der Brücke wendet man sich nach links in einen ansteigenden Weg (Markierung) und folgt diesem bis zu einem geschotterten

3. Wanderung von Vrhnika nach Bistra

Fahrweg; auf diesem scharf nach links. Nach 40 m wendet man sich nach rechts in einen untergeordneten Weg und folgt (nach 30 m eine Abzweigung nach rechts ignorierend) der **Markierung** bergauf bis zu einer **Straße**; auf dieser nach rechts. Man unterquert die **Autobahn** und folgt der Straße 500 m bergauf bis zu einer **Spitzkehre**.

[**Variante** zum Bahnhof Verd: Man unterquert die **Autobahn** und wendet sich nach 150 m nach rechts (Markierung). Moderater Anstieg im Wald (eine Abzweigung nach links wird ignoriert) bis zu einer **Schotterstraße**, auf der man die Bahn unterquert. Nach dem **Durchlass** wendet man sich nach links und folgt dem Sträßchen bis zum **Bahnhof Verd** (2:30 Std.).]

Hier geht man, die Straße verlassend, geradeaus (**Wegweiser »Bistra«**), dann sofort halbrechts. 10 Min. auf markiertem Weg bergauf bis zur **Eisenbahntrasse**, welche man unterquert. Man passiert einen Handymasten und wendet sich halblinks in einen kurz ansteigenden, dann eben verlaufenden Forstweg oberhalb der **Bahn**, die man nach 1 km auf einer **Brücke** überquert. Unmittelbar darauf nimmt man eine Abzweigung nach rechts (**Wegweiser »Bistra«**). Weiter im bewaldeten Hang, stets der undeutlichen Markierung folgend und die Höhe ungefähr beibehaltend, bis zu einem verfallenen **Wehrturm** oberhalb von Bistra. [Anmerkung: Sollte der Weg verlegt sein, steigt man nach links zur Straße ab und wandert auf dieser nach rechts bis Bistra.] Abstieg über einen **Treppenweg** zur **Straße**; auf dieser nach links bis zum Eingang des **Technischen Museums** von Bistra (3:50 Std.). Besichtigung und Einkehr.

AM WEGE

Drča

Auf dem 400 m hohen Hügel oberhalb von Mirke, steht das weithin sichtbare *spomenik NOB*, Denkmal für den Volksbefreiungskampf. Es besteht aus einer brückenartigen Steintreppe, an deren oberster Stufe ein bewaffneter Widerstandskämpfer mit finsterer Miene ins Leere blickt und den Betrachtern dabei den Rücken zukehrt. Unnahbar wirkt der Mann auch im wörtlichen

Sinn, denn die unterste Schwelle ist für einen Normalsterblichen entschieden zu hoch. Gestaltet wurde das Monument im Jahr 1950 vom Bildhauer Boris Kalin (1905–1975), den man heute wohl als jugoslawischen »Staatskünstler« bezeichnen würde. Er unterrichtete von 1945 bis 1970 an der Akademie der bildenden Kunst in Ljubljana, war Mitglied der Slowenischen Akademie der Wissenschaft und Kunst und wurde mit Auszeichnungen geradezu überhäuft. Den Großen Prešeren-Preis erhielt er gleich dreimal: für das Bronzestandbild eines nackten Mädchens, für eine Marmorbüste Titos und – für den versteinerten Partisanen von Vrhnika.

Verd | Werdenberg in der Oberkrain

Das Dorf wurde im 13. Jahrhundert Werd oder Werden genannt, was der mittelhochdeutschen Bezeichnung für Insel bzw. Halbinsel entspricht, womit Verd ein Namensvetter von Maria Wörth am Wörthersee und zwei Dutzend weiteren »Wörths« in Deutschland und Österreich ist. Dass der Name seine Berechtigung hat, ist aber nur aus der Vogelperspektive (oder anhand der Landkarte) zu erkennen. Der Ort liegt zwischen zwei Armen der Ljubljanica, wovon der linke die Grenze zu Vrhnika darstellt und der rechte erst nach etlichen Windungen und Schlingen in den Hauptfluss mündet. Verd steht somit tatsächlich auf einer »Halbinsel«, deren Mittelpunkt von der stattlichen Kirche markiert wird. Im Umkreis sind ein paar historische Bauernhöfe erhalten geblieben, darunter die barocke *Miklčeva kašča* mit einer schönen Steintreppe samt einteiligem »Säulengang«. Das Haus gehörte einst zum Kartäuser-Kloster in Bistra und diente zeitweilig als Galerie. Das Dorf besitzt außerdem einen schattigen Park mit mächtigen Platanen und einem Kriegerdenkmal, auf das man eine Gruppe miniaturisierter Partisanen gestellt hat. Drei Männer blicken grimmig der nazistischen Gefahr ins Auge, während hinter ihrem Rücken, reichlich unemanzipiert, eine Brigadistin Deckung sucht.

Einen Handgranatenwurf entfernt befinden sich drei ergiebige Quellen der Ljubljanica (die ingesamt zwölf verschiedene Ursprünge hat) und bieten unter überhängenden Felsen ein

An der Ljubljanica-Quelle zwischen Mirke und Verd

eindrucksvolles Naturschauspiel, zumindest nach der Schneeschmelze oder längeren Regenperioden. Dann ergießt sich das Wasser wie unter Hochdruck aus dem Berg und übertönt das Rauschen den Lärm der nahen Autobahn. Schon nach wenigen Metern vereinigen sich die Sturzbäche zum breiten Fluss, der mit beachtlicher Strömung dem *barje* zustrebt. Hält man sich vor Augen, dass die Ljubljanica Teil eines Flusslaufes ist, der in Kroatien seinen Anfang nimmt und gleich sechs Mal unter der Erde verschwindet, ehe er in Verd zum letzten Mal an die Oberfläche tritt, wird man sich dem Zauber der Szene kaum entziehen können.

Unweit von hier lag im Altertum ein bedeutender Flusshafen namens *Nauportus*. Er diente als Umschlagplatz für Waren, die auf Römerstraßen über den Karst transportiert wurden, um dann Richtung Schwarzes Meer verschifft zu werden. Im 1. Jahrhundert n. Chr. von aufständischen Legionären zerstört, später von den Hunnen erneut verwüstet, erlangte der Hafen erst im Mittelalter wieder Bedeutung. Und noch im 17. Jahrhundert berichtete der Laibacher Gelehrte Johann Weichard von Valvasor, slow. Janez Vajkard Valvasor, von Getreidetransporten aus Ungarn sowie Weinlieferungen aus dem Vipavatal, die am Ursprung der Ljubljanica jeweils von Frachtkähnen ab- bzw. auf diese umgeladen wurden. Heute findet sich hier nur noch eine Anlegestelle für Fischer- und Freizeitboote, die sich Wanderern als romantischer Rastplatz anbietet.

Vielleicht war es diese idyllische Flusslandschaft, die Matej Sternen, 1870 in Verd geboren, den Anstoß gab, den Beruf des Malers zu ergreifen. Ausgebildet in Graz, Wien und München entwickelte er sich nach dem 1. Weltkrieg zu einem der bedeutendsten Impressionisten Sloweniens, der ein umfangreiches Gesamtwerk von Portraits, weiblichen Akten, Landschaftsbildern und Stillleben hinterließ. Weitere Verdienste kommen ihm als Restaurator alter Ölgemälde und Fresken zu. Allerdings hat seine Biografie einen Schönheitsfehler, denn Matej Sternen sympathisierte im 2. Weltkrieg mit der faschistischen Heimwehr, den *domobranci*, und verewigte ihren berüchtigten Anführer Leon Rupnik in Öl.

Bistra | Freudenthal

Nähert man sich dem Ort von oben, das heißt auf dem Wanderweg am Waldhang des Ljubljanski vrh, erscheint zunächst eine lebhaft gegliederte Dachlandschaft, die sofort hohe Erwartungen weckt. Auf Straßenniveau angekommen, melden sich Zweifel an. Verwahrloste Fassaden bilden eine düstere Gasse, Lastwagen zwängen sich durch Torbögen, hässliche Logos zieren ein verschlossenes Portal. Soll das ein Kulturdenkmal ersten Ranges sein? Neugierig macht nur eine Gedenktafel, die an die Hinrichtung von 20 »Kämpfern für die Freiheit des Volkes« durch italienische Faschisten im Jahr 1942 erinnert: »Lieber von der Nacht des Grabes umarmt / als unter der Sonne in Knechtschaft erdrückt«, steht da sinngemäß und in nicht ganz fehlerlosem Slowenisch geschrieben.

Dass der Ort den Besuch tatsächlich lohnt, zeigt sich erst, nachdem man der Straße durch ein verschrammtes Nadelöhr gefolgt ist und sich plötzlich auf einem wahren Kraftplatz wiederfindet, allerdings nicht im esoterischen Sinne. Wie aus dem Nichts quillt hier ein Fluss unter der Straße hervor, um sich sofort in einem von sattgrünen Wasserpflanzen umschleierten und

3. Wanderung von Vrhnika nach Bistra

schindelgedeckten Schleusen begrenzten Becken zu sammeln. Algen und Wolken mischen sich im Spiegelbild des Himmels, Schlieren von Blütenstaub treiben an der Oberfläche. Das bunte Aquarell nennt sich Bistra, die Klare, und ist ein vom Zirknitzer See unterirdisch gespeister Bach, der schon im Mittelalter an seinem Ursprung in mehrere Kanäle gefasst und auf Schaufelräder geleitet wurde und so die Energie für Mühlen, Sägegatter und Eisenhämmer lieferte. Die alten Industrieanlagen bestehen bis heute und bilden ein vielgestaltiges Ensemble, dem der burgähnliche Komplex eines ehemaligen Kartäuserklosters und späteren Barockschlosses gegenübersteht. An der Nordseite noch fast abweisend, überrascht der Bau mit einem freundlichen Innenhof und schönen Arkadengängen, die zu einem Labyrinth aus Sälen, Zimmern und Treppenhäusern führen. Hier wie dort sind die Schauräume des SMT, *Tehniški muzej Slovenije*, untergebracht, eines der bemerkenswertesten Museen Sloweniens.

Trotz des nüchternen Namens erwartet die Besucher ein sinnlicher Reigen historischer Objekte und Gerätschaften, die in so großer Zahl auftreten, dass man selbst für einen Schnelldurchlauf gut zwei Stunden benötigt. Gute Kondition braucht man schon aufgrund der Ausdehnung des 1951 gegründeten Museums. Es umfasst zehn Abteilungen, Sonderausstellungen nicht mitgerechnet, die den thematischen Bogen von alten Handwerkstechniken über die Geschichte der Energiegewinnung, der Waldwirtschaft und Holzverarbeitung bis zur Fahrzeugproduktion und Elektrotechnik spannen und dafür 6.000 m² Fläche in Anspruch nehmen. Der Reiz besteht aber nicht nur in der thematischen Vielfalt, sondern vor allem in der anachronistischen Präsentation, die zum Teil noch immer vom sozialistischen Fortschrittsgedanken geleitet zu sein scheint und gleichzeitig die sozialen Aspekte technischer Entwicklungen ausblendet.

Zu den schönsten Stücken zählen eine archaisch anmutende venezianische Brettersäge, die ein geschmiedetes Sägeblatt mit auswechselbaren Zähnen besitzt (und auf eine Erfindung von Leonardo da Vinci zurückgeht); eine verrostete AMA-Dreschmaschine, deren Mechanik so genial wie verblüffend einfach ist; ein dampfbetriebener Traktor aus dem Jahr 1903, der bis heute seinen Dienst tut; sowie ein Stromgenerator aus

Mühlkanal vor dem ehemaligen Kartäuserkloster in Bistra

dem 19. Jahrhundert, dessen elegant verziertes Steuerpult an eine barocke Orgel denken lässt. Von skulpturaler Qualität, zumindest im Sinne des erweiterten Kunstbegriffes, ist auch ein Spalier ausgedienter *Gorenje*-Waschmaschinen, für die ein sorgenvoll dreinblickender Kartäuser ein letztes Gebet zu sprechen scheint.

Stellte sich hier das Museum fast minimalistisch dar, verdichtet sich das Bild in der Abteilung für Holzwirtschaft mit einem Schlag. Wo einst die Mönche Gott in Demut priesen, werden heute Werkzeugparaden zu Ehren alter Handwerkskünste abgehalten und treffen sich liebevoll gestaltete Holzmodelle zum Schönheitswettbewerb. Kinder staunen über bewegliche Sägemühlen in Spielzeuggröße, Doppelharpfen im Puppenhausformat und andere, bis ins kleinste Detail ausgeführte Meisterstücke aus der Zwergenwerkstatt; Erwachsene erfreuen sich an historischer Möbelkunst oder an den Rekonstruktionen kleiner

Manufakturen, in denen mumifizierte Arbeiter eine eher tragische Rolle spielen.

Ein Stiegenhaus weiter ist die gesamte Fauna des slowenischen Waldes in Gestalt unzähliger Tierpräparate versammelt. Neben einer Schar seltener Raub- und Entenvögel beeindruckt ein ganzer Zoo ausgestopfter Säugetiere. Vom Auhirsch bis zum Zwergziesel ist hier alles zu finden, was je einem Jäger vor die Flinte kam. Dazu gehören auch die größten Raubtiere des Landes, *volk*, der Wolf, *ris*, der Luchs, und *medved*, der Braunbär. Die meisten Tiere treten im Familienverband auf und stellen in großen Glasvitrinen mehr oder weniger naturnahe Szenen nach. Dass einige Pelzträger ihr Ablaufdatum längst überschritten haben, ist nur von Vorteil, denn der augenscheinliche Mottenbefall macht die Sache nur noch lebendiger.

Artenvielfalt wie im Regenwald herrscht auch in der Verkehrsabteilung. Ausgestellt sind alle erdenklichen Tretroller, Fahr- und Motorräder, Kutschen, Automobile und Laster sowie Straßenbahnen und Zugmaschinen, fast alle aus jugoslawischer Produktion und von entsprechend nostalgischem Reiz. Das mag einem passionierten Wanderer nicht im Detail interessieren, führt ihm aber vor Augen, wie oft (und wie vergeblich) das Rad in der Geschichte neu erfunden wurde. Auch Josip Broz Tito scheint davon nicht genug bekommen zu haben. Diesen Schluss legt zumindest die Garnitur seiner Staatskarossen nahe, die an die 30 Exemplare umfasst und wohl die größte Attraktion des TMS ist. Bewundert werden können amerikanische Straßenkreuzer und schnittige Sportwagen, einer schöner und luxuriöser als der andere, oder gepanzerte Limousinen, die dem Staatspräsidenten von Amtskollegen aus aller Welt zum Geschenk gemacht wurden. Welche Gegenleistung dafür erbracht wurde, ist nicht dokumentiert, offenkundig aber der Widerspruch zwischen sozialistischer Theorie und Praxis.

EINKEHR:

Gostilna Bistra. Was die Speisekarte verspricht, vermag der Koch nicht immer zu halten. Mutige können hier auch Bärenbraten bestellen. Erfreulich sind die neuen Gästezimmer, wahlweise in Hotel- oder Hostelqualität. 00386 1 7505742, www.gostilna-bistra.com

4. ZUR HÖLLE
Wanderung von Bistra nach Kožljek

Südöstlich von Bistra hat das Laibacher Moor einen Wurmfortsatz ausgebildet, an dessen Ende sich die Pekel-Schlucht befindet. Die waghalsige Durchquerung des Naturjuwels ist der landschaftliche Höhepunkt des Tages, dem eine bequeme Passage durch ein von der Borovniščica und ihren Seitenbächen gegliedertes Waldgebiet folgt, ehe man die Menišija, eine kleine Welt der Stille und Abgeschiedenheit, betritt.

Zum Auftakt wandert man auf bequemen Waldwegen nach Borovnica, dessen herber Charme sich erst auf den zweiten Blick erschließt. Man versorgt sich mit Proviant, genehmigt sich einen *ekspreso* und gelangt in bäuerliches Gefilde. In weitem Bogen nimmt ein Güterzug Anlauf zur Fahrt über den Karst. Wiesenwege, ein Steg, ein letztes Stück Asphalt, dann kündigt sich die Schlucht mit leisem Rauschen an. Von Wasserfall zu Wasserfall führt der Weg nach oben; steile Leitern und ausgesetzte Haken treiben den Puls in die Höhe. Wer die Mutprobe besteht, gelangt zum letzten, höchsten *slap*, wo eine große Gumpe zum kühlen Fußbad lädt. So wild der Bach sich bisher gab, so friedlich gluckert er im Oberlauf. Ein verdächtiges Rascheln im Unterholz sorgt dennoch für Spannung. Nicht lange ist es her, dass hier ein Wolf gesichtet wurde. »Verschwinde!«, rätscht der Eichelhäher auf Slowenisch. Man beschleunigt den Schritt, nimmt keuchend eine Höhenstufe und findet sich im offenen Hügelland wieder. Lose aufgefädelt liegen die Häuser von Kožljek, ohne Arg scheinen die Tiere des Dorfes. Pferde und Kühe stehen Spalier; hoch erfreut sind die Ziegen. Desgleichen die Bäuerin, die, wie sich herausstellt, die andere Hälfte des Viehbestands dem seltenen Gast geopfert hat. So steht der anstrengendste Teil des Tages noch bevor. »Dober tek!« ruft der Hofhund, »na zdravje!« der Pfau – über den Rest des Abends breitet der Sternenhimmel den Mantel des Schweigens.

In der Pekel-Schlucht

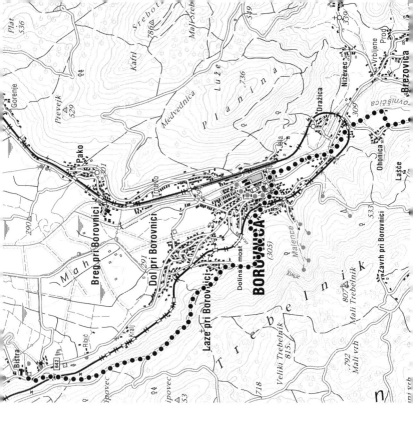

HINWEISE ZUR WANDERUNG
LÄNGE: 19 km
HÖHENDIFFERENZ: 840 m ↑ 340 m ↓
GEHZEIT: 6:15 Std. [ab Bahnhof Borovnica 4:30 Std.]
ANFORDERUNGEN: Trittfestigkeit, Schwindelfreiheit und Ausdauer
ORIENTIERUNG: mittel
KARTE: Turistična karta »Ljubljana in okolica«, 1:40.000, Verlag Kartografija und Izletniška karta »Notranjski kras«, 1:50.000, Geodetski zavod Slovenije
GASTSTÄTTEN: Bistra, Borovnica, Pekel, Kožljek
UNTERKÜNFTE: Bistra, Kožljek
VERKEHRSVERBINDUNGEN: Bushaltestellen in Bistra und Borovnica, Bahnhof in Borovnica; Taxi Ljubljana 00386 31 234000
ANMERKUNGEN: Der Abschnitt von Bistra nach Borovnica kann mit dem Bus übersprungen werden. Fahrplan siehe www.lpp.si/javni-prevoz/vozni-redi-medkrajevni-potniski-promet/vozni-redi-redni

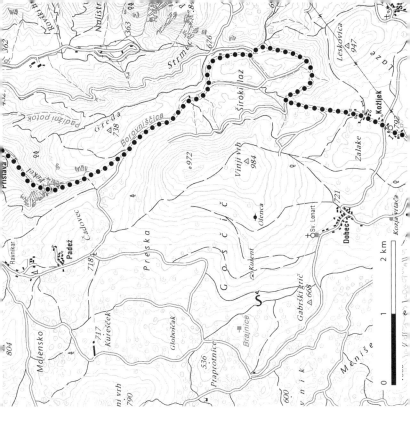

WEGBESCHREIBUNG

Man geht von der **gostilna** in Bistra auf der **Hauptstraße** nach links, durchschreitet das erste **Tor** des Klosters und wendet sich nach rechts in die markierte »**Gozdna učna pot**«. Aufstieg zur **Turmruine**, an deren Rückseite sich der Weg gabelt; man hält sich halblinks (**Wegweiser »Pokojišče«**, undeutliche rotgelbe Markierung). 10minütiger Anstieg auf undeutlichem Weg bis zur **Bahntrasse**, welche man überquert. Weiter bergauf bis zu einem geschotterten **Fahrweg**; auf diesem nach links. 15 Min. bequemer Anstieg bis zu einer **Kreuzung** (Tafel »Občina Borovnica«); hier geht man links, die Markierung verlassend. Man folgt der nun sanft absteigenden **Forststraße** und erreicht nach 30 Min. den Ortsrand von **Laze pri Borovnici** (1:15 Std.).

100 m Asphalt, dann nach rechts in ein **Sträßchen**. Man passiert ein paar Häuser und wandert auf einem ansteigenden **Forstweg** weiter. Bald senkt sich der Weg wieder und schlängelt sich bequem den Hang entlang. Nach 15 Min. eine **Dreifachgabelung** in Sichtweite eines

4. Wanderung von Bistra nach Koźljek

Ferienhauses; man nimmt den linken Weg und tritt kurz darauf aus dem Wald. Blick auf das Laibacher Moor. Man folgt dem Weg bis zu den ersten **Häusern** von Borovnica und steigt in mehreren Kehren auf der **Cesta na Grič** zur **Bahntrasse** ab, welche man unterquert. Weiter bergab bis zu einer **Querstraße**, auf dieser nach rechts (geradeaus der »Durchstich« zur **gostilna Godec**). Nach 150 m wendet man sich nach links in eine Gasse und gelangt zur **Paplerjeva ulica**, welche man, auf die **Kirche** zugehend, überquert (1:45 Std.).

> [**Variante** zum **Bahnhof Borovnica**: Man wendet sich auf der **Paplerjeva ulica** nach links. Nach 300 m eine **Kreuzung**; man geht nach rechts in ein Sträßchen (Fahrverbot) und wendet sich nach 100 m nach links. Man passiert einen **Mercator** sowie die **Bar Krim**, wendet sich auf einer Querstraße nach rechts und gelangt kurz darauf zum **Bahnhof** (2:00 Std.).]

> [**Variante** ab dem **Bahnhof Borovnica**: Man folgt der Zufahrtsstraße, die sofort nach rechts dreht und an einem **Fabriksgelände** vorbeiführt. Kurz danach wendet man sich nach links und passiert die **Bar Krim** sowie einen **Mercator**. Geradeaus weiter, dann halbrechts bis zu einer **Kreuzung** (Kapelle). Man wendet sich nach links und folgt der **Paplerjeva ulica** bis zur **Kirche**.]

Vor dem **Friedhof** wendet man sich nach rechts und trifft auf die **Rimska cesta**; auf dieser nach links. Die Straße dreht nach rechts und gabelt sich sofort; man hält sich links und folgt der **Pot v Jele** bis zu einer **Brücke**. Vor dieser wendet man sich nach rechts in einen geschotterten **Fahrweg**, der nach 50 m in einen Feldweg übergeht. Man folgt diesem, erst entlang des **Borovniščica-Baches**, dann nach rechts drehend bis zu einer **Querstraße**; auf dieser nach links. 500 m Asphalt bis zu einer weiteren **Querstraße** am Ortsanfang von **Dražica**.

Hier geht man geradeaus in einen **Feldweg**, der sich zum Pfad verjüngt und entlang des **Baches** zu einer kleinen **Eisenbahnbrücke** führt. Man unterquert die Bahn, trifft auf eine **Straße** und geht links, die **Borovniščica** überquerend. Nach der Brücke sofort nach rechts in einen geschotterten Fahrweg. Nach 150 m geht man rechts, überquert den **Bach** auf einem Steg und wendet sich nach links. Weglos

4. Wanderung von Bistra nach Kožljek

weiter entlang des Baches bis zu einem **Haus**, wo man sich auf dem Zufahrtsweg nach rechts wendet. Man gelangt zur **Straße** und geht links. 2 km Asphalt bis zum **gostišče Pekel** (2:45 Std.).

Von hier führt ein **markierter Wanderweg** in die **Pekel-Schlucht** (Wegweiser »Slapovi 1, 2, 3, 4, 5«). Nach 15 Min., kurz nach dem **ersten Wasserfall**, gabelt sich der markierte Weg; man hält sich links und quert den Bach auf einem **Brücklein**. Der Weg gabelt sich; man geht rechts, steigt weiter auf und quert unterhalb des **zweiten Wasserfalls** den Bach erneut. Gleich danach steiler Anstieg über **Leitern und Eisenhaken** bis zum **dritten Wasserfall** und von dort weiter sehr steil bis zu einer Gabelung; man geht links (**Wegweiser »Slapovi 4, 5«**). Der Weg wechselt auf die linke Seite der Schlucht, man geht rechts und steigt zu einem weiteren **Brücklein** an, auf dem man den Bach überquert. Anstieg in Bachnähe zum **vierten Wasserfall**, dann erneuter Seitenwechsel und steiler Anstieg links des Baches (undeutliche Markierung). Man gelangt zum **fünften** und letzten großen **Wasserfall**. Kurz davor eine Weggabelung. Hier folgt man dem **Wegweiser »Pokojišče«** nach links und steigt **links des Wasserfalls** sehr steil an, um oberhalb desselben den Bach nach rechts zu überqueren und dem – nun fast ebenen – markierten Weg, der bald nach rechts dreht, bis zu einem geschotterten **Fahrweg** zu folgen; auf diesem nach links (**Wegweiser »Pokojišče«**, 4:15 Std.).

Nach 100 m eine **Quellfassung**; man wendet sich nach links, die Markierung verlassend. Der undeutliche Weg steigt leicht an, verjüngt sich zum Pfad und senkt sich zum **Bach**. Umgestürzte Bäume müssen umgangen bzw. überklettert werden. Weiter bachaufwärts bis zu einem verwahrlosten **Rast- und Badeplatz**. Kurz danach trifft man auf einen etwas breiteren Weg; auf diesem 100 m rechts bergauf bis zu einer **Schotterstraße**; auf dieser scharf nach links. 30 Min. bequemer Marsch entlang des **Borovniščica-Baches**. Man passiert ein **Gebäude** und wandert nach weiteren 5 Min. an dem **Gedenkstein** eines Partisanenbataillons vorbei. 50 m danach wendet man sich scharf nach links in eine **Forststraße**. 15 Min. später erscheint linker Hand ein schöner **Rastplatz**. Kurz darauf eine geschotterte Querstraße; man geht links. Man durchquert eine **Furt** und geht beim darauffolgenden Querweg rechts (links die Gemeindetafel von Borovnica). Kurz darauf überquert man einen **Bach** und ignoriert eine Abzweigung nach links. Bald danach trifft man auf eine ansteigende **Schotterstraße**; auf dieser nach

Blick auf den alten Ortskern von Borovnica

links. 30 Min. etwas eintöniger Fußmarsch (bei dem man kurz vor dem höchsten Punkt die Einmündung einer Forststraße von rechts ignoriert) bis zum Ortsbeginn von **Kožljek**. Weiter auf einem Sträßchen bis zu einer **Straßenkreuzung**. Man geht geradeaus, passiert die **Kirche** und erreicht nach 250 m die **turistična kmetija Žnidarjevi** (6:15 Std.).

AM WEGE

Borovnica | Franzdorf | Borovenizza

Eine Ruine ist der ganze Stolz der Ortschaft. Sie ragt, einem abgenagten Knochen gleich, aus dem Häuserbrei und verkörpert den letzten Rest eines Eisenbahnviadukts, das bis zum 2. Weltkrieg den südlichsten Zipfel des Laibacher Moors mit einer Länge von 560 m überspannte. Der Talübergang war das aufwändigste Bauwerk der Karstbahn zwischen Ljubljana und Triest und galt zu ihrer Zeit als längste und schönste Brücke Europas. »Der Anblick dieses prachtvollen Baues wird alle Erwartungen übertreffen«, heißt es in einem alten Bahnführer, »imposant durch Länge und Höhe, dem Auge schmeichelnd durch edle Form, ist die herrliche Bogenreihe über das weite Thal hingeworfen.«

4. Wanderung von Bistra nach Kožljek

Wie komplex die Konstruktion war, lässt der kümmerliche Rest bestenfalls erahnen. Sie bestand in einer zweigeschoßigen Bogenreihe mit 25 Pfeilern, die aus 5.000.000 Marmorquadern sowie im oberen Stock aus gebrannten Ziegeln gemauert waren und auf Fundamenten standen, für die je 160 Eichenpiloten in den sumpfigen Boden getrieben wurden. Das Baumaterial wurde nach Bombardierung der Brücke durch die Amerikaner im Jahr 1944 abgetragen und wiederverwertet; die Fundamente sind (zumindest teilweise) noch heute intakt. Ein etwas ärmliches Modell des Viadukts kann zu Füßen des verbliebenen Brückenpfeilers besichtigt werden, weitere Reminiszenzen finden sich im Ort in Form von »Wandfresken«, Gemälden und historischen Fotos in fast allen Gaststätten und, nicht zuletzt, im Wappen von Borovnica. Als architektonisches Zitat kann die im Zuge der weiträumigen Umleitung der Bahntrasse erbaute Ersatzbrücke, Dolinski most, im Nordosten der Ortschaft gelesen werden.

Obwohl zur Zerstörung des Viadukts hunderte Bomben abgeworfen wurden, blieb der Ortskern von Borovnica weitgehend verschont. Von der historischen Substanz ist dennoch wenig übrig geblieben. Sieht man vom alten Pfarrhof, einem schön renovierten Herrenhaus mit Laubengang und ein paar vergammelten Bürgerhäusern unweit der Kirche ab, prägen vor allem trost- und gesichtslose Fassaden das Bild. Bemerkenswert ist allenfalls ihr Farbenspiel, das etwa in der Paplerjeva cesta mit der Kombination aus Pink, Violett, Türkisgrün, Orange und Apricot hart an die Schmerzgrenze geht. Den Gipfel der Buntheit stellt das Jugendzentrum südlich der Rimska cesta dar, dessen lustige Bemalung über die Tristesse des Ortes kaum hinwegzutäuschen vermag.

Stimmiger ist die Atmosphäre rund um den Molkov trg, um den sich in aller Schäbigkeit und Würde ein Kiosk, das Postamt, ein Lebensmittelladen und die Krim-Bar gruppieren. Hier treffen sich schon am Vormittag Pensionisten und Arbeiter zum Umtrunk und scheint noch immer ein realsozialistisches Lüftchen zu wehen. Die Blaumänner tragen das Logo der angrenzenden Chemiefabrik, stoßen mit dem Vorarbeiter auf das schöne Wetter an und haben alle Zeit der Welt. Auch ein junger Mann mit Downsyndrom wird auf ein *Union* eingeladen. Ein Bild wie aus Titos

4. Wanderung von Bistra nach Kožljek

Zeiten bietet sich am Eingang zum Sägewerk mit stilgerechtem Portiershäuschen und Schlagbaum, sowie am grauen Bahnhof, der 1947 von einer kommunistischen Jugendbrigade erbaut wurde. Ihre Mitglieder waren die Überlebenden eines Krieges, der in Borovnica bis heute seine Spuren hinterlassen hat.

Prominentestes Opfer war der Dichter Ivan Korošec, den man mit einer Büste vor dem Gemeindeamt verewigt hat. Er geriet schon 1935 ins Visier der italienischen Faschisten, die ihn der Sabotage verdächtigten und internierten. Im Frühjahr 1942 schloss er sich dem bewaffneten Widerstand an, was er bereits nach einem Monat mit dem Leben bezahlte. Korošec hinterließ lediglich eine Handvoll Briefe sowie das Liebesgedicht eines Partisanen, das nach seinem Tod vertont und als *romanza* in ganz Jugoslawien populär wurde. Seine übrigen Werke waren, um sie vor dem Zugriff der Nazis zu schützen, von Angehörigen im Garten vergraben worden, wo sie verrotteten.

Wer sich bei der Durchquerung des Ortes zur Kirche begibt, erblickt am Eingang zum Friedhof ein Denkmal »zur Erinnerung an die nach Ende des Krieges verratenen und ermordeten slowenischen Domobranzen und die anderen antikommunistischen Opfer des Bürgerkrieges«, so die Inschrift. Eingemeißelt sind über 100 Namen von Frauen und Männern aus Borovnica und Umgebung, die für »Gott, Volk, Heimat« zu Tode kamen.

Als *domobranci* bezeichnete man Angehörige der faschistischen Heimwehr, die unter dem Kommando des jugoslawischen Generals Leon Rupnik die Deutsche Wehrmacht und Waffen-SS im Kampf gegen die Befreiungsfront unterstützten und dabei zahlreiche Kriegsverbrechen an Partisanen und Zivilisten begingen. Nach dem Kriegsende machte die Jugoslawische Volksbefreiungsarmee mit den Kollaborateuren wenig Federlesens. Tausende Domobranzen, aber auch deren Angehörige und andere »Volksverräter«, wurden ohne Gerichtsverfahren exekutiert oder verschleppt und bisweilen bei lebendigem Leibe in Karsthöhlen geworfen. Über die grausame (von den Alliierten mehr oder weniger geduldeten) Rache der Kommunisten an ihren ehemaligen Peinigern wurde lange der Mantel des Schweigens gebreitet, bis sich nach dem Zerfall Jugoslawiens hauptsächlich revisionistische Historiker, von wenigen kritischen Linken abgesehen, des

Wandgemälde in Borovnica

Themas annahmen, um mit der sozialistischen Ära insgesamt abzurechnen. Fragwürdig ist bereits der Begriff des »Bürgerkrieges«, waren doch die Domobranzen keine eigenständige bewaffnete Volksbewegung, sondern vollständig der deutschen Besatzungsmacht unterstellt und damit Werkzeug der Okkupatoren. Eine objektive Aufarbeitung dieses dunklen Kapitels fehlt bis heute, stehen sich doch noch immer zwei ideologisch verfeindete Lager von Historikern gegenüber. So differieren bereits die Schätzungen der Opferzahlen zwischen rund 15.000 und 100.000. Schändungen, ob an Partisanen- oder Domobranzendenkmälern, sind bis heute keine Seltenheit.

EINKEHR:
Gostilna Godec. Freundliches Dorfgasthaus, das die Einheimischen mit ebenso deftigem wie preiswertem Essen versorgt. Auch hungrige Wanderer kommen ganz auf ihre Kosten. 00386 1 7548646

Soteska Pekel | Pekel-Schlucht

Wenn so die Hölle, slow. *pekel*, aussieht, braucht man die ewige Verdammnis nicht zu fürchten, oder der Teufel besitzt einen besonders hintergründigen Humor. An der Pforte steht ein vielversprechendes Gasthaus, das gerade Ruhetag hat, vis-à-vis gibt ein Brennholzstapel mit eingebautem Fensterstock ein surreales Rätsel auf, und ein paar Bocksprünge weiter macht eine alte Mühle keinen Mucks. Konsumverzicht, Irritation, Stillstand – werden damit Todsünden bestraft? »Nein, hier brennt kein Höllenfeuer«, schrieb der Heimatdichter Franc Papler vor 100 Jahren, um dann in schwärmerischer Übertreibung die Pekel-Klamm zum »kühlen Himmel« zu erklären. Der Wanderer wird sie aber eher als eine Art Fegefeuer erleben, weil erstens der Durchstieg durchaus schweißtreibend ist (und man für seine lässlichen Sünden auf morschen Stegen und heiklen Kletterpassagen büßt) und weil zweitens die Schlucht den Übergang zu einem kleinen Paradies darstellt. Es ist die Menišija, eine fruchtbare und hügelige Hochebene, die dem Grünen Karst zugezählt wird. Die *soteska* bildet gewissermaßen das Stiegenhaus dorthin, dessen Treppen von unzähligen Kaskaden und fünf Steilstufen in Gestalt hoher Wasserfälle gebildet werden.

Jeder dieser *slapovi* hat seinen eigenen Namen und den entsprechenden Charakter. Nummer eins, *pest*, die Faust, ist mit nur fünf Metern Fallhöhe der kleinste unter ihnen und ergießt sich recht konventionell über eine Felskante, beeindruckt aber durch die wuchtigen Steinblöcke, die ihn umrahmen. Ungleich dramatischer setzt sich *žaga*, die Säge, in Szene, indem er schräg hinter einem bläulich schimmernden Felsvorhang hervorspringt und bei entsprechendem Licht mystischen Sprühnebel erzeugt. *Slap 3*, eine Hühnerleiter höher, lässt sich von einem schönen Rastplatz aus beobachten, wie er aus 18 Metern Höhe fast senkrecht in ein tiefes Wasserbecken stürzt, und damit seinem Namen *gijotina*, das Fallbeil, gerecht wird. *Slap 4*, *nakovalo*, der Amboss, schießt wütend, wie unter Hochdruck, aus einer Felsspalte, um im freien Fall auf einen großen Felsblock zu prasseln, der dem Wasser die Stirn bietet. Kreuz und quer liegende Baumstämme unterstreichen die Wucht der Wassermassen und bringen das ganze Bild aus dem Gleichgewicht. Nummer

In der Pekel-Schlucht

fünf, *oblanje*, der Hobel, mit 20 m Höhe der höchste Pekel-Fall, nimmt über steile Felsplatten Anlauf und fließt als breiter Schleier in einen Gumpen vom Ausmaß eines Swimmingpools. Selbst schuld, wer die Gelegenheit zur Abkühlung nicht nützt.

Was schon beim Aufstieg zu bemerken war, zeigt sich beim obersten Wasserfall besonders deutlich: die ungewöhnliche Morphologie des Gesteins in Form mächtiger Platten aus Schiefer, Dolomit und Tuff, die sich, wie es scheint, in gefährlicher Schräglage befinden. Sie verweisen auf die Entstehung der Pekelschlucht, als vor Urzeiten ein gewaltiger Riss durch das Gebirge ging und der ursprüngliche Bach in die entstandenen Spalten umgeleitet wurde. Die Klamm ist somit nicht allein das Werk des Wassers, sondern in erster Linie Folge einer tektonischen Verschiebung.

Wie die Geologen haben auch die Botaniker mit der *soteska* ihre Freude, wachsen hier doch etliche Pflanzen, die sonst nur in den Alpen zu finden sind. Zu den Besonderheiten zählen das zweiblütige Veilchen, die Bewimperte Alpenrose, der Wald-Alpenlattich und, zuguterletzt, die streng geschützte, endemische Krainer Primel. Es war ein Kaplan, der sie 1864 am Bachrand entdeckte und, Freud freut's, als »stolze Frau« begehrte. 40 Jahre später begann man mit der Erschließung der Schlucht mittels Leitern und Brücken, die erst nach dem 2. Weltkrieg unter Mithilfe des Turnvereins *Partizan* ihren Abschluss fand. So entwickelte sich die Pekelschlucht zum beliebten Ausflugsziel, was bald die staatlichen Touristiker auf den Plan rief. Sie projektierten ein modernes Kurbad mit angeschlossenem Restaurant, das jedoch mangels Geld nie verwirklicht wurde.

EINKEHR:
Gostišče Pekel. Fischlokal am Eingang der Schlucht, das seinen gehobenen Ansprüchen nicht ganz gerecht wird. Die Flusskrebse in Weißweinsauce sind trotzdem zu empfehlen. 00386 1 7546124

Kožljek | Koscheg

Fluch den Ingenieuren, die ausgerechnet hier eine Hochspannungsleitung bauen mussten! Haarscharf schrammt sie am Dorf vorbei und schlägt eine hässliche Schneise in die entlegene Gegend. Die 380-kV-Leitung versorgt den Südosten Sloweniens mit Atomstrom und wird dem Wanderer auf dem Weg zum Meer noch zweimal begegnen. Von diesem Schönheitsfehler abgesehen, ist die Lage des Ortes im Norden des Hochplateaus Menišija aber durchaus ansprechend. Eingebettet in einen Fleckerlteppich aus Feldgärten, Wiesen und Äckern bilden die Bauernhöfe mehrere Häusergruppen, die von der Dorfstraße nur lose zusammengehalten werden. Noch vor 100 Jahren waren die Hochebene und die umliegenden Kuppen nahezu baumlos, heute ist die offene Fläche auf einen Durchmesser von 500 Meter geschrumpft. Zwar haben die wenigsten Gebäude ihre ursprüngliche Form bewahrt, doch lassen sich hie und da wenigstens Reste bäuerlicher Baukultur finden. Auffallend ist die Häufung unverputzer Häuser, die aus einem Mix aus Natursteinen, gebrannten Ziegeln und Betonelementen zusammengeschustert wurden. Außerdem ist das Ortsbild mit liebevollen

Gartenarbeit in Kožljek

Details und netten Stillleben angereichert, die von Menschen mit Fantasie und Geschick geschaffen wurden.

Zum freundlichen Eindruck trägt auch das Weide- und Federvieh bei, das einem auf Schritt und Tritt begegnet. Da versammelt sich eine neugierige Ziegenherde hinter dem Maschenzaun, dort lassen zwei Pferde ihre blonde Mähne wehen, hier empört sich eine Schar Gänse lautstark über die Revierverletzung. Der Bilderbuchidylle nicht genug, hoppelt auch noch ein Kaninchen über die Wiese und schlägt ein Pfau minutenlang sein goldenes Rad.

EINKEHR:
Turistična kmetija Žnidarjevi. Als Unterkunft dient eine einfache Blockhütte mit fünf Betten, einem Badezimmer und einem Gastraum, wo einem Frau Bečaj, die freundliche Bäuerin, das deftige Abendmahl serviert. Geboten wird, was der Bauernhof hergibt, und das in kaum zu bewältigenden Mengen. Wer hier übernachten will, sollte unbedingt vorreservieren. Bei Überbelag stehen die Scheune sowie ein großes Tipi als Notquartier zur Verfügung. 00386 1 7056359 oder 00386 31 317607, www.žnidarjevi.si

UNTER BÄREN

Die Begegnung mit Braunbären in freier Wildbahn ist eine besondere Erfahrung und kann einem, wenn sie unerwartet erfolgt, einen gehörigen Schrecken einjagen. Dem Impuls, Hals über Kopf zu flüchten, sollte man dennoch nicht nachgeben. Besser beherzigt man, was der *Ratgeber zum Verhalten in Bärengebieten* des Amts der Tiroler Landesregierung empfiehlt: »Nicht umdrehen und wegrennen, denn Bären sind immer schneller als Menschen« (auch beim Klettern und Schwimmen). Daher ist es klüger, »keine ruckartigen Bewegung [zu] machen und Ruhe [zu] bewahren«, anderfalls könnte das Tier selbst in Panik geraten oder gar sein Jagdinstinkt geweckt werden. Um die Situation zu entspannen, sollte man außerdem »mit ruhiger Stimmer reden und sich als Mensch zu erkennen geben«. Und findet man sich – wie es den Autoren dieses Buches bei einer Wanderung südlich des Ljubljansko barje geschah – Auge in Auge mit einer Bärenmutter und ihrem Jungen wieder, genieße man den magischen Moment, trete langsam den Rückzug an und freue sich, wenn sich die beiden wieder brav ins Dickicht trollen. Dass einem dabei das Herz in die Hose gerutscht ist, braucht man später niemandem zu erzählen.

Wer ein ähnliches Abenteuer unter kontrollierten Bedingungen herbeiführen will, kann auf der Weitwanderung von Ljubljana zum Meer ein interessantes Angebot in Anspruch nehmen: In Trnje pri Pivki bietet die *turistična kmetija Na Meji* neben Zimmern und Verpflegung die Beobachtung eines Bären an, wobei 90 Prozent Erfolgswahrscheinlichkeit versprochen werden. In der Abenddämmerung kann man, beschützt von einem Jäger, einem Bären bei seinen gewöhnlichen Verrichtungen in der freien Wildbahn zusehen. Die Begleitung durch den Waidmann ist allerdings nur für diejenigen beruhigend, die den erwähnten Ratgeber nicht gelesen haben, heißt es doch dort im Kapitel *Zusätzliche Empfehlungen für spezifische Bevölkerungsgruppen*, Unterkapitel *Empfehlungen für Jäger* kurz und bündig: »Nicht auf den Bären schießen. Ein angeschosse-

Wanderschuh (Größe 45) und Abdruck einer Bärentatze bei Rakek

ner Bär ist sehr gefährlich.« Auch locken Schüsse andere Bären an, die dem Jäger seine eventuell erlegte Beute streitig machen wollen.

Die allgemeinen Empfehlungen des *Ratgebers zum Verhalten in Bärengebieten* zielen darauf ab, überraschende Begegnungen zu vermeiden. So sollte man Bären auf sich aufmerksam machen, »indem man beispielsweise miteinander redet, singt oder in regelmäßigen Abständen mit einem Wanderstock auf einen Stein oder an einen Stamm klopft.« Vor Glocken am Rucksack allerdings wird ausdrücklich gewarnt, denn »der Bär könnte dies mit Nutztieren und damit mit potenzieller Nahrung in Verbindung bringen«. Wer mit einem Schaf verwechselt oder von einem in die Enge getriebenen Bären als Bedrohung wahrgenommen wird, erlebt vielleicht bloß eine Scheinattacke: Der Bär hält mehrmals auf einen zu, dreht ab und rennt wieder davon, was »in der Regel ohne Körperkontakte« abgeht. Greift er wirklich an, dann gilt es: rasch auf den Bauch, die Beine spreizen, damit man nicht so leicht umgedreht werden kann, Kopf mit den Händen schützen. »Der Bär wird den Menschen erkunden und feststellen, dass dieser weder appetitlich ist noch eine Gefahr darstellt, und er wird sich im Glücksfall binnen Minutenfrist entfernen.« Dann einige Minuten liegen bleiben und dabei die weitere Wegführung ernsthaft überdenken. Nur wenn alles nichts hilft, bleibt der Kampf mit Stöcken und Steinen: »Die Nasenpartie des Bären ist sehr empfindlich«, lässt uns der Ratgeber wissen und hoffen, dass wir den Wahrheitsgehalt dieser Aussage niemals werden überprüfen müssen.

In den slowenischen Wäldern sieht man gelegentlich Tafeln mit der Aufschrift »Pozor, območje medveda«, Achtung Bärengebiet. Noch häufiger wird man auf frische Fährten dieser Tiere stoßen und sich damit von der beachtlichen Größe einer Bärentatze überzeugen können. Immerhin bringt es der männliche Europäische Braunbär auf ein Durchschnittsgewicht von fast 300 Kilogramm und eine Schulterhöhe von 140 Zentimetern, womit der *ursus arctos arctos* zu den größten Landraubtieren der Welt zählt. Wenn er sich aufrichtet, überragt er einen Wanderer um einen Meter.

Sonderlich ängstigen muss sich dieser allerdings nicht, denn in Slowenien kommt es zu mehreren tausend Bärenbegegnun-

Am Stari trg in Ljubljana (1. Etappe)

Innenhof im Metelkova mesto in Ljubljana (1. Etappe)

Im Ljubljansko barje (1. Etappe)

Am Bahnhof von Notranje Gorice (1. Etappe)
Ljubljansko barje im Spätherbst (2. Etappe)

Partisanendenkmal und Ljubljanica-Quelle bei Verd (2. Etappe)

Am Zirknitzer See (5. und 6. Etappe)

In Rakov Škocjan (6. Etappe)

Am Planinsko polje (7. Etappe)

Petelinjsko jezero bei Trockenheit (8. Etappe)
Pferde bei Slovenska vas (8. Etappe)

In der Košanska dolina (9. Etappe)
In Stara Sušica (9. Etappe)
Auf der Vremščica (10. Etappe) »

gen pro Jahr, zu Verletzungen aber in höchstens ein oder zwei Fällen. Der Bärenforscher Miha Krofel von der Universität Ljubljana erzählt im *Alpenmagazin* von einem Fall, bei dem ein wohl selbst nicht ganz wacher Spaziergänger einem schlafenden Bären irrtümlich auf den Kopf getreten sei und prompt ins Bein gebissen wurde. Bären schlafen tagsüber und haben in der wachen Zeit viel damit zu tun, den leeren Magen zu füllen. Sie nehmen täglich eine Menge an Nahrung auf, die einem Drittel ihrer Körpermasse entsprechen kann. Nahrungsmittel sind hauptsächlich Wurzeln, Kräuter, Pilze und Waldfrüchte, deren Samen nicht verdaut und – gewissermaßen mit einem Startkapital an Dünger versehen – bei den langen Wanderungen der Bären wieder ausgeschieden werden. Manchmal gönnen sich die Bären Insekten, einen Vogel, ein Nagetier oder – zum Leidwesen der Bauern – ein Huhn, ein Schaf, eine Ziege oder ein Kalb. Immerhin müssen sie sich Fettgewebe anfressen für den Winterschlaf, den sie in Höhlen oder Bauen verbringen, die sie mit trockenen Pflanzen und Blättern gepolstert haben. Sympathisch ist, dass die einzelgängerischen Gesellen weder ihre Reviere gegen Artgenossen verteidigen noch einen solchen aus der eigenen Höhle werfen, wenn er sie vorher besetzt hat, also ein weniger ausgeprägtes Territorialverhalten an den Tag legen als die Menschen.

Der (vom bayerischen Ministerpräsidenten Stoiber geprägte) Begriff des »Problembären« bezeichnet ein Tier, das die Scheu vor Menschen verloren hat und bis in die Obstgärten und Hühnerställe vordringt. Der Problembär ist jedoch in der Regel ein Produkt menschlicher Einflüsse. Er wurde wahrscheinlich schon im jugendlichen Alter von Menschen angelockt und gefüttert. Zudem stellt sich die Frage, wer hier das Problem definiert. Ein Beispiel für die Umkehrung des Problems ist etwa der Fall des Bären *Rožnik*, der sich im Stadtpark von Ljubljana herumtrieb, von dort abgesiedelt wurde und ohne große Probleme durch Slowenien wanderte. Als er allerdings nach Österreich geriet, wurde er binnen drei Tagen erschossen. Es scheint mit den Bären so zu sein wie mit den »Ausländern«: Je weniger es in einer Gegend gibt, desto vehementer werden sie abgelehnt. In den slowenischen Bärengebieten, so der zitierte Bärenforscher, sind »nur sechs Prozent der Bevölkerung gegen den Bären«.

Umgekehrt ist die Angst der Bären vor den Menschen auf jeden Fall berechtigt. Einst in ganz Europa verbreitet, sind ihre Habitate auf drei zusammenhängende Inseln geschrumpft, in Skandinavien, in den Karpaten und eben in den Dinarischen Alpen von Slowenien bis Nordalbanien. Dazwischen gibt es kleine Populationen, zum Beispiel in den Abruzzen in Italien und im Gebirge Nordspaniens, sowie traurige Einzelgänger, etwa im Trentino. Ihr angestammter Lebensraum, der dichte Mischwald, ist immer mehr landwirtschaftlichen Flächen gewichen. Verkehrsadern haben die Reste eingeschnitten und Durchzugsrouten gekappt.

Vielleicht ist es der adeligen Hochachtung vor den edlen, oft auf Wappen abgebildeten Tieren zu verdanken, dass schon im 19. Jahrhundert einzelne Gutsbesitzer, wie etwa die Familie Auersperg, Initiativen zum Schutz der Bären setzten. In Slowenien stehen sie seit 1989 auch unter dem Schutz des Gesetzes: Eine wechselnde jährliche Quote darf geschossen werden, aber die Gesamtzahl muss ungefähr gleich bleiben. Daher kann man Bärenschinken ganz legal kaufen. Die *gostilna Bistra* in Bistra bei Borovnica ist nicht das einzige Restaurant, das Bärenbraten oder sogar gebackene Bärensohlen serviert. Von dieser zähen Speise ist allerdings abzuraten.

Zwar scheinen sich die etwa 400 slowenischen Bären in den Mischwäldern, die weniger von industrialisierter Landwirtschaft bedroht sind als anderswo, wohl zu fühlen. Aber ihr Leben wird immer komplizierter. In freier Natur können Braunbären zwischen 20 und 30 Jahre alt werden, wenn sie nicht an Mangelernährung und Krankheiten zu Grunde gehen. Weil die Weibchen, wenn sie die Mutter zwischen dem zweiten und dritten, oft sogar erst im vierten Frühling nach ihrer Geburt vertreibt, in der Nähe ihres Geburtsreviers bleiben, die Männchen aber oft an Orte auswandern, die hunderte Kilometer entfernt sind, leben im Kern des Bärengebietes die meisten Weibchen, an den Rändern die meisten Männchen. So besteht vor allem im Frühjahr, zur Paarungszeit im Mai, eine ständige Verkehrsnotwendigkeit. Die Bärenwanderwege werden aber immer öfter durch unüberwindbare Barrieren, wie zum Beispiel Autobahnen, unterbrochen. In Slowenien verenden 17 Prozent aller Braunbären bei Unfällen auf Autostraßen oder Bahnstrecken. Übrigens haben die Aufräumungsarbeiten nach dem Eisbruch 2014 nicht nur die Wälder südwestlich von Ljubljana zerstört, sondern auch zahlreiche Bären aus der Gegend vertrieben.

2012 erschütterte der Abschuss einer Bärenfamilie die slowenische Öffentlichkeit. Das hungrige Muttertier hatte einige Hühner und Hasen getötet. Zunächst erschossen die Jäger das erste Junge, einen Tag später das zweite und die Mutter. Die Fotos der Bärin und des zweiten Jungen auf der verzweifelten Suche nach dem ersten Jungtier, dann die der drei toten Tiere, bedeuteten äußerst schlechte Publicity für die Jägerschaft. Vielleicht aber tragen dramatische Vorfälle wie dieser dazu bei, den Abschuss von Bären in Slowenien insgesamt zu verbieten und der Population die Chance einzuräumen, die Anzahl von 1000 Exemplaren zu erreichen, die nach fachlicher Meinung die Grenze für das langfristige Überleben der Bären in Slowenien darstellt.

Wilhelm Berger

5. SEITENSPRÜNGE
Wanderung von Kožljek nach Dolenje Jezero

Ziel des Tages ist der Cerkniško jezero, der zu den bekanntesten und zugleich erstaunlichsten Naturphänomenen des Nostranjski kras zählt. Der Weg dorthin steht im Zeichen zweier Berge, die die Mühen des Anstiegs durch das wunderbare Panorama schnell vergessen lassen. Für Abwechslung sorgen zwei Ortschaften, die auf eine interessante Geschichte zurückblicken und strategisch günstige Einkehrmöglichkeiten bieten.

Von Kožljek gelangt man auf verschlungenen Pfaden auf die Velika Špička, deren Kuppe ein idyllisches Hügelland überragt und den Blick auf die Senke von Begunje pri Cerknici freigibt. Ebenso schön ist der Abstieg ins Dorf, das sich mit blühenden Wiesen umgibt und seinen Reiz aus einer Reihe historischer Fassaden bezieht. Einen Halbstock tiefer plätschert die Cerkniščica an einer alten Mühle vorbei und setzt sich ein kleines Stallgebäude mit Laubengängen malerisch in Szene. Statt nun dem Fluss zu folgen und auf bequemen Wegen Cerknica anzusteuern, setzt man von hier zum zweiten Seitensprung an. Objekt der Begierde ist die Slivnica, die das Zirknitzer Feld im Norden begrenzt und mit ihrem unbewaldeten Kamm eine Vogelschau auf den berühmten See erlaubt. Fast zwei Stunden dauert der anfangs bequeme, allerdings auch eintönige Anstieg zum Gipfel. Erst im letzten Abschnitt kommt man gehörig ins Schwitzen, ehe man die Aussicht auf den Fleckerlteppich des Cerkniško polje und die Wasserfarbenspiele des *jezero* genießt. Wohlverdient ist die Rast, noch größer das Glück, wenn der Hüttenwirt trotz Ruhetag ein *Laško* serviert. Teils über Wiesen fast schwebend, teils über Stock und Stein stolpernd, geht es nun talwärts Richtung Cerknica, wo man unter dem Standbild eines Partisanen bald wieder zu Kräften kommt. So ist der letzte Abschnitt keine große Herausforderung mehr. Vorbei an hübschen Doppelharpfen marschiert man nach Dolenje Jezero, das einem mit seiner besonderen Atmosphäre noch lange in Erinnerung bleiben wird.

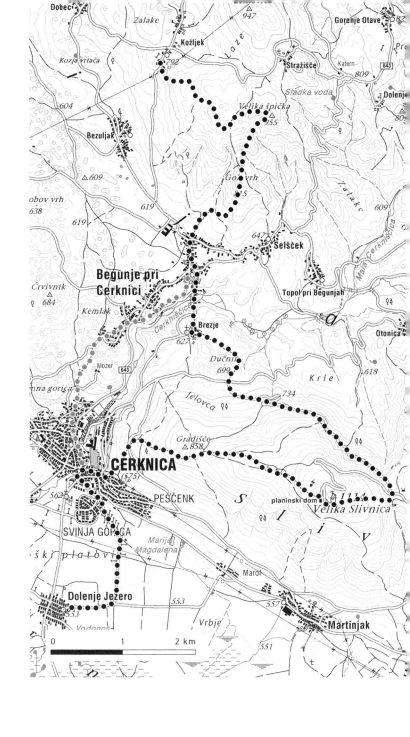

5. Wanderung von Kožljek nach Dolenje Jezero

HINWEISE ZUR WANDERUNG
LÄNGE: 19 km [13 km]
HÖHENDIFFERENZ: 720 m ↑ 960 m ↓ [250 m ↑ 490 m ↓]
GEHZEIT: 6:30 Std [3:45 Std.]
ANFORDERUNGEN: Ausdauer [gering]
KARTE: Izletniška karta »Notranjski kras«, 1:50.000, Geodetski zavod Slovenije
ORIENTIERUNG: mittel
GASTSTÄTTEN: Begunje pri Cerknici, Slivnica, Cerknica
UNTERKÜNFTE: Kožljek, Cerknica, Dolenje Jezero
VERKEHRSVERBINDUNGEN: Bushaltestellen in Begunje pri Cerknici und Cerknica; Taxi Postojna 00386 31 777974

WEGBESCHREIBUNG
Man verlässt die **turistična kmetija Žnidarjevi** auf dem Zufahrtsweg, quert bei einem **Bildstock** ein Sträßchen und folgt einem Fahrweg, eine **Hochspannungsleitung** unterquerend zu einem Haus. Hier geht man geradeaus in einen ansteigenden Weg (**gelbblaue Markierung**). 10minütiger, steiler Anstieg im Wald bis zu einer **Wiese**; man geht rechts und findet nach wenigen Schritten wieder die Markierung und folgt dieser nach rechts in den Wald. Der etwas undeutlich markierte Weg schlängelt sich im lichten Wald und vereinigt sich nach gut 20 Min. mit einem von links kommenden, breiteren **Forstweg**. Man geht geradeaus und folgt nach der darauffolgenden **Lichtung** einer leicht zu übersehenden Abzweigung nach rechts (gelbblaue Markierung). Undeutlicher Pfad, der nach wenigen Metern auf einen Querweg trifft; auf diesem nach links. Der undeutlich markierte Weg führt über eine Kuppe und trifft einen rotweiß markierten **Querweg**; auf diesem nach links. Kurzer heftiger Anstieg bis zu einem weiteren Querweg (**Wegweiser »Begunje«** in Gegenrichtung). Man geht rechts und gelangt zum Gipfel der **Velika Špička** (1:00 Std.).

Zurück zum **Wegweiser »Begunje«**, dem man nach links folgt. Abstieg bis zur Einmündung des blaugelben Weges von rechts, welche man ignoriert. Abstieg auf rotweiß markiertem Weg im Wald bis zur **Abzweigung** Richtung »Begunje« (Wegweiser). Man geht rechts und folgt dem markierten Weg bis zum Gipfelkreuz des **Goli vrh**. Weiter bergab, erst im Wald, dann über eine schöne Wiese bis zu einem breiten Querweg; auf diesem nach rechts bis zum Ortsrand von **Begunje**

5. Wanderung von Kožljek nach Dolenje Jezero

pri Cerknici (1:45 Std.). Weiter auf Asphalt bis zur **Hauptstraße**; auf dieser geradeaus (100 m rechts befindet sich eine Gaststätte). Man folgt der Dorfstraße und ignoriert nach 400 m die Abzweigung nach links Richtung Brezje. Weiter bis zur **Kirche**, die man rechts umgeht.

[**Abkürzung** nach Cerknica: Weiter bis zur **Kirche**, die man rechts umgeht. Der Asphalt endet; weiter auf geschottertem **Fahrweg** bis zu einer Wegkreuzung. Man geht geradeaus, einen Weidezaun durchschreitend. Der Weg senkt sich ins Tal des **Cerkniščica-Baches** und führt an einem kleinen **Bauernhof** vorbei (freundlicher Hofhund). Weiter entlang des Flüsschens, dann mäßig bergauf bis zur **Hauptstraße** am Ortsende von Begunje, welche man überquert. 500 m Asphalt bis zur einer **Kreuzung**; man geht geradeaus und folgt der Straße, bis diese in eine **Forststraße** übergeht. Bald darauf vereinigt sich diese mit einem von links kommenden **breiten Weg**. Weiter auf dem Hauptweg bis zu einer leicht versetzten Wegkreuzung (**Kruzifix**); man geht links und ignoriert bald zwei Einmündungen von links. Bei der darauffolgenden Gabelung nimmt man den linken, untergeordneten Weg. Gleich darauf eine Wegkreuzung; man geht geradeaus und erreicht kurz darauf die ersten **Häuser** von **Cerknica**. Weiter auf einem Sträßchen bis zu einer Gabelung. Man hält sich rechts und geht bei der darauffolgenden Kreuzung (kleine Verkehrsinsel) wieder rechts, dann sofort nach links. Kurzer Anstieg bis zu einer **Kirche**, dann bergab zu einer Gabelung vor einem Quersträßlein; auf diesem nach rechts. Nach wenigen Metern wieder eine Gabelung; man geht links. Abstieg zu einer breiten Straße, welche man überquert, um auf der **Taborstraße** bis zur **Pfarrkirche** anzusteigen. Rechts an dieser vorbei bis zu einem Platz, dann geradeaus in die **Partizanska cesta**. Abstieg bis zu einem kleinen Platz an der **Hauptstraße** (Partisanendenkmal); auf dieser nach links. Fortsetzung nach Dolenja vas siehe unten (Zeitersparnis 2:45 Std.).]

Nach dem **Friedhof** wendet man sich sofort nach links und findet hinter der **Aufbahrungshalle** einen abwärtsführenden Pfad. Abstieg bis zur einem Sträßchen; auf diesem rechts bergab bis zur

5. Wanderung von Kožljek nach Dolenje Jezero

Brücke über den Cerkniščica-Bach. Die Straße steigt wieder an und beschreibt eine Rechtskurve. Hier wendet man sich nach links in einen ansteigenden Weg, der zu einer Querstraße in **Brezje** führt (2:30 Std.).

Man geht links. Der Asphalt endet beim letzten Haus; weiter auf geschottertem Fahrweg. 15 Min. bequemer Fußmarsch bis zu einer **Dreifachgabelung**; man nimmt den mittleren Weg (Markierung). Kurz darauf verlässt man den Hauptweg und folgt dem **Wegweiser »Slivnica«** nach rechts. Bald quert der Weg einen geschotterten Fahrweg und vereint sich gleich darauf mit einem von rechts kommenden Fahrweg. 20 Min. mäßig ansteigende **Makadamstraße**, bis zur **Abzweigung des markierten Weges** nach rechts. Steiler Anstieg, bis man erneut auf die **Straße** trifft; auf dieser nach rechts. Die Straße biegt sofort nach links; zwei Abzweigungen nach rechts werden ignoriert. Man folgt der **Straße** und ignoriert nach 15 Min. die leicht zu übersehende Abzweigung des markierten Weges nach rechts, der an dieser Stelle fast vertikal in den Steilhang führt. Man bleibt auf der Straße und wandert 45 Min. bequem aber eintönig bis zu einem bewaldeten **Sattel**, wo man auf eine geschotterte **Querstraße** trifft (Wegweiser »Dom na Slivnici«).

Hier wendet man sich nach links (!) und biegt nach 20 m scharf nach rechts (Richtungspfeil »S.«). Nach 50 m ein **markierter Querweg**; auf diesem nach rechts. Sehr steiler Anstieg, anfänglich im Wald, dann auf schmalem Pfad in lichterem Terrain mit Blicken auf das Cerkniško polje. Nach 30 Min. erreicht man in Sichtweite zweier **Sendemasten** einen breiteren Querweg; auf diesem nach links, die Markierung verlassend. Der Weg dreht nach rechts, führt in den Wald und trifft auf einen **Fahrweg**; auf diesem scharf nach links. Nach 50 m steigt man nach rechts zum **dom na Slivnici** (4:30 Std.). Schöner Aussichtsplatz 300 m südöstlich der Hütte.

Abstieg vom Gipfelhaus in nordwestlicher Richtung (**Wegweiser »Cerknica«**). Man durchschreitet einen Weidezaun und folgt einem markierten Weg moderat bergab, erst durch den lichten Wald, dann über eine Weide (rechter Hand ein Stallgebäude) bis zu einer **Hügelkuppe**, an der man rechts vorbeigeht. Weiter auf geschottertem Fahrweg, der bald in den Wald führt und immer steiniger wird. Man gelangt zu einer **Gabelung** und geht links (Markierung). Weiter ziemlich mühselig bergab, bis man endlich auf eine **Quer-**

In Begunje pri Cerknici

straße trifft; auf dieser nach links bis zu **Hauptstraße** von **Cerknica** (5:30 Std.).

Man wendet sich auf dieser nach rechts, überquert nach 300 m einen **Fluss** und gelangt nach weiteren 100 m zu einem kleinen Platz (**Partisanendenkmal**). Einkehr. Anschließend empfiehlt sich der kurze Aufstieg über die Partizanska cesta zum alten **Ortskern** von Cerknica. Besichtigung.

Zurück zur **Hauptstraße** auf dieser nach links. Nach 100 m, noch vor der Brücke, biegt man nach rechts, passiert einen Gemüsestand, überquert auf einem **Brücklein** den Fluss und wendet sich auf der **cesta na jezero** nach rechts. Gleich darauf eine Kreuzung; man geht geradeaus und wendet sich nach 50 m nach links. Vorbei an einem **Wohnblock** und Kindergarten. Die Straße dreht nach rechts und führt nach einem weiteren Richtungswechsel zu einem **Mercator**; an diesem rechts vorbei in einen geschotterten Fahrweg. Man passiert etliche **Doppelharpfen** und folgt einer staubigen **Landstraße** Richtung Süden. Nach 1 km eine **Kreuzung**; man geht rechts und erreicht bald darauf **Dolenje Jezero**. Am Ortsbeginn eine Gabelung; man hält sich rechts, passiert den **Jezerski hram** und gelangt kurz darauf zur **turistična kmetija Levar** (6:30 Std.).

Kirche von Begunje pri Cerknici

AM WEGE

Begunje pri Cerknici | Wigaun bei Zirknitz | Begugne

Wer auf der alten Dorfstraße Richtung Kirche spaziert, gewinnt den Eindruck eines fast symmetrischen Ortes, so ausgewogen erscheint die Anordnung der Häuser. Es sind erstaunlich große Gebäude mit Sattel- oder Krüppelwalmdächern, deren Stirnseiten in einer Flucht stehen und vereinzelt urbane Schmuckelemente aufweisen. Dazu kommen Steinportale mit kunstvollen Kassettentüren, die bei aller Schäbigkeit den einstigen Wohlstand der Bewohner verraten. Beispiele sind das leerstehende Haus Nr. 56, das aussieht, als hätte es der Krieg gestreift, und das Haus Nr. 61, in der sich die *gostilna Meden* befand. Trotz mancher Stilbrüche dominiert die Krainer, d. h. südalpine, Bauform, der man – obwohl bereits im (grünen) Karst angelangt – noch bis Divača begegnet. Auffallend ist der geringe Abstand der Häuser und der Mangel an Zäunen, was dem Dorf einen freundlichen und gemeinschaftlichen Charakter verleiht. Auch die Bocciabahn mit dem fantasievoll zusammengezimmerten Unterstand vermittelt dörfliche Gemütlichkeit. Der Gegenentwurf findet sich an der Straße Richtung Cerknica, wo in den letzten Jahren dutzende Häuslbauer ihre kleinbürgerlichen Träume verwirklicht und eingezäunt haben. Die Dorferweiterung hat aber auch positive Folgen, zumindest für die Infrastruktur. So besitzt Begunje, im Gegensatz zu den Nachbardörfern, immerhin einen *Mercator*, ein Postamt und eine kleine Bar.

Vor 100 Jahren hatten die Bewohner noch die Wahl zwischen fünf Gasthäusern, zwei Läden und einem Bäcker, die alle an der Hauptstraße lagen und mit schlichten Schildern auf sich aufmerksam machten. Wirtschaftlichen Aufschwung brachte ein Truppenübungsplatz, den die kaiserliche Armee in der Nähe unterhielt. Alte Ansichtskarten zeigen Begunje als adretten Ort, der sich auch als Sommerfrische empfahl. Zu einiger Bedeutung hatte er es aber bereits im Mittelalter gebracht, als hier eine wichtige Handelsstraße zwischen dem Laibacher Becken und dem Meer verlief und das Dorf den Fuhrwerkern als Stützpunkt diente. Zu dieser Zeit war die Kirche von einer hohen Wehrmauer umgeben, die zwei Türkeneinfällen standhielt und erst 1875 abgetragen wurde. Das Baumaterial fand bei der Errichtung des neuen Glockenturms und mehrerer Häuser Verwendung. Heute erstrahlt die Kirche in penetrantem Zuckerlrosa, was den lebhaft gegliederten Bau etwas disneyartig aussehen lässt. Seltsam esoterisch wirkt das Domobranzen-Denkmal, eine schwarze Marmorstele mit tempelartigem Aufbau, im Südwesten des Friedhofs. Eingraviert sind die Namen aller Männer und Frauen aus Begunje und Umgebung, die um 1945 »im Kampf gegen den Kommunismus« zu Tode kamen.

Den 1867 in Begunje geborenen Theologen, Literaturwissenschaftler und Schriftsteller Jože Debevec hat man vor der Kirche mit einer Büste verewigt. Er schrieb mehrere Theaterstücke, übersetzte Dantes *Göttliche Komödie* ins Slowenische und starb 1938.

Slivnica

Unterhalb des 1.114 m hohen Gipfels befindet sich eine Karsthöhle, die von Johann Weichard Valvasor als »stürmisches Loch« beschrieben wurde. Tatsächlich steigt im Winter warme Luft aus der Grotte und kondensiert zu Nebelschleiern, die von den Einheimischen für den Dunst einer Hexenküche gehalten wurden. Noch vor 350 Jahren endeten hier mehrere Frauen, die für Unwetter oder Krankheiten verantwortlich gemacht wurden, auf dem Scheiterhaufen.

EINKEHR:
Dom na Slivnici. Hässliche Schutzhütte mit wunderbarer Aussicht auf den Zirknitzer See. Im Juli und August täglich, im Winter nur sonntags, sonst am Wochenende geöffnet. 00386 41 518108

Cerknica | Zirknitz | Circonio

Es ist ein geschichtsträchtiger Ort, dem es nicht an Zeugnissen der Vergangenheit, wohl aber an Aura mangelt. Das liegt an den Zerstörungen im 2. Weltkrieg, von denen sich Cerknica bis heute nicht erholt hat, und an den Verschandelungen der Gegenwart in Gestalt hässlicher Wohnblocks und Supermärkte. Nur der historische Kern rund um die Kirche lohnt die Besichtigung, auch wenn man hier dem Autoverkehr zuviel Platz eingeräumt und bei einigen Fassaden in den falschen Farbtopf gegriffen hat. *Tabor*, so der Name des Ortsteils, verweist auf die einstige Funktion als Zufluchts- und Versammlungsort: Im 15. Jahrhundert wurde die Stadt befestigt und fanden innerhalb der Wehrmauern 1.000 Menschen Schutz. Zwei Wachtürme und Teile des mittelalterlichen Getreidespeichers sind bis heute erhalten geblieben. Nicht überdauert hat die Kirche aus dem 9. Jahrhundert, die noch von Dante Alighieri besucht worden sein soll. Sie wurde von türkischen Reitern niedergebrannt und um 1480 durch einen dreischiffigen Bau mit gotischen Anflügen und einem 55 m hohen Turm ersetzt. Im Inneren findet sich ein Sammelsurium an Malereien und Skulpturen verschiedenster Epochen, das im überdimensionierten barocken Hochaltar gipfelt. Die zentrale Marienfigur stammt aus Tirol, das Bild Mariä Geburt aus der Werkstatt von Kremser-Schmidt in Niederösterreich.

Hausruine in Cerknica

Zu den Türkeneinfällen, zehn an der Zahl, gesellten sich die Heimsuchungen der Pest und anderer Seuchen. Überliefert sind kollektive Rosskuren wie das Trinken von Urin und der Beischlaf mit Ziegenböcken zur Abwehr der Krankheit. Zu dieser Zeit befand sich Cirknica im Besitz der Kartäuser von Bistra, die ihre Grundherrschaft von 1370 bis 1782 ausübten. Der Name der Hochebene Menišija nördlich von Cerknica leitet sich von *menih*, Mönch, ab. Um 1800 zählte die Stadt über 3.500 Einwohner und damit sogar mehr als heute. Neben der Landwirtschaft spielten der Handel und das Handwerk eine große Rolle, vor allem die Lederverarbeitung, mit der rund 100 Gerber und Schuhmacher ihr Brot verdienten.

Als Verkehrsknotenpunkt erlangte Cerknica bereits im Altertum Bedeutung. Hier trafen sich zwei wichtige Römerstraßen, eine davon führte über die Menišija nach Nauportus, die andere zu zwei römischen Festungen bei Dolenja vas. Diese waren Teil eines Limes, der von den Voralpen bis Istrien reichte. Zeugnisse dieser Epoche sind etliche Römergräber sowie allerlei Kriegswerkzeug wie Äxte, Speere und Helme. Nach dem 1. Weltkrieg verlief hier die sogenannte Rupnik-Linie, eine Kette von Verteidigungsanlagen, die General Leon Rupnik entlang der neuen italienisch-jugoslawischen Grenze errichten ließ. Cerknica war zur Grenzstadt geworden, in der sich neben Militärs und Zöllnern Scharen von Schmugglern tummelten. Mit Hilfe korrupter Beamter blühte der Schleichhandel mit Salz, Hühnern, Eiern sowie mit Rind- und Schweinefleisch. Nutznießer waren nicht zuletzt die Bauern rund um den Zirknitzer See, da der Schwarzmarkt die Lebensmittelpreise in die Höhe trieb.

Das hohe Ansehen, das die Schmuggler immer schon genossen, spiegelt sich auch in einer Legende aus dem 19. Jahrhundert. Protagonist ist der bärenstarke Martin Krpan aus Innerkrain, der seinen Lebensunterhalt mit illegalen Salztransporten verdient. Eines Tages begegnet er dem österreichischen Kaiser auf einer verschneiten Straße und macht ihm den Weg frei, indem er sein eigenes Pferd schultert und an der kaiserlichen Kutsche vorbeiträgt. Jahre später ereilt ihn der Ruf nach Wien, das von einem bösen Riesen namens *Berdovs* bedrängt wird. Krpan schlägt dem Feind den Kopf ab, worauf ihm der Kaiser die Hand seiner Tochter anbietet. Krpan lehnt dankend ab, erhält dafür einen Freibrief zum Schmuggeln und kehrt reich beschenkt in seine Heimat zurück. Ein sehenswertes Bronzestandbild des Volkshelden befindet sich in der *cesta 4. maja* unweit des *Mercator*.

EINKEHR:
Okrepčevalnica Valvasorjev hram. Solides Gasthaus mit angenehmem Sitzgarten an der *Partizanska cesta*. Straßenseitig kann das Standbild eines granatenschleudernden Partisanen von Boris Kalin besichtigt werden. 00386 1 7093788
Sobe Cerknica. Einfache Gästezimmer in Zentrumsnähe. 00386 692 469 oder 00386 31 835080, www.sobe-cerknica.si
Sobe TeliCo. Übernachtungsmöglichkeit im Peščenek-Viertel am Fuße der Slivnica. 00386 1 7097090, www.telico.info
Oštirjeva kmetija. Zimmer und Apartments für mindestens zwei Nächte. 00386 40 190910 oder 00386 40 550371, www.ostirs-farm.com

Bauernhöfe in Dolenje Jezero

Dolenje Jezero | Unterseedorf | Lago Inferiore

Seinen Reiz bezieht das Dorf aus seiner Lage in unmittelbarer Nähe des Zirknitzer Sees und der ungewöhnlichen Anordnung der Häuser. Diese besteht aus einem engen Raster langgestreckter Bauernhöfe, deren Wohnhäuser, Ställe und Scheunen jeweils stirnseitig aneinandergereiht sind und so bis zu 50 m lange Gebäudekomplexe bilden. Ein breiter, fast schnurgerader »Boulevard« bildet die Hauptachse der Wohnhäuser; zwei Parallelstraßen ermöglichen den Zugang zu den Wirtschaftsgebäuden an der Rückseite. Hier findet sich, im Gegensatz zu deren nüchternen Vorderfronten, ein herrliches Durcheinander von Geräteschuppen, Holzhütten und Keuschen mit hübschen Details und schönen grafischen Effekten. Am lohnendsten ist die Ortsbesichtigung am Abend, wenn die tiefstehende Sonne diverse Bausünden in ein milderes Licht taucht. Wer bei der Umrundung des Dorfes die Kirche unversperrt vorfindet, kommt außerdem in den Genuss eines Kleinods der Kunstgeschichte. Der unscheinbare spätgotische Bau besitzt eine reich bemalte Holzdecke voller Engelsköpfe und Blumenornamente sowie drei Barockaltäre mit kunstvoll geschnitzten Figuren.

Bemerkenswert ist die Darstellung der heiligen Nothburga, Schutzpatronin der Bauern, als rotbackige Magd in Zirknitzer Tracht und die kleine Skulptur eines Bettlers, der dem Besucher fordernd die Hand entgegenstreckt. Der schäbige Gesamtzustand wird von Kunsthistorikern beklagt, trägt aber zur besonderen Aura der Kirche bei.

Auch das benachbarte *muzej Jezerski hram* ist den Besuch wert. Es enthält eine ethnologische Sammlung, die die Bewirtschaftung des Sees dokumentiert, insbesondere den Fischfang, der einst auf zwölf verschiedene Arten praktiziert wurde. So wurden etwa im Winter die Fische mit schweren Holzknüppeln zur Strecke gebracht, indem man damit auf das Eis einschlug und dann die betäubten Tiere einsammelte. Schwieriger war die »Fischjagd« mit dem Dreizack, der bei niedrigem Wasserstand eingesetzt wurde. Zu sehen gibt es auch archaisch anmutende Einbäume aus Eichenholz, die noch im 20. Jahrhundert Verwendung fanden. Hauptattraktion ist aber ein zimmergroßes Relief des Zirknitzer Beckens, das auf Knopfdruck geflutet werden kann und so die unterschiedlichen Wasserstände zur Darstellung bringt.

EINKEHR:

Turistična kmetija Levar. Ein Bauerngasthaus, wie man es sich wünscht: Aufgewartet wird mit köstlichem selbstgebackenen Brot, frischen Fleischspeisen und knackigen Salaten. Spezialitäten des Hauses sind Ragout mit Buchweizensterz, gefüllte Kalbsbrust und, natürlich, die traditionellen *Štruklji*. Für alle Fälle steht ein hausgebrannter Schnaps bereit. Als einfache Unterkunft für max. vier Personen dient eine umgebaute Doppelharpfe. 00386 1 7091914 oder 00386 41 504375, www.turisticnekmetije.si/levar

Sobodajalka Marija Lekovec. Im unscheinbaren Haus der freundlichen Wirtin verbergen sich zwei Gästezimmer und eine geräumige Ferienwohnung für insgesamt acht bis zehn Personen. Vermietet wird nur von Mai bis September. 00386 1 7091932 oder 00386 51 208595

Gostilna en krajcar. Die jüngst aus dem Boden gestampfte Gaststätte liegt abseits der Route im hässlichen Gewerbepark Podskrajnik nahe Dolenja vas und eignet sich für Wanderer nur als Notquartier (1 Std. Fußmarsch ab Dolenje Jezero). 00386 1 7093616, www.enkrajcar.si

Cerkniško jezero bei Trockenheit

Cerkniško jezero | Zirknitzer See | Lago di Circonio
Er wird als größter Sickersee Europas bezeichnet und zählt zu den bekanntesten Naturwundern Sloweniens; entsprechend viele wissenschaftliche Abhandlungen wurden über ihn verfasst. Schon der griechische Gelehrte Strabo, geb. 63 v. Chr., zerbach sich den Kopf über den periodisch wechselnden Wasserstand, und auch die Römer rätselten, warum der *lacus lugeus*, d. h. der traurige See, immer wieder von der Bildfläche verschwand. Näher erforscht wurde das Phänomen erstmals in der zweiten Hälfte des 17. Jahrhunderts von Johann Weichard Valvasor. Der Gelehrte unternahm 16 »Operationen« und erkannte schließlich, dass der Zirknitzer See Teil eines komplizierten Fluss- und Höhlensystems ist, das im heutigen Kroatien seinen Anfang nimmt und nach etlichen Stationen bei Ljubljana endet. Für die detaillierte (wenn auch nicht ganz korrekte) Beschreibung der Sickervorgänge und unterirdischen Wasserläufe wurde Valvasor zum Ehrenmitglied der Londoner Royal Society ernannt. Wie ein surreales Labyrinth mutet sein Kupferstich zur Illustration des Höhlensystems von Zirknitz an. Weniger detailverliebt charakterisierte Immanuel Kant den See im Jahr 1746: »Er hat in seinem Boden einige Löcher.«

Die unterirdischen Verbindungen können beim Blick auf die Landkarte gut nachvollzogen werden: Im Südwesten des Zirknitzer Beckens tritt das in den benachbarten Karstfeldern von Bloke und Lož versickerte Wasser zutage, um den Stržen, den ergiebigsten Zufluss des Sees, zu speisen. Dieser verschwindet bei Dolenja vas in mehreren Höhlen und Ponoren Richtung Rakov Škocjan, dessen Fluss Rak wiederum den Fluss Unec am Planisko polje und in weiterer Folge die Ljubljanica am Laibacher Feld hervorbringt. Ein Teil des Stržen nimmt aber eine Abkürzung, indem er die Cerkniščica, den einzigen oberirdischen Zufluss des Zirknitzer Sees, unterquert und erst in Bistra bei Vrhnika wieder zutage tritt. Nach der Schneeschmelze oder längeren Regenperioden, wenn die unterirdischen Gänge das Wasser nicht mehr aufnehmen können, steigt der Wasserspiegel und erreicht der See eine Ausdehnung von bis zu 26 km². In Trockenperioden zieht er sich, nicht viel größer als ein Teich, in den Zadnji kraj, das Letzte Ende, am Fuß des Javornik zurück. Hier finden sich auch sogenannte Estavelle, Bodenöffnungen, die sowohl Quellen als auch Abflüsse sind.

Die Wasserschwinden des Zirknitzer See regten seit jeher die Phantasie der Menschen an. So soll aus den Löchern manchmal unheimliches Grollen, Flüstern und Heulen zu hören gewesen sein – vielleicht Botschaften aus dem Reich der Toten oder gar der Hölle. Auch Valvasors Assistent Erasmus Francisc war davon überzeugt, dass in den Hohlräumen unter dem See Gespenster umgehen. Vielleicht sind es die Seelen jener Bedauernswerten, die in Trockenzeiten auf der Suche nach Fischen in die unterirdischen Siphone abstiegen und von dort nie mehr zurückgekehrt sind. Noch heute, wenn das Wasser gurgelnd abläuft, vermeint man ihre Hilferufe zu vernehmen. Ebenso beängstigend ist die Geschwindigkeit, mit der es bisweilen zurückkehrt.

Je höher der Wasserstand, desto unzugänglicher wird der See für Wanderer. Von den befestigten Uferstraßen abgesehen, verliert sich fast jeder Pfad früher oder später im Sumpf oder Schilf. Selbst die in den Karten verzeichneten Güterwege können auf diese Weise enden, und das sogar in Dürrezeiten. Das ständige Scheitern und Umkehren hat aber auch seinen Reiz. Innezuhalten und einem Feldweg nachzublicken, der schnurgerade ins Wasser und unter der Oberfläche weiterführt, gehört zu den Erfahrungen, die

Am Ufer des Cerkniško jezero

einem das Wesen des Sees am besten vermitteln. Es ist, als würde nicht der Wasserspiegel periodisch steigen und fallen, sondern der Boden sich senken und heben, gewissermaßen atmen. »Am See hebt plötzlich das Lied der Ewigkeit an«, schrieb der slowenische Biologe Peter Skoberne, »weil man den zu einem Jahr verdichteten Rhythmus des Universums spürt«. Anders ausgedrückt, spürt man am Cerkniško jezero den Puls eines großen unterirdischen Organismus, in dessen Adern Wasser fließt.

Die Unberechenbarkeit des Sees war den Anrainern stets ein Dorn im Auge, weshalb man einige Anstrengungen zu seiner Zähmung unternahm. Einmal trachtete man das Abfließen des Wassers durch Ausweitung der Schwundlöcher zu beschleunigen, um dadurch Zeit für die Mahd zu gewinnen, dann wieder versuchte man, das Wasser aufzustauen oder durch Versiegelung der Ponore zurückzuhalten, um die Fischsaison zu verlängern. Nach dem 2. Weltkrieg wurde der Plan gefasst, den See über-

Pferdegespann in Dolenje Jezero

haupt trockenzulegen. Der Naturschutz hat solchen Experimenten mittlerweile einen Riegel vorgeschoben, was die Fischer aber nicht daran gehindert hat, dem See unweit von Dolenja vas mit Beton und Plastikfolien zu Leibe zu rücken. Das ändert jedoch nichts an dem Umstand, dass die Fische bei »Ebbe« immer enger zusammenrücken müssen und sich schließlich in Schlammpfützen sammeln, wo sie für die Bauern leichte Beute sind. Valvasor hat dieser Form des Fischfangs ein Denkmal gesetzt: »Wenn dann das Wasser anhebt zu fallen [...], lassen die Leute im Felde die Arbeit stehen und laufen zusammen [...], werffen ihre Kleider von sich samt aller Schaam, und eilen gantz nackt und blos, wie sie von Mutterleibe auf die Welt gekommen, dem See zu. Alles menget sich ohn einzige Entblödung und gantz unverschämt mutternackt durcheinander, Junge und Alte, Männer und Weiber, Verheiratete und Unverheiratete. Keines bekümmert sich um Feigen-Blätter, weil auch keines Augen auf Menschen, sondern auf Fische gerichtet seynd, denen sie eyfrig nachstellen.« Gefangen werden auf diese Weise Hechte und Aitel, Schleien und Elritzen, sowie Groppen und Aale, wovon letztere die eigentlichen Herren der Unterwelt sind.

Der Zirknitzer See dient den Einheimischen nicht nur als Fischgrund, sondern – je nach Wasserstand – auch als Jagdrevier, Acker- und Weideland. Die Landwirtschaft befindet sich aber auch hier auf dem Rückzug. Noch knüpfen die Bauern Jahr für Jahr einen Fleckerlteppich aus Wiesenstreifen und schmalen Feldern, doch häufen sich die Webfehler in Form brachliegender Flächen. Auch das Binsengras am Übergang zwischen festem Untergrund und tiefem Boden wird nicht mehr überall gemäht.

Den Vögeln, die das Seeufer bevölkern, kann das nur recht sein. Rund 90 nistende Vogelarten wurden hier gezählt, wovon Wanderer allerdings nur wenige zu Gesicht bekommen. Die meisten verbergen sich im unzugänglichen Schilfgürtel und machen sich, wenn überhaupt, nur akustisch bemerkbar. Eine Ausnahme ist der Weißstorch, der sich meist in offenem Terrain zu schaffen macht. Auch dem Blässhuhn, einst Delikatesse der Bauern, wird man vermutlich begegnen. Unsichtbar bleibt hingegen der Sumpfrohrsänger, obwohl sein freches »Spotten« fast ununterbrochen zu hören ist. Der unscheinbare Zugvogel ist ein talentierter Stimmenimitator und beherrscht selbst die Lieder afrikanischer Verwandter. Seinem klingenden Namen wird auch der Rohrspatz gerecht, den die Vogelkundler auch als Ammer bezeichnen. Stundenlang erschallt zudem das knarrende *Rerrp-rerrp* des Wachtelkönigs, lat. *Crex crex*, allerdings nur nachts oder im Morgengrauen.

Dem Zauber, der den See zu dieser Tageszeit umfängt, wird man sich im Sommer kaum entziehen können: »Von Reisegruppen unbehelligt, kann man da unter tintenblauem Himmel die Nebelschleier beobachten, wie sie sich langsam verflüchtigen und den Blick vielleicht auf ein gestrandetes Boot freigeben, auf dessen Messing-Rudergabel beim Näherkommen die ersten Libellen ihre Rotoren anwerfen. Oder einen Teppich von Seerosen betrachten, die, eine nach der anderen, ihre dottergelben Blüten öffnen und die Hummeln zum Frühstück bitten. Wenn dann noch die Goldkäfer den Tau von den Binsen trinken und in den Wiesen abertausende Spinnennetze im Gegenlicht glitzern, ist man mit dem mitunter so ›schwierigen‹ See wohl endgültig versöhnt«, heißt es in einem Reiseführer des Jahres 2011.

6. IN DIE TIEFE
Wanderung von Dolenje Jezero nach Rakek

Diese nicht ganz unkomplizierte Etappe verbindet das berühmte Cerkniško jezero mit Rakov Škocjan, einer der ungewöhnlichsten Naturlandschaften Sloweniens, die trotz des *žled* im Jahr 2014 kaum von ihrem Zauber eingebüßt hat. Nur der Wald im Umkreis erholt sich nur langsam von den Verwüstungen des Eisregens.

Man verlässt Dolenje Jezero durch die Hintertür, wo der Zirknitzer See selbst in Trockenzeiten noch Lebenszeichen von sich gibt. Je nach Jahreszeit und Wasserstand wagt man einen Morgenschwumm oder gönnt sich einen *ekspreso* im Strandcafé. Teils über Wiesen schwebend, teils im Sumpf watend gelangt man nach Dolenja vas, dem das Flüsslein Cerkniščica ein freundliches Gesicht gegeben hat. Wie für den Fotografen gemacht sitzt das Kirchlein Sv. Volbenk, die nächste Wegmarke, auf einem Hügel. Etwas Spürsinn erfordert der nächste Abschnitt, bei dem es gilt, aus einem Labyrinth von Feld- und Waldwegen wieder herauszufinden. An dessen Ausgang kündigt sich mit leisem Rauschen ein Naturwunder an: Es ist der Mali naravni most, das Kleine Felsentor von Rakov Škocjan, das den Fluss Rak, der hier gleich mehrere Höhlen durchquert, dramatisch überspannt. Wo einst Winnetou seine unglückliche Liebe Ribanna befreite, steigt man zum Grunde der Schlucht ab und blickt durch ein Loch in den Himmel. Aus der Unterwelt zurückgekehrt, durchquert man die Schlucht, indem man dem Fluss von seinem »Ursprung« bis zur Großen Naturbrücke folgt. Eine romantische Brücke, ein verlassenes Hotel und uralte Eichen sind die Stationen am Wege. Die Ruine einer Kirche markiert den Wendepunkt. Wieder senkt sich der Weg zum Wasser und schmatzt der Boden unter den Füssen. Wie im Urwald liegen die Bäume kreuz und quer. Man wendet sich nach Norden, verflucht die Flurschäden und trifft schon früh in Rakek ein, wo ein gemütliches Wirtshaus die Unbillen der letzten Stunde rasch vergessen lässt.

In der Zelška jama von Rakov Škocjan

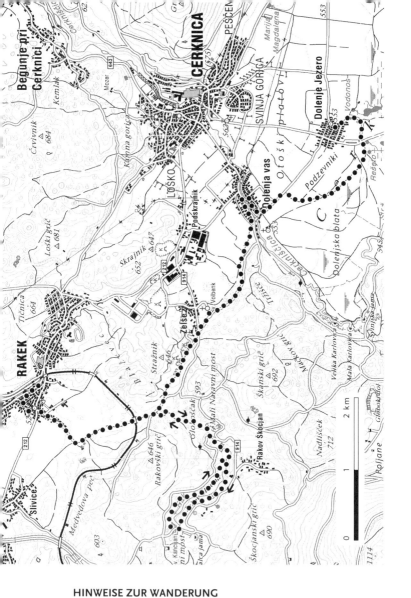

HINWEISE ZUR WANDERUNG
LÄNGE: 16,5 km
HÖHENDIFFERENZ: 210 m ↑ ↓
GEHZEIT: 5:15 Std.
ANFORDERUNGEN: mittel
ORIENTIERUNG: mittel

6. Wanderung von Dolenje Jezero nach Rakek

KARTE: Izletniška karta »Notranjski kras«, 1:50.000, Geodetski zavod Slovenije
GASTSTÄTTEN: Dolenje Jezero, Rakov Škocjan, Rakek
UNTERKÜNFTE: Dolenje Jezero, Rakov Škocjan, Rakek
VERKEHRSVERBINDUNGEN: Bahnhof und Bushaltestelle in Rakek; Taxi Postojna 00386 31 777974 oder 00386 31 413254
ANMERKUNGEN: Die Umrundung der Schlucht von Rakov Škocjan ist bei sehr hohem Wasserstand nur auf der südlichen Schotterstraße bzw. dem nördlichen Forstweg möglich.

WEGBESCHREIBUNG

Man wendet sich vor dem **Jezerski hram** in Dolenje Jezero nach links (Richtung **Gasilski dom**), geht sofort rechts und passiert die **Kirche**. Nach 50 m eine **Querstraße**; man geht links. Gleich darauf wieder eine **Querstraße**; man geht links und verlässt kurz darauf den Ort. Der Asphalt endet; die Straße gabelt sich; man hält sich rechts. Geschotterter Fahrweg, linker Hand der **See**. [Nach 200 m empfiehlt sich ein Abstecher nach links zum Ufer.] Man folgt dem bald nach rechts drehenden Fahrweg bis zu einer **Querstraße** (vis-à-vis eine Bar), geht wenige Meter nach links, dann nach rechts in einen Fahrweg. Nach 200 m verlässt man den Hauptweg und geht rechts in einen **Feldweg**. [Zuvor empfiehlt sich ein Abstecher nach links zum See.] Der Weg dreht bald nach rechts und führt zu einer **Wegkreuzung**; man geht geradeaus. Schöner Weg zwischen Wiesen und Wäldchen, der allmählich in eine undeutliche **Fahrspur** übergeht. Man behält die Richtung bei und trifft auf einen deutlichen **Querweg**; auf diesem nach links. Man erreicht eine **Schotterstraße** und wendet sich auf dieser nach links. Nach 300 m dreht die Straße nach rechts; hier geht man geradeaus und erreicht **Dolenja vas** (1:00 Std.).

Bei den ersten Häusern eine Kreuzung; man geht geradeaus und wendet sich sofort auf einem **Quersträßchen** nach links. Die Straße dreht nach rechts und führt zu einem **Brücklein**, auf dem man die Cerkniščica überschreitet. Nach der Brücke wendet man sich nach links und wendet sich nach 250 m, vis-à-vis einer **Kläranlage**, nach rechts in einen **Feldweg** und ignoriert sofort eine Abzweigung nach rechts. Man passiert bald darauf einen **Schuppen** und geht bei der darauffolgenden Gabelung links. Man folgt dem Feldweg bis zum Vereinshaus des **Društvo Lovrenc** und gelangt auf dessen Zufahrts-

6. Wanderung von Dolenje Jezero nach Rakek

weg zu einem **Schottersträßchen**; auf diesem nach rechts. Bequemer Marsch, erst am Waldesrand, dann leicht ansteigend am **Kirchlein Sv. Volbenk** vorbei. Empfehlenswerter Abstecher zurück zur Kirche auf einem undeutlichen Wiesenpfad (1:30 Std.).

Von der Kirche zurück zum **Schottersträßchen**; auf diesem nach rechts. Man trifft auf eine **Querstraße** und geht auf dieser nach links; der Asphalt endet sofort. Nach 100 m biegt man nach rechts in einen **Fahrweg**. Der Hauptweg dreht kurz darauf nach rechts; man geht links in einen untergeordneten Fahrweg. Nach 100 m (kleine **Schottergrube**) geht man geradeaus. Gleich darauf werden eine Abzweigung nach links sowie eine nach rechts ignoriert. Eine zweite Abzweigung nach rechts (die zu einer weiteren aufgelassenen Schottergrube führt) wird ebenfalls ignoriert. Weiter auf dem Hauptweg bis zu einer **Wegkreuzung**; man geht geradeaus in einen etwas undeutlicheren Weg, der kurz darauf auf eine **Makadamstraße** trifft; auf dieser geradeaus weiter. Nach 100 m wendet man sich nach links in einen untergeordneten Weg. Kurz darauf die Einmündung eines markierten Weges von rechts. [Anmerkung: Nach Umrundung der Rak-Schlucht wird man an diese Stelle zurückkehren.] Man geht geradeaus und folgt der Markierung bis zur **Kleinen Naturbrücke** (Mali naravni most) von **Rakov Škocjan** (2:15 Std.).

Man steigt in den **Einsturztrichter** ab und unterquert (sofern es der Wasserstand erlaubt), zwei **Naturbrücken**, wo der Weg endet. Zurück zum Kraterrand, dann 100 m nach links bis zur einer **Informationstafel** mit kleinem **Rastplatz**. Hier wendet man sich nach rechts und folgt einem **blaurot markierten Pfad**, der sich bald senkt und einen geschotterten Fahrweg quert. Man passiert eine 200jährige Tanne (**Tafel 2**) und gelangt zur Quelle des Rak sowie zur Ruine eines Sägewerks (**Tafel 3**). Kurzer Abstecher zum Flussufer. Weiter auf dem markierten Weg, vorbei an den **Tafeln 4** und **5**, stets in Flussnähe bis zu einem **Holzsteg**. Man überquert den Fluss und wendet sich, den Hauptweg verlassend, sofort nach links in einen **Steig** (undeutliche Markierung). Kurzer Anstieg bis zum **Hotel Rakov Škocjan** (3:00 Std.).

Vom Hotel steigt man rechts einer **Kinderspielanlage** auf dem (undeutlich markierten) Pfad Richtung **Fluss** ab. Nach 50 m wendet man sich, der Markierung folgend, scharf nach links. Der Weg schlängelt sich links des Flusses und führt zu einer alten Stieleiche (**Tafel 6**). Man gelangt bald darauf zur **Tafel 7**. Weiter auf markier-

Kirche Sv. Volbenk bei Želse

tem Weg in Ufernähe bis zur **Tafel 8a**, wo man zur Straße gelangt; auf dieser nach rechts. Nach 50 m wendet man sich nach rechts in einen Weg (keine Markierung). Gleich darauf eine Wegkreuzung; man geht gerade aus und gelangt zur **Tafel 9**. Von hier, dem Richtungspfeil folgend, weglos über eine Lichtung, an deren Rand man wieder die Markierung findet. Weiter im Wald, dann vorbei an der **Tafel 10**, wo man sich nach rechts wendet und eine weitere Lichtung fast weglos überquert. Vorbei an der **Tafel 11** bis zur **Großen Naturbrücke**. Man steigt links des Felsentors zur **Makadamstraße** an und wendet sich, die Markierung verlassend, sofort nach rechts in einen ansteigend Weg. Vorbei an einem **Aussichtspunkt** bis zur **Straße**, welche man überquert, um 200 m bis zur **Kirchenruine** am Scheitel der Großen Naturbrücke anzusteigen (3:45 Std.)].

Von der Ruine zurück zur **Makadamstraße**; dieser nach links. Nach 100 m wendet man sich nach rechts in einen **markierten absteigenden Pfad**. Gleich danach eine **Wegkreuzung**; man geht rechts und steigt zu einem Querpfad am **Flussufer** unterhalb des Felsentores ab; auf diesem nach links. Schöner Weg, der stets in **Flussnähe** und teils über Wiesen, nach 20 Min. zum bereits bekannten **Holzsteg** führt. Man bleibt auf der linken Seite des Flusses und folgt dem markierten Weg zu den bekannten **Texttafeln 4, 3 und 2**. Gleich darauf quert man eine **Forststraße** und steigt zur **Kleinen Naturbrücke** (Mali naravni most) an. Vor dem Krater wendet man sich nach links und folgt dem bereits bekannten markierten Weg. Nach 15 Min. folgt man, den »Hauptweg« verlassend und damit »Neuland« betretend, der Markierung nach links. Gleich darauf eine breite **Forststraße**; man geht wenige Schritte nach links und wendet sich sofort nach rechts in einen untergeordneten Weg (Wegweiser »**Kunarjeva pot**«). Der Weg senkt sich, um bald die **Bahn** zu unterqueren und sich sofort zu gabeln; man hält sich links. Die Vegetation lichtet sich; man trifft auf einen Querweg und geht auf diesem nach links. Der Weg dreht bald nach rechts. Man erreicht die ersten **Häuser** von **Rakek** und wandert auf einem Asphaltsträßchen bis zur **Hauptstraße**, welche man überquert. Man passiert die **Kirche**, steigt auf einem Sträßchen 200 m an und biegt beim Haus Nr. 11 nach rechts. Weiter bergauf, erst auf einem Sträßlein, dann über einen Treppenweg, bis zum **Bahnhof** von **Rakek** (5:15 Std.). Um zur **gostišče Furman** zur gelangen, folgt man der Straße vor dem Bahnhof 300 m nach rechts.

AM WEGE

Rakov Škocjan | Rakbachtal | Rio dei Gamberi

Wanderern kündigt sich das Naturwunder mit einem leisen Rauschen an, das erst bei der Ankunft (und nur zu Regenzeiten) in kräftiges Brausen umschlägt. Schallquelle ist der »Fluss der sieben Namen«, der unweit von Rakek unter der Bezeichnung Rak aus der Unterwelt auftaucht und nach knapp drei Kilometern wieder vom Erdboden verschwindet. Auch diesen Abschnitt legt der Fluss teils unterirdisch zurück, indem er Naturbrücken unterquert und sich in Felsspalten ergießt und so mit den Besuchern förmlich Verstecken spielt. Was diese dabei zu sehen bekommen, ist eine vor Jahrmillionen eingestürzte Grotte, die sich im Lauf der Zeit in eine romantische Schlucht verwandelt hat

Alte Stieleiche in Rakov Škocjan

und zu den eindrucksvollsten Sehenswürdigkeiten des Notranjski kras zählt. Seinen Namen verdankt sie dem Flusskrebs, slow. *rak*, der einst in Massen das Flussufer bevölkerte (ehe er 1976 durch die Verseuchung des Wassers mit Formaldehyd fast ausgerottet wurde), sowie einer um 1870 verlassenen Ortschaft, die Johann Weichard Valvasor »San Canziani« oder »Kozian« nannte und seinerzeit aus einem halben Dutzend Bauernhöfen und zwei Kirchen bestand. Die spärlichen Überreste des Dorfes befinden sich oberhalb der Großen Naturbrücke, Veliki naravni most, durch die sich der Fluss den Weg in eine Einsturzdoline bahnt, wo ihn die Tkalca jama, Weberhöhle, endgültig verschluckt. Bei niedrigem Wasserstand kann das Felsentor zu Fuß durchschritten werden, andernfalls benötigt man ein Boot, sofern das Wasser nicht überhaupt bis zum Scheitelpunkt des zehn Meter hohen »Tunnels« ansteigt und der Rak das gesamte Tal wie ein Stausee ausfüllt. Valvasor schildert in seinem Buch *Die Ehre des*

Steinbrücke unterhalb des Mali naravni most

Herzogthums Crain die »wunderliche Schifffahrt durch einen Berg« und fand sie »gut und unverdrießlich, weil es auch nicht zu finster drin war« und die Reise schon »nach einem guten Musketen-Schuss« wieder zu Ende war.

350 Jahre später war es Pierre Brice, der in Gestalt des Apachenhäuptlings Winnetou die Naturbrücke durchschwamm, um die schöne Ribanna vom Stamm der Assiniboine aus der Gewalt des Schurken Forrester zu befreien: Rakov Škocjan diente, neben den Höhlen von Postojna und der dalmatinischen »Prärie«, als Filmkulisse von Winnetou II, womit sich das Tal in die berühmtesten Landschaften des damaligen Jugoslawien einreihte. Einen weiteren Auftritt hatte der Titelheld am anderen Ende der Schlucht, wo der Mali naravni most, die Kleine Naturbrücke, mit acht Einsturzdolinen und mehreren Höhlen ein spektakuläres »Labyrinth des Todes« bildet. Sofern es der Wasserstand erlaubt, sollte man sich dort den Abstieg in den Talgrund nicht entgehen lassen. Man folgt dabei dem Fluss durch zwei natürliche Tunnel, quert eine historische Steinbrücke und gelangt schließlich in die Zelška jama, deren riesiges Felsengewölbe an zwei Stellen eingestürzt ist. Fast scheint es, als hätte hier ein Me-

teorit eingeschlagen und beugten sich die Bäume über den Kraterrand, den Himmel grün bekränzend.

300 m flussabwärts befindet sich der eigentliche »Ursprung« des Rak, der hier bis Mitte des 19. Jahrhunderts als Energiequelle für ein Sägewerk genützt wurde. Ergießen sich an dieser Stelle bis zu 10 Kubikmeter Wasser pro Sekunde aus dem Berg, ist einer der Seitenbäche fast dreimal so ergiebig. Er quillt aus zwei Einsturztrichtern namens Kotliči und Kotel, Kesselchen und Kessel, in denen das Wasser bei starken Regenfällen zu »kochen« scheint und sogar »übergehen« kann. Dann flutet der Bach die nahe Straße und bahnt sich den Weg über Stock und Stein Richtung Fluss.

Dessen linkes Ufer wird im mittleren Abschnitt von mächtigen Stieleichen gesäumt, die bis zu 500 Jahre alt sind und wie erstarrte Fabelwesen in einem Zauberwald anmuten. Märchenhaft sind auch die Feucht- und Trockenwiesen vis-à-vis, die im Frühsommer eine unglaubliche Blütenpracht entfalten. Die alten Flurnamen belegen, dass hier einst Ackerbau betrieben wurde, ehe man auf Beweidung oder Heumahd umstellte. Das Tal befand sich jahrhundertelang im Besitz italienischer und österreichischer Adeliger, die die Wiesen an die Bauern in der Umgebung verpachteten und im Wald den Hirschen und Bären nachstellten. In der Zwischenkriegszeit militärisches Sperrgebiet, wurde Rakov Škocjan nach dem 2. Weltkrieg enteignet und 1949 unter Naturschutz gestellt.

EINKEHR:
Hotel Rakov Škocjan. Das schön gelegene Haus mit himmlisch ruhigen Zimmern und guter Küche hat im Herbst 2014 leider seine Pforten geschlossen. Ob ein neuer Pächter gefunden wurde, war bei Drucklegung des Buches nicht bekannt. www.rakov-skocjan.si

Rakek | Rakek | Recchio

Der Ort zerfällt in zwei Teile, die durch die Bahnlinie getrennt sind und kaum unterschiedlicher sein könnten. Während der östliche, größere, die Ausstrahlung einer tristen Vorstadtsiedlung hat, ist westlich davon die alte Siedlungsstruktur erhalten geblieben. Die Achse wird hier von der sanft ansteigenden Dorf-

Lagerhaus am Bahnhof von Rakek

straße *Na vasi* gebildet, die auch den ältesten Häuserbestand aufweist, wenngleich von einem »mittelalterlichen Kern«, wie ihn ein Fremdenverkehrsprospekt verheißt, kaum die Rede sein kann. Wie die meisten Häuser aus dieser Zeit (in der Rakek auch Rachach genannt wurde), musste auch die 1581 erbaute Pfarrkirche etliche Umbauten über sich ergehen lassen, zuletzt in den 1930er Jahren durch Sloweniens Paradearchitekten Jože Plečnik. Das Ergebnis ist ein merkwürdiges Zwitterwesen aus Sakral- und Schulgebäude, das sowohl in der Mischung der Baumaterialien als auch in seinen Proportionen gewöhnungsbedürftig ist. Dasselbe gilt für das benachbarte Pfarrhaus, das sich der Kirche mit einer Garage sowie einem öffentlichen WC zuwendet. Freunde des Stilbruchs finden auf dem Friedhof außerdem ein von Plečnik gestaltetes Grabmal in Gestalt eines monumentalen Stadttors. Ein eigentümliches Bauwerk ist auch der wuchtige *vodnjak*, ein Wasserspeicher beim Feuerwehrhaus, der mit einem grob gemauerten Gewölbe und einer verschnörkelten Flügeltür an einen überdimensionierten Backofen erinnert. Er wurde Mitte des 19. Jahrhunderts von der Bahngesellschaft als Ersatz für den alten Dorfbrunnen errichtet, der beim Bau der Bahn verschüttet worden war. Bis zur Inbetriebnahme einer Wasserleitung im Jahr 1991 war dies die einzige Trinkwasserquelle im Ortsgebiet.

Mit der Fertigstellung der Eisenbahn im Jahr 1857 begann der Aufstieg des Ortes zum »Hauptstapelplatz des Bau- und Brennholzhandels in Krain«, was die beachtliche Größe des Bahnhofs erklärt. Bis zur Jahrhundertwende verdreifachte sich die Einwohnerzahl und siedelten sich zahlreiche Gewerbetreibende und Gastwirte an. Zusätzliche Bedeutung errang Rakek in der Zwischenkriegszeit, als es infolge des neuen Grenzverlaufs zur (jugoslawischen) Zoll- und Grenzstation avancierte. Viele Einheimische heuerten als Grenzbeamte oder Gendarmen an, andere verlegten sich auf den Schleichhandel und ließen erstere, wenn sie im Dienst ein Auge zudrückten, am Gewinn teilhaben. Im Falle verwandtschaftlicher Beziehungen funktionierte die Arbeitsteilung besonders gut, was einigen Familien zu beträchtlichem Vermögen verhalf. Nach den 2. Weltkrieg erhielt Rakek ein Bezirksgericht, das Vermessungsamt und eine Musikschule, womit sein langsamer Abstieg aber nicht aufgehalten werden konnte.

EINKEHR:
Gostišče Furman. Traditionsreicher Gasthof am Bahnübergang östlich des Bahnhofs. Was das geschmackvolle Ambiente und die freundliche Bedienung verspricht, hält auch das Küchenpersonal. Geboten wird eine breite Palette solider heimischer Gerichte und hausgemachter Pizzen wie vom Italiener. Verdreckte Wanderer sind ebenso willkommen wie bierbäuchige Biker und lebhafte Kinder. Preisgünstige Zimmer. 00386 017051124, www.gostiscefurman.si

7. FELDSTUDIE
Wanderung von Rakek nach Postojna

Diese ausgedehnte, aber nur mäßig anstrengende Etappe zerfällt in drei Teile: der erste ist erbaulich, der zweite wunderbar, der dritte eine Zumutung, zumindest für harmoniebedürftige Wanderer. Nur wer sich für zerstörte Landschaften interessiert, wird diesen Abschnitt als Gewinn verbuchen. Für Zartbesaitete besteht die Möglichkeit, eine Abkürzung mit dem Linienbus zu nehmen.

Vom Bahnhof Rakek begleitet man zuerst die Geleise, ehe man auf angenehmen Feldwegen nach Ivanje selo wandert, dessen Bewohner im Schatten der *avtocesta* ihr Leben fristen. Gottverlassene Keuschen zeugen von verlorenen Existenzkämpfen. Ein stiller Hohlweg führt zum Ufer der Unica, die sich anmutig durch das Karstfeld von Planina schlängelt. Saftige Wiesen und bizarr verrenkte Bäume säumen den Fluss der sieben Namen. Eine Schlossruine und die romantischen Malenščica-Quellen sind die letzten Sehenswürdigkeiten des Tages. Planina, das Dorf vis-à-vis, lockt mit Bar und Bushaltestelle. Man widersteht der Versuchung und begibt sich in den Wald, dem erst die Naturgewalten zugesetzt und dann die Forstmaschinen den Rest gegeben haben. Keine Alternative gibt es zu den morastigen Forststraßen. Lichtblicke sind eine riesige Einsturzdoline und der unbewaldete Hügel Počivalnik. Zwei Stunden später leitet ein Partisanendenkmal den ersehnten Szenenwechsel ein. Man tritt ins Freie, besichtigt ein Gespensterhaus und findet sich unter den Pfeilern einer Autobahnbrücke wieder. Die Adelsberger Pforte, einst wichtigster Pass der Innerkrain, entpuppt sich als vergammelte Halfpipe. Was bleibt, ist der Einmarsch durch die langgestreckte Vorstadt von Postojna, die in den Gassen oberhalb des Hauptplatzes sogar etwas Charme aufblitzen lässt. Als Fleißaufgabe bietet sich der Aufstieg zum Burghügel an, der den Blick auf die Umgebung der Stadt erlaubt. Was aus dieser Perspektive nichts Gutes verspricht, wird sich am nächsten Tag als lohnendes Wandergebiet erweisen.

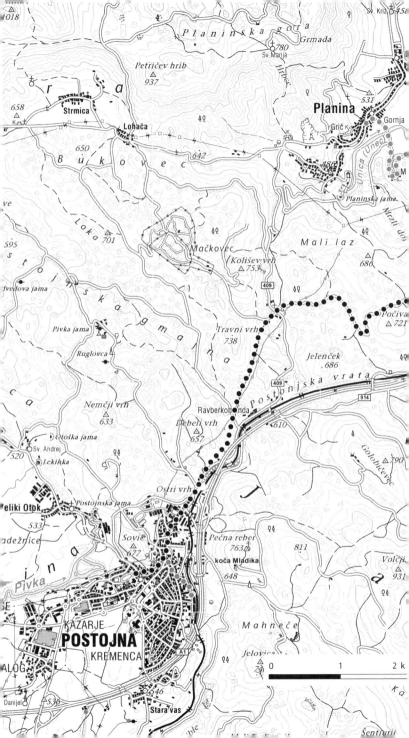

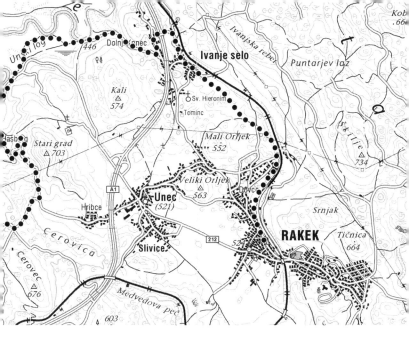

HINWEISE ZUR WANDERUNG
LÄNGE: 19 km [11 km]
HÖHENDIFFERENZ: 320 m ↑ ↓ [50m ↑ 140m ↓]
GEHZEIT: 6:00 Std. [3.00 Std.]
ANFORDERUNGEN: mittel [leicht]
ORIENTIERUNG: einfach
KARTE: Turistična karta »Škofjeloško, Idrijsko in Cerkljansko hribovje«, 1:40.000, Verlag Kartografija
GASTSTÄTTEN: Rakek, Planina, Postojna
UNTERKÜNFTE: Rakek, Postojna
VERKEHRSVERBINDUNGEN: Bahnhöfe in Rakek und Postojna, Bushaltestellen in Rakek, Planina und Postojna; Taxi Postojna 00386 31 777974
ANMERKUNG: Bei Hochwasser ist der Weg im Planinsko polje unpassierbar und die Umgehung nur weiträumig möglich.

WEGBESCHREIBUNG
Man verlässt den **Bahnhof Rakek**, wendet sich nach rechts, passiert einen **Supermarkt** und folgt der Straße bis zu ihrem jähen Ende. Weiter auf schmalem Pfad links der **Bahngeleise**. Man gelangt zu einem kleinen Schrebergarten; der Weg verbreitert sich. Weiter entlang der

7. Wanderung von Rakek nach Postojna

Bahn, bis der Hauptweg vis-à-vis eines ehemaligen **Bahnwärterhauses** nach links dreht und sich senkt. Hier geht man geradeaus in eine Fahrspur und unterquert kurz darauf eine **Hochspannungsleitung**. Abzweigungen nach rechts werden ignoriert. Der Weg senkt sich und führt, undeutlicher werdend, zu einer **Wegkreuzung**; man geht geradeaus. Nach gut 200 m eine Gabelung; man hält sich rechts. Schöner **Feldweg**, der sich mit drei weiteren vereinigt und bei den ersten Häusern von **Ivanje selo** in ein Sträßlein mündet (0:45 Std.).

Man geht geradeaus und gelangt nach 150 m zum **Dorfanger**, wo man ebenfalls geradeaus weiterwandert. Bei der darauffolgenden Gabelung (**Haus Nr. 35**) hält man sich rechts. Der Asphalt endet, weiter auf einem geschotterten **Fahrweg**, die letzten Häuser des Ortes passierend. Bald danach eine Gabelung; man hält sich links, überquert die **Autobahn** und steigt zur **Hauptstraße** ab; auf dieser nach links. 500 m Asphalt, dann scharf nach rechts in einen abwärtsführenden **Karrenweg** (Fahrverbot). Nach 100 m wird eine Abzweigung nach rechts ignoriert. Bequemer Abstieg auf dem Hauptweg bis zum **Talgrund**, wo man dem Hauptweg nach links folgt. Bald darauf dreht der Hauptweg nach links, um im Wald anzusteigen. Hier geht man geradeaus und betritt das **Planinsko polje** (1:30 Std.).

Weiter auf einer **Fahrspur**, die Richtung beibehaltend. Nach gut 200 m nimmt man eine undeutliche Abzweigung nach rechts und wandert 200 m fast weglos bis zum **Ufer** der **Unica**. Hier wendet man sich nach links. Der Weg wird bald deutlicher und geht in einen **Karrenweg** über, der sich vom Fluss abwendet und schließlich in eine **Straße** mündet. 600 m Asphalt (wenn es der Wasserstand zulässt, weicht man auf einen Pfad am Flussufer aus) bis zu einer **Straßenbrücke** über die Unica (2:15 Std.).

Hier geht man links und passiert die **Ruine** des Schlosses **Hasberg**. Gleich darauf dreht die Straße nach rechts; hier geht man geradeaus, einer ansteigenden **gozdna cesta** folgend.

[**Variante**: Man folgt der Straße nach rechts. Gleich danach eine **Dreifachgabelung**; man nimmt den rechten Fahrweg, passiert eine Karstquelle und ignoriert nach 10 Min. eine Abzweigung nach links. Weiter auf dem ebenen Fahrweg, der bald zu einer **Häusergruppe** führt, eine markante Rechtskurve beschreibt und sich nach 500 m gabelt. Man hält sich rechts,

Forstarbeiten am Počivalnik an der Postojnska vrata

quert auf einem **Asphaltsträßchen** die **Unica** und trifft kurz darauf in **Planina** ein. Vor der **Kirche** geht man links und trifft kurz darauf auf die **Hauptstraße** (3:00 Std.). Bushaltestelle.]

Bequemer Anstieg in etlichen Kehren; eine Einmündung von links unterhalb einer Hochspannungsleitung wird ignoriert. Bald darauf lässt man eine Abzweigung nach rechts außer acht und gelangt zu einem bewaldeten **Sattel** (Wegkreuz). Der Fahrweg senkt sich und trifft auf eine **Schotterstraße**; auf dieser nach rechts. 10minütiger Anstieg bis zu einer **Kreuzung**. Man geht rechts (Fahrverbot), passiert nach gut 5 Min. ein **Häuschen** und gelangt zum Rand der großen **Einsturzdoline Unška kolisevka** (Schautafel; 3:30 Std.). Kurzer Abstieg zu einer Bunkeranlage.

Weiter auf dem Fahrweg bis zu einem Querweg; auf diesem nach links. Kurz darauf eine **Kreuzung**; man geht gerade aus, weiter bergauf (rechts ein Wegweiser Richtung »Planina«). Nach 30 Min. ignoriert man eine Abzweigung nach rechts und folgt damit dem **Radweg Nr. 3**. Nach 200 m empfiehlt sich ein Abstecher nach links zu einer großen **Lichtung** bzw. der Anstieg zur **Hügelkuppe**. Zurück zum Hauptweg; auf diesem nach links. Die darauffolgende Abzweigung

7. Wanderung von Rakek nach Postojna

nach links wird ignoriert. Der Weg beschreibt bald darauf eine markante Rechtskurve und vereint sich mit einem von links kommenden Weg (lohnender Abstecher zur **Taborska koča**). Man geht geradeaus und ignoriert nach 10 Min. eine Einmündung von rechts. Kurz darauf vereint sich der Weg mit einem von rechts kommenden und führt bei einem **Partisanendenkmal** zu einer **Asphaltstraße**, welche man überquert (4:45 Std.).

Nach 100 m nimmt man eine Abzweigung nach links (**Radweg Nr. 3**). Nach 20 Min. führt der Weg aus dem Wald und senkt sich zu einer **Kreuzung**; man geht geradeaus. Man passiert ein verlassenes Haus und folgt dem Zufahrtsweg bis zur **Staatsstraße**. Man überquert diese, klettert über die Leitplanke und folgt einer Fahrspur, die unterhalb der **Autobahnbrücke** auf einen Querweg trifft; auf diesem nach rechts. Man passiert ein Haus und trifft neuerlich auf die **Staatsstraße**; auf dieser nach links. Man passiert die **Postojnska vrata** und folgt einem Gehweg parallel zur Straße. Nach 1 km wendet man sich nach rechts in die **Tomšičeva ulica**.

[**Variante**: Nach 1 km ignoriert man die nach rechts abzweigende Tomšičeva ulica. 100 m danach wendet man sich in die **Kolodvorska cesta** nach links und folgt dieser, eine Kehre auf einem **Treppenweg** abschneidend, bis zum **Bahnhof** von **Postojna** (5:45 Std.).]

Nach 300 m gabelt sich die Straße; man hält sich rechts und folgt der **Vegova ulica**. Man passiert das Haus Nr. 17. Die Straße gabelt sich; man hält sich rechts und steigt nach 100 m links über einen **Treppenweg** zum Hauptplatz an der **Tržaška cesta** ab (6:00 Std.).

AM WEGE

Ivanje selo | Eibenschuss
Dass das Dorf nie mit Reichtum gesegnet war, zeigt sich an den armseligen Keuschen, die das Bild im Ortskern und entlang der Durchzugsstraße prägen. Kaum ein Haus ohne Anzeichen des Verfalls, kaum ein Holzschuppen, der nicht aus dem Lot geraten ist. Dazu passen notdürftig geflickte Dächer, krumme Telefonmasten und altersschwache Traktoren, die in den Hof-

Bauernhof in Ivanje selo

einfahrten schwarze Ölspuren hinterlassen. Bemitleidenswert sind nicht zuletzt die Hunde, die, an viel zu kurzen Ketten zerrend oder in engen Zwingern rotierend, das wenige Hab und Gut bewachen.

Waren im benachbarten Unec die Großbauern zu Hause, mussten sich die Bauern von Ivanje selo seit jeher mit viel kleineren Anbauflächen und Weidegründen zufrieden geben, weshalb sich nicht wenige von ihnen als Holzfäller oder Knechte verdingten. Viele zwang die Armut zur Emigration, andere spezialisierten sich auf die Zimmerei und sicherten sich damit ein bescheidenes Einkommen. Weitere Verdienstmöglichkeiten ergaben sich Mitte des 19. Jahrhunderts, als in der Region hunderte Männer zum Bau des Bahndammes (der fast ausschließlich mit Muskelkraft bewerkstelligt wurde) angeheuert wurden. Die Pfarrchronik beklagte zu dieser Zeit den rapiden Verfall der Sitten, gaben doch viele Arbeiter ihren Lohn nicht nur für Alkohol, sondern auch für Liebesdienste aus. Opfer waren einerseits »Professionelle«, die die Arbeitskompanien begleiteten, andererseits junge Frauen aus den umliegenden Dörfern, meist unehelicher Herkunft und aus den ärmsten Schichten.

Grad Hošperk | Schloss Haasberg

Die Ruine wirkt eher wie ein aufgegebener Rohbau als der Rest eines einst mächtigen Schlosses. Und doch befand sich hier einer der wichtigsten Adelssitze Sloweniens, der noch vor 100 Jahren Repräsentationszwecke erfüllte und auf etlichen Ansichtskarten verewigt wurde. Der viergeschoßige Barockbau war das Nachfolgemodell des mittelalterlichen *castrum Mouentz* (wovon sich der Ortsname Unec ableitet), das die Straße nach Postojna kontrollierte, und gehörte zuletzt der österreichischen Fürstenfamilie Windischgrätz, die den Besitz auch unter italienischer Besatzung behalten konnte. 1944 wurde das Gebäude von Partisanen niedergebrannt, womit sein Ende besiegelt war. Ein Teil des Baumaterials, darunter zahllose behauene Marmorblöcke, wurde von den Einheimischen wiederverwertet; sämtliche Nebengebäude, darunter ein großes Wirtschaftsgebäude sowie eine Schlosskapelle, verfielen zu Gänze. Das verbliebene Gemäuer ist akut einsturzgefährdet und wartet wohl vergeblich auf Projektmittel der EU zu seiner Renovierung.

Einen Steinwurf weiter markiert ein romantisches Hexenhaus eine der fast 30 Quellen der Malenščica, des einzigen oberirdischen Zuflusses der Unica. Nach längeren Regenfällen setzt der Bach die benachbarte Pferdeweide unter Wasser, was die Tiere mit erstaunlicher Gemütsruhe zur Kenntnis nehmen. Bis zu den Fesseln im Wasser stehend, knabbern sie an den Sträuchern und schicken ihre Verdauungsreste auf die Reise zum Schwarzen Meer.

Planinsko polje

Kaum halb so groß wie das Zirknitzer Feld, ist es diesem in punkto landschaftlicher Schönheit dennoch fast ebenbürtig. Hier wie dort tritt von Zeit zu Zeit der Fluss über die Ufer und bildet sich ein malerischer See, der sich erst nach Wochen wieder zurückzieht und in Schwundlöchern versickert. Was dann zum Vorschein kommt, sind sanft gewellte Feuchtwiesen und Weideflächen, die im Frühsommer eine Blumenpracht hervorbringen, an der sich selbst Laien kaum sattsehen können. Spezialisten geraten angesichts der Natternzunge oder der Sommer-Knotenblume in Verzückung. Die ausgedehnten Grasflächen kamen nicht durch Rodungen zustande, sondern sind Folge der Überschwemmungen,

Hochwasser am Planinsko polje

die jede Verwaldung verhindern. Bei extremem Hochwasser kann der See im Planinsko polje eine Tiefe von 10 Metern erreichen und sich über die gesamte Fläche des 3 mal 6 km großen Karstfeldes ausdehnen. Dann sind die Straßen unpassierbar und steht das Dorf Laze im Nordwesten des Beckens zur Hälfte im Wasser. Das geschieht bisweilen mehrmals im Jahr, wie zuletzt 2014.

Urheber der »Gezeiten« ist der Fluss Unica, der unterirdisch sowohl vom Rak als auch von der Pivka gespeist wird, um dann nach unzähligen Mäandern seinerseits auf Tauchstation zu gehen und sich bei Vrhnika in die Ljubljanica zu verwandeln. Das Planinsko polje steht somit hydrologisch sowohl mit Rakov Škocjan und der Postojnska kotlina als auch mit dem Laibacher Moor in direkter Verbindung. Bereits Mitte des 19. Jahrhunderts trachtete man, den unberechenbaren Fluss durch Regulierungen und Drainagen sowie durch die Erweiterung seiner (insgesamt 150) Sickerlöcher zu zähmen. Aber selbst die aufwändigsten Operationen, bei denen Unmengen von Schlamm und Treibholz aus den Ponoren geräumt wurden, blieben erfolglos. Auch der Plan, den gesamten Talgrund mit Lehm abzudichten und so ein Trinkwasserreservoir für Ljubljana zu schaffen, erwies sich als undurchführbar.

Postamt an der Hauptstraße von Planina

Planina | Alben | Planino

Das langgestreckte Straßendorf blickt auf eine fast zweitausendjährige Geschichte als Zollstation und Grenzort zurück, das seine Blüte in der ersten Hälfte des 18. Jahrhunderts erlebte. Damals stauten sich hier Kolonnen von Fuhrwerken und war fast jedes zweite Haus eine Schenke oder Herberge. Erhalten geblieben sind eine Reihe von Herrenhäusern mit weit vorspringenden Dächern, einst im Besitz reicher Fuhrunternehmer oder Pferdezüchter. Mit dem Bau der Eisenbahn verlor der Markt jedoch rasch an Bedeutung. Nach dem 1. Weltkrieg verlief die streng bewachte Grenze zwischen Italien und dem SHS-Staat quer durch Planina, was sich noch heute im Ortsbild widerspiegelt. Dem Versuch, die schöne Landschaft touristisch zu beleben, blieb bis heute wenig Erfolg beschieden. Weder finden sich markierte Wanderwege noch passable Gaststätten im Umkreis. So fristet selbst die Planinska jama, wohl eine der spektakulärsten Grotten des slowenischen Karsts, ein merkwürdiges Schattendasein. Sie ist 9 km lang und birgt den unterirdischen Zusammenfluss von Pivka und Rak, der bei niedrigem Wasserstand und mit kundigem Führer auch von gewöhnlichen Wanderern besichtigt werden kann (Anmeldung: 00386 41 338696 oder 386 5 7565242). Sehenswert ist schon allein der mächtige Höhleneingang, über dem der mittelalterliche *Ravbarturm* wacht.

EINKEHR:
Pri Demšarju. Das ehemals beliebte Speiselokal an der Hauptstraße ist heute zum *bife* verkümmert , weshalb sich Wanderer mit flüssiger Nahrung zufrieden geben müssen.

Unška koliševka
Der gut im Wald versteckte Karsttrichter ist eine der tiefsten Einsturzdolinen des Notranjski kras und beindruckt durch fast 150 m hohe Felswände, in denen seltene Vögel nisten. Auch die Kreuzotter fühlt sich hier wohl, weshalb man beim kurzen Abstieg zu den verfallenen italienischen Bunkeranlagen die Augen offen halten sollte. Entstanden ist der Krater durch den Einbruch einer Grotte, die von einem unterirdischen Zufluss des Rak aus dem Felsen gewaschen wurde; er ist somit die »Fortsetzung« der Schlucht von Rakov Škocjan. Durch das Inversionsklima können sich im Talgrund bis Anfang Mai fast winterliche Temperaturen halten.

Postojnska vrata | Adelsberger Pforte
Schon im Altertum bildete der rund 600 m hohe Sattel einen der wichtigsten Übergänge zwischen der Adria und dem östlichen Alpenraum. Zur Zeit der Völkerwanderung zogen hier die Goten, Hunnen und Langobarden auf ihrem Weg nach Italien durch; später siedelten sich die Slawen an, die ab dem Mittelalter hauptsächlich von deutschsprachigen Grundherren beherrscht wurden. Von strategischer Bedeutung war die *vrata* auch im 2. Weltkrieg, als erst die italienischen Besatzer und dann die deutschen Truppen den Korridor streng bewachten, um den Partisanen den Weg abzuschneiden. Trotzdem gelang es den Widerstandskämpfern wiederholt, die Blockade zu durchbrechen, so etwa im August 1941, als in nur einer Nacht 95 verletzte Partisanen aus der Primorska in die Notranjska transportiert werden konnten. Insgesamt wurden hier fast 2.500 Verwundete durchgeschleust. 1984 wurde den mutigen Sanitätern ein Denkmal gesetzt.

7. Wanderung von Rakek nach Postojna

Postojna | Adelsberg | Postumia

Obwohl sich hier schon in grauer Vorzeit verschiedenste Völker tummelten, trat der Ort offiziell erst 1226 in die Geschichte ein, nämlich mit der schriftlichen Erwähnung als Arnsberg, das später als Arichsperch, Aresperch, Arlsberch und schließlich als Adelsberg bezeichnet wurde. Ein Zusammenhang mit dem österreichischen (Vor)arlberg besteht nicht, weil sich dieses von den Arlen, Latschenkiefern, ableitet, die nur im Gebirge gedeihen. Der slowenische Name *Postoyna* ist seit dem 14. Jahrhundert dokumentiert. Zu dieser Zeit unterhielten die Habsburger hier eine Mautstelle und entwickelte sich das Fuhrwesen zum wichtigen Wirtschaftszweig. Eine weitere Einkommensquelle waren die Mühlen und Sägewerke entlang der Pivka, die – trotz des unberechenbaren Wasserstandes und wiederholter Zerstörung durch Überschwemmungen – bis Anfang des 20. Jahrhunderts in Betrieb waren. Die letzte von insgesamt 53 Mühlen wurde im 15. Jahrhundert erbaut und stellte erst 1972 ihren Betrieb ein. Sie kann unweit des Eingangs der Postojnska jama besichtigt werden. Benannt ist sie nach der einstigen Besitzerfamilie Mondrijan, die mit dem niederländischen Maler Piet Mondrian vielleicht entfernt verwandt ist.

Damit stellt sich die Frage, wie dieser, Meister der schwarzen Linien und bunten Rechtecke, die Adelsberger Grotte wohl dargestellt hätte, ist doch die Tropfsteinhöhle der pure Gegenentwurf zur streng geometrischen Formensprache des Künstlers: steingewordenes, nach innen gestülptes Chaos, unterirdisches Abbild des Unterbewussten, das die Menschen seit jeher faszinierte, aber auch ängstigte. So hielt sie der Gelehrte Valvasor, der die Höhle Mitte des 17. Jahrhunderts erkundete, für den Sitz »gräulicher Todesgespenster« und entsprechend »scheußlich und schrecklich«, während der Keuschler Luka Čeč, der 1818 in bisher unbekannte Hohlräumen vorstieß, davon überzeugt war, die »neue Welt«, wenn nicht gar das »Paradies« entdeckt zu haben. Wie um der Grotte ihren Schrecken zu nehmen, hat man einzelne Abschnitte mit harmlosen Namen wie Schöne Höhle, Bunter Gang oder Zaubergarten bedacht oder in profaner Zweckwidmung zum Kongresssaal, Konzertsaal und Großen Dom erklärt. Auch die Bezeichnun-

Alte Mühle an der Pivka-Schwinde bei Postojna

gen für die unterschiedlichen Sinterformationen zeugen nicht von überbordender Fantasie – als ob nicht fast alle Stalagmiten und Stalaktiten »Wolkenkratzern« und »Säulen« bzw. »Vorhängen« oder »Kronleuchtern« ähneln würden. Schon der deutsche Reiseschriftsteller Johann Georg Kohl (1808–1878) fand die Kalkfiguren mäßig inspirierend: »Diese Kalksinter-Kakteen und Spargel-, Melonen- und Blumenkohlstauden, diese Steinteppiche und Shawls, Thronsessel und Kanzeln, diese Stalaktyten-Löwen, Schlangen und Meerschildkröten, die blos curios sind, bekommt man bald satt.«

Dass die Adelsberger Grotte ein spektakuläres Schauspiel bietet und der Reichtum an Farben und Formen einzigartig ist, soll damit aber nicht in Abrede gestellt werden. Wenn sich bei der Besichtigung trotzdem Langeweile einstellt, liegt das daran, dass man als Tourist den eigentlichen Urheber des Naturwunders kaum zu Gesicht bekommt. Es ist dies der Fluss Pivka, der bei Postojna durch Korrosion und Erosion ein Höhlensystem von gut 20 km Länge geschaffen hat, dessen trockengefallene Teile als Schauhöhle erschlossen wurden, während die unterirdischen Flussläufe (vom Eingangsbereich abgesehen) dem Pu-

Höhlentouristen vor der Postojnska jama

blikum verborgen bleiben. Damit fehlt der Postojnska jama der Reiz einer unterirdischen Schlucht mit tosenden Wasserfällen und Wildbächen, wie man sie in der Planinska jama oder den Škocjanske jame vorfindet.

Unterhaltsam ist der Besuch der Höhle allemal, vorausgesetzt man lässt sich auf die spezielle, ganz auf ein Massenpublikum ausgerichtete Inszenierung ein. Dazu gehören riesige Parkplätze, ein labyrinthisches Leitsystem, lange Menschenschlangen, öde Fastfood- und Souvenirbuden und, nicht zuletzt, die längste unterirdische Eisenbahn der Welt. Die Geleise wurden bereits 1872 verlegt und dienten ursprünglich zweisitzigen Waggons, die von kräftigen Höhlenführern geschoben wurden. 1914 nahm man die erste Diesellok in Betrieb, die fünf Anhänger mit insgesamt 20 Besuchern transportierte. Heute befördern sechs elektrisch betriebene Zuggarnituren mit offenen Waggons bis zu 14.000 Besucher pro Tag, und das mit beängstigender Geschwindigkeit. Durchgerüttelt und in engen Kurven der Fliehkraft ausgesetzt, wähnt sich der Fahrgast in einer Geisterbahn, während ihm die tief hängenden Stalaktiten bedrohlich um die Ohren sausen. So riskiert buchstäblich Kopf und Kragen, wer sich während der Fahrt vom Sitz erhebt. Dass es trotz der laxen Sicherheitsvorkehrungen kaum Unfälle gibt, grenzt an ein Wunder.

Dank des bequemen Zugangs und der flächendeckenden Werbung gehört die *queen of all caves* zu den leistungsfähigsten Tourismusmaschinen Sloweniens. Bis heute wurden fast 35 Millionen Besucher gezählt, davon im Jahr 1985 knapp 950.000. Der Grundstein für den Erfolg wurde aber bereits 1820 gelegt, als man damit begann, im sogenannten Tanzsaal, eine Halle im vorderen Höhlenbereich (heute Kongresssaal), regelmäßige »Grottenfeste« abzuhalten. Alljährlich am Pfingstmontag fanden sich tausende Gäste ein, um zu den Klängen eines großen Orchesters und im Lichte tausender Kerzen das Tanzbein zu schwingen. Ab 1860 verkehrten sogar Sonderzüge zum Grottenfest. »Von allen Weltgegenden«, heißt es in einem zeitgenössischen Bericht, »strömten über 6.000 Menschen herbei. Aus Wien kamen sie mit ihrer Urgemütlichkeit daher, in breitem Wiener Dialect schwatzend, laut und heiter lachend, ja sogar einige leichte, unternehmende Mädchen waren mitgekommen, um hier ihre Libellenkunst an den Mann zu bringen, aus Italien elegante, geräuschlose Grandezza, während die Züge aus localer Gegend unter Paukenschlag und lauten Juchezern ihrer Krainer und Steirer Insassen ankamen.« Am Pfingstmontag des Jahres 1909 wurden im eigens eingerichteten k. k. Grotten-Postamt nicht weniger als 37.000 Ansichtskarten aufgegeben.

Zur internationalen Bekanntheit der Adelsberger Grotte trugen auch die vielen Adeligen und Staatsoberhäupter bei, die hier im Lauf der letzten zwei Jahrhunderte empfangen wurden. Die Liste umfasst mehrere Kaiser, zwei Dutzend Könige, Königinnen, Prinzen und Prinzessinnen, weiters einen Maharadscha, etliche Fürsten, sowie zahlreiche Präsidenten und Premierminister aus aller Welt, nicht zu vergessen den Papst. 1938 stattete auch Benito Mussolini der Höhle einen Besuch ab, war doch *Postumia*

Alte Dampflok am Bahnhof von Postojna

nach dem 1. Weltkrieg italienische Grenzstadt geworden und die Grotte damit zum militärischen Brückenkopf. Das italienische Heer hatte damit begonnen, eine unterirdische Verbindung zur benachbarten Zollstation Planina zu schaffen, indem es die Höhle von Postojna, die angrenzende Schwarze Höhle sowie die nördlich gelegene Pivkahöhle durch künstliche Stollen miteinander verband. Ein weiterer, nie fertig gestellter Tunnel hätte zur Unica-Höhle bei Planina führen und dort einen Überraschungsangriff auf den SHS-Staat ermöglichen sollen.

Ungeachtet der geheimen Bauarbeiten verzeichneten die *Grotte di Postumia* neue Besucherrekorde. Auffälligstes Zeugnis dieser Zeit ist das herrschaftliche Eingangsgebäude, das nach Plänen des italienischen Architekten Pietro Palumbo (der auch das historistische Hotel Bristol in Wien schuf) errichtet wurde und mehrere Festsäle sowie ein nobles Restaurant unter einem Dach vereint. Als Postojna nach der Kapitulation Italiens von den Deutschen besetzt wurde, kamen die italienischen Tunnels der Befreiungsfront zugute. Die Wehrmacht hatte beim Höhleneingang ein Treibstofflager angelegt, wo es vor alliierten Luftangriffen geschützt war. 1944 drangen Partisanen mit Unterstützung einheimischer Helfer durch den »Hintereingang« bis zum Benzindepot vor und setzten dieses in Brand. In Erinnerung an die Heldentat begeht Postojna alljährlich am 23. April seinen Gemeindefeiertag. Dass Jozip Broz Tito der Postojnska jama gleich mehrmals seine Aufwartung machte, versteht sich von selbst.

Ein Zeitgenosse Titos kann in einem unterirdischen Vivarium unweit des Höhleneingangs besichtigt werden: der Grottenolm, Proteus anguinus, das wohl erstaunlichste Höhlentier auf Erden. Der blinde, rosafarbene Schwanzlurch erreicht eine Größe von fast 30 cm und hat (wenn in seiner Nähe nicht gerade ein Treibstofftank in Flammen aufgeht) eine Lebenserwartung von 70 bis 100 Jahren. Er verträgt weder Wärme noch Licht, kann aber sechs Jahre ohne Nahrung überleben. Aufgrund seiner Hautfarbe und dünnen Extremitäten, die an einen Fötus denken lassen, nennen ihn die Slowenen *človeška ribica*, Menschenfischchen. Ein weiteres Merkmal sind die roten Kiemenbüschel am Hinterkopf, was auf die Verwandschaft mit dem im Mittelalter ausgestorbenen Drachen verweist. Nicht zuletzt aus diesem Grund ist der Grottenolm streng geschützt und die private Haltung verboten.

Bleibt noch der Hinweis auf den stimmungsvollsten Ort Postojnas, die Flussschwinde der Pivka unterhalb des Eingangsgebäudes. Man erreicht sie auf einer schön angelegten Promenade entlang des Flusses, die an der Mondrijan-Mühle (die eigentlich Modrijan-Mühle heißt) vorbeiführt und dann dem Mühlenkanal bis zur der Stelle folgt, wo sich die Pivka in die Unterwelt verabschiedet. Umrahmt wird die Szene von dicken Felsplatten, die von der Tektonik in eine gefährliche Schräglage gebracht wurden und in den Orkus abzurutschen drohen.

So sehenswert die Tropfsteinhöhle(n) von Postojna sind, so wenig einladend zeigt sich die Stadt selbst. Zwar hat man vor einigen Jahren mit der Neugestaltung des zentralen Titov trg einen kommunikativen und architektonisch ansprechenden Platz geschaffen, doch leidet die Atmosphäre unter dem ständigen Durchzugsverkehr. Etwas ruhiger geht es im Umkreis der barocken Pfarrkirche zu, wo ein paar verwinkelte Gassen eine Ahnung vom ursprünglichen Ortsbild vermitteln. Die Achse des Viertels wird von der Tržaška cesta gebildet,

Blick vom Burghügel auf Postojna

der alten Verbindungsstraße nach Triest, die mit mehreren Bars, ein paar Läden und einem Gemüsestand fast kleinstädtisches Flair besitzt. Der Mix aus historischen Gebäuden und zusammengeschusterten Neubauten lässt sich aber auch hier nur schwer verdauen. So sollte, wer hier einen Abend verbringt, das Augenmerk auf die Bilderrätsel legen, die einem beim Rundgang gestellt werden: eine knallrote Feuerwehrpumpe, die man in einen Blumentrog umfunktioniert hat; ein ebenerdiger Balkon, der einer Sonnenliege, weihnachtlichem Leuchtschmuck und einem Bügelbrett als Bühne für ein Beziehungdrama dient; das Wandbild eines radfahrenden Buben, der, von einem Grottenolm verfolgt, in den Asphalt einzutauchen scheint; ein Computershop, dessen Fassade man mit Elektroschrott aus der Steinzeit geschmückt hat; und: eine Gewehrkugel aus dem Lauf eines Sprayers.

7. Wanderung von Rakek nach Postojna

EINKEHR:

Restavracija Proteus. Das vornehmste Speiselokal des Ortes mit überdachter Terrasse und Blick auf den Titov trg. Der Innenarchitekt hat seinen Beruf verfehlt. 00386 8 1610300

Hotel Kras. Über die architektonische Qualität kann man geteilter Meinung sein; wenig auszusetzen gibt's an den Zimmern. Nur das Frühstück ist eine Zumutung. 00386 5 7002300, www.hotel-kras.si

Hotel Sport. Die preisgünstige Alternative zum Hotel Kras. 00386 5 7202244, www.sport-hotel.si

Jazzy. Gemütliche Musikkneipe in den Räumlichkeiten des alten Bahnhofsrestaurants. Kein besserer Ort, um auf den verspäteten Zug zu warten.

HÄUSERKAMPF

Wer von Ljubljana aus Richtung Süden fährt, sieht hinter Zugfenstern oder Schallschutzwänden Gebäude vorbeihuschen, deren Architektur auf dieses rasche Vorbeifahren hin konzipiert zu sein scheint. Einkaufszentren und Hotels, kleine Industriebetriebe und verstreute Einfamilienhäuser wenden den Passanten verkrampfte Fassaden zu und erheischen die Aufmerksamkeit des Augenblicks. Dazwischen sind ältere, verwitterte Häuser eingestreut, noch nicht beseitigte Reste einer ärmlichen Vergangenheit. Diese Konglomerate sind Archetypen jener Orte, die in den Kulturwissenschaften als »transitorische Räume« bezeichnet werden, »Orte ohne Selbst«, wie sie der Philosoph Peter Sloterdijk in einem Interview nennt, Orte, die ihre »Passanten nicht halten« und umso weniger die Blicke, die sich aus Zug oder Auto auf sie richten. Nicht, dass man sich bei den in diesem Buch vorgeschlagenen Wanderungen auf eine große Zahl solcher Orte einzustellen hätte, aber manche Siedlungen im Karst atmen doch die subtile Atmosphäre des Transitorischen.

Die Städte Nordsloweniens wie Škofja Loka oder Radovljica und mehr noch Ljubljana verbinden altösterreichisches Gepräge mit dem Flair des Südens. Ein Reiseautor der zwanziger Jahre des vergangenen Jahrhunderts zum Beispiel notiert nach der Durchquerung des Eisenbahntunnels bei Bohinjska Bistrica in der Karstbahn begeistert: »Aber wie hat sich alles verändert! Sind wir verwunschen? Sind wir ins Märchenreich versetzt, in eine Feenoper? […] Ein neues Wunderland ist um uns, fremde Tracht und fremde Häuser, Dörfer und Kirchen von ungewohnten und uns geschichtlich doch so vertrauten Formen«.

Die Siedlungen im Karst sind anders. Den romantischen Erwartungen entsprechen am ehesten die Karstdörfer in der Region Kraški rob, also am Karstrand. Hier haben die kompakten Steinhäuser niedrige Dächer, die sich vor dem Wind ducken, und umstehen meist einen zentralen Platz, der von einer Kirche oder dem Gebäude der ländlichen Kooperative überragt wird. In Ljubljanas Peripherie dominieren weniger kompakte Formen

Vor der Moderna Galerija in Ljubljana

und erschließen weite Straßen gesichtslose Siedlungen, in die sich vielleicht die eine oder andere Stadtvilla aus dem 19. Jahrhundert reiht. Kirchen stehen unbeteiligt herum. Oft in der Nachbarschaft von Resten ehemaliger »volkseigener Betriebe« gruppieren sich die Häuser selten um ein Zentrum, meist entlang der Durchfahrtsstraßen. Wie in den Städten Chinas moderne Bauten die fragilen Unterkünfte der Bevölkerung niedergewalzt haben, zerstörten hier der 2. Weltkrieg und später das, was in Jugoslawien und danach als modern galt, die alten Strukturen.

Daher freut sich das Auge, wenn es, durchaus nicht selten, auf ein klassisches geschlossenes Ensemble trifft. Beispiele dafür sind Bistra mit dem Barockschloss, das in seine Umgebung von alten Industrieanlagen gleichsam eingewachsen ist und heute das faszinierende *Tehniški muzej Slovenije* beherbergt; und Dolenje Jezero als Beispiel für eine ungewöhnliche ländliche Siedlung, mit langgestreckten, bäuerlichen Anwesen, in denen sich Wohnhäuser, Ställe und Schuppen malerisch aneinander reihen. Škocjan würde sich auch in Italien gut machen; in Črni Kal, dessen Häuser sich in der Nähe eines Autobahnviadukts, der höchsten Brücke in Slowenien, zusammenducken, findet man den ältesten erhaltenen und durch eine Steinschrift auf 1489 datierten Profanbau Sloweniens. Ganz in der Nähe wird Osp, direkt an einem steilen Karsthang gelegen, von der Ruine einer mittelalterlichen Festung bewacht.

Auch der Typus des Straßendorfs entlang alter Handelswege lohnt den näheren Augenschein. Hier haben Fuhrunternehmer oder Holzhändler, vornehmlich im 18. Jahrhundert, stattliche Häuser erbaut, mit Steinmetzarbeiten reich verziert. Sie mischen sich mit Bauten neueren Datums, oft Reste gescheiterter Bemühungen, mit einer Bar, einem Geschäft oder einem Handwerksbetrieb im Niemandsland wirtschaftlich zu überleben. Eine fast schon typische Erscheinung ist der *Mercator*. Die omnipräsenten kleinen Nahversorger haben nichts mit dem gleichnamigen Kartographen aus dem 14. Jahrhundert und seiner revolutionären winkeltreuen Kartenprojektion zu tun, sondern benennen sich, auch von ihrer architektonischen Erscheinungsform her sehr zutreffend, nach dem lateinischen Wort für »Kaufmann«. Freundliche Damen hinter der Wursttheke der 1949 gegründeten Handelskette versuchen, die Wanderer in Gespräche zu verwickeln.

Die Anwesen der Fuhrunternehmer hingegen sind heute meist dem Verfall preisgegeben. Die Gebäude der einstmals großen Konkurrentin dieser Unternehmer, der Eisenbahn, wirken an den größeren Orten noch erstaunlich lebendig. Buffets atmen den Geruch der jugoslawischen Zeit, als noch in fast allen Bahnhofsrestaurants nach identer Speisekarte gekocht wurde. Die Bahnhöfe von Postojna, Pivka, Rakek und Divača sind Beispiele eines Stils, der sehr allgemein unter den Begriff österreichisch-ungarische Bahnhofsarchitektur summiert werden kann. Im steten Konflikt zwischen den Ingenieuren und den Architekten, also zwischen Funktion und Ornament, bei kleineren Bahnhöfen oft auch in serieller Weise, entstand eine eigenständige Ikonographie, in der die Bildsprache des imperialen Mittelpunkts, die Fassaden Wiens, noch in den entlegensten Orten zur Geltung kam.

Aber auch das Zentrum der größten Stadt Sloweniens erinnert an Wien, oder, von der Dimension her zutreffender, an Graz. Ljubljana ist gleichzeitig der wichtigste Ort, an dem die an der Wende zum 20. Jahrhundert entstehende »slowenische« Architektur eigenständige Positionen gegenüber der altösterreichischen Tradition zu formulieren versuchte. Übrigens hatten viele slowenische Architekten dieser Zeit in Wien studiert und haben dort auch – wie zum Beispiel Jože Plečnik mit dem Zacherl-Haus im 1. Bezirk – signifikante Spuren hinterlassen. Nach dem Zerfall der österreichisch-ungarischen Monarchie stellte sich für Slowenien, das Teil des neu entstandenen Königreichs der Serben, Kroaten und Slowenen geworden war, die Frage nach der positiven Formulierung seiner nationalen Identität und damit die Frage nach einer »Nationalarchitektur«. Es wäre freilich ein wenig boshaft, die als »Harpfen« – das sind die regionalspezifischen Vorrichtungen zum Trocknen von Heu – gestalteten Schallschutzwände an den Autobahnen der Gegenwart als ein spätes Relikt des Strebens nach Nationalarchitektur zu interpretieren.

An der 1919 gegründeten Universität Ljubljana – heute im sogenannten Shanghai-Ranking unter den 3 Prozent der weltweit besten Universitäten – wuchs jedenfalls schnell eine Generation von Architekten heran, die sich dieser Aufgabe widmen wollte. Zu allererst ging es darum, die Provinzstadt Ljubljana architektonisch zu einer Kapitale aufzurüsten.

Im Zentrum des Projekts der slowenischen Nationalarchitektur steht eine herausragende Figur, nämlich Jože Plečnik (1872–1957). Sein Einfluss bis in die Gegenwart herein kann kaum überschätzt werden. Das von ihm entworfene *Tromostovje* (1931), die Nationalbibliothek (1936–41), die Schleusen am Fluss Ljubljanica (1939–45) und die Markthallen (1940–42) dominieren noch heute das Stadtbild Ljubljanas. Auf der in diesem Buch vorgeschlagenen Route wird man noch in Rakek auf einen Sakralbau Plečniks treffen. Plečnik, in Ljubljana geboren, studierte beim bedeutenden österreichischen Jugendstil-Architekten und Stadtplaner Otto Wagner und unterrichtete in Prag. In Ljubljana wurde er so wichtig, dass das erzbischöfliche Ordinariat aktuell sogar den Prozess seiner Seligsprechung betreibt. Sein Entwurf einer »Kathedrale der Freiheit« als Sitz des slowenischen Parlaments, baulich radikal mit einem 100 Meter hohen Kegeldach, wurde nie verwirklicht, ziert jedoch heute die slowenischen 10-Cent-Münzen. Plečnik war alles andere als ein Nationalist oder Romantiker. Er wollte die Architektur und den geographischen Raum zusammen denken, und er war dabei mehr nach Süden als in die Bergwelt des Nordens orientiert.

Dieser singuläre Stararchitekt blieb nicht ohne Konkurrenten. In den 1920er Jahren brachten junge, vom Auslandsstudium zurückgekehrte, oft unter dem Einfluss des Architekten, Theoretikers und Malers Le Corbusier stehende Kollegen den Funktionalismus gegen Plečnik in Stellung. Sie vermochten aber seine Dominanz nicht zu brechen und wurden mit kleineren Villenbauten in die Peripherie abgedrängt. Mit seinem über 70 m hohen »Wolkenkratzer«, dem *nebotičnik* in der Štefanova ulica – ein an Amerika orientierter Kompromiss zwischen Klassizismus und Moderne und zur Zeit seines Baus sogar das höchste Gebäude Mitteleuropas – konnte Vladimir Šubic aber ein starkes Zeichen gegen die Übermacht von Plečniks Baukunst setzen.

Plečniks Einfluss ging in den Nachkriegsjahren auf seinen Schüler, den charismatischen Edvard Ravnikar, über, der nach seinem Studium auch bei Le Corbusier gearbeitet hatte. Er gestaltete den heutigen Trg republike (Platz der Republik) in Ljubljana. Sein Konzept der strengen Formen und des Dialogs der Gebäude mit größeren Räumen beeinflusste die jüngere Generation der slowenischen Architektur. Tito konfrontierte sie in der Nachkriegszeit mit dem politischen Auftrag, Bauten und Räume für einen »neuen Menschen« zu schaffen. Anders als in vielen Ländern des ehemaligen Ostblocks fehlt der städtischen Architektur in Slowenien aber weitgehend jene Monumentalität, wie sie etwa den Bauten an der »Stalin-Allee« in Berlin eigen ist. Nachdem sich Jugoslawien von der Sowjetunion abgewandt hatte, waren die Architekten in einer einmaligen, offenen Situation. Sie sollten am Aufbau einer neuen Gesellschaft mitwirken. Aber ihre Bauten konnten einerseits den sowjetischen Stil nicht mehr nachahmen, sich andererseits aber auch nicht taxfrei am Kapitalismus orientieren. So wendete sich der Blick in Richtung der sogenannten blockfreien Staaten, insbesondere nach Skandinavien. Einfachheit, Funktionalität und Reduktion auf Wesentliches kombinierten sich mit hohen ästhetischen Ansprüchen. Gleichzeitig blieb es ein Anliegen, die Bauten in einen größeren, kulturellen und sozialen Kontext zu stellen. Es ist diese spezifische »Modernität«, die noch heute die Faszination der neueren Architektur in Slowenien ausmacht.

Der Zerfall Jugoslawiens und die Herauslösung Sloweniens aus dem alten Staatsverband im Jahr 1991 brachten auch eine schleichende Wende im Feld der Architektur. Die ersten Regierungen der neuen Republik öffneten Slowenien in Richtung Europäische Union, der man schon 2004 beitrat. Ende 2007 fielen auch die Grenzkontrollen und für viele Österreicher tat sich ein Einkaufsparadies an der Südgrenze auf. An der Peripherie der größeren Städte entstanden die üblichen Einkaufszentren und Baumärkte. In den letzteren versorgten sich die Einheimischen mit Baumaterial für ihre neuen Einfamilienhäuser. Wie in allen »realsozialistischen« Ländern hatte der Bau von Wohnungen in Gestalt jener Wohnblöcke große Bedeutung, auf die man heute noch bei der Einfahrt nach Ljubljana von Norden her massenhaft trifft. Nun brach sich, auch finanziert durch billige Kredite österreichischer Banken, das Bestreben Bahn, die eigenen Vorstellungen von Wohnraum zu verwirklichen. Die Nachbarschaft zwischen den »sozialistischen« Wohnblöcken selbst an den Rändern kleinerer Siedlungen und den dazwischen gestreuten Einfamilienhäusern macht die Spannung zwischen kollektiven und individualisierten Bauformen deutlich.

Doch die alte Formensprache scheint immer noch auf die neuen, individuellen Behausungen abzufärben: glatte, weiße Mauern, dunkelbraun gebeiztes Holz. Mit großen Garagen, in denen nicht nur Autos, sondern allerlei Werkzeuge lagern, wird die bäuerliche Scheune zitiert. Wo an alten Häusern weitergebaut wurde, erzählen die Anbauten, die an unmöglichen Stellen applizierten Balkone und die Vorliebe für pseudoklassizistische Säulen die Geschichte einer inneren Zersiedelung. Dass der Mangel lange Zeit zum Basteln, Improvisieren und Organisieren von Materialien zwang, dass ständig an das Alte angebaut werden musste, scheinen die heutigen Bauherren epigenetisch verinnerlicht zu haben. Den merkwürdigen Reiz dieser Formen, die innere »Tiefe« dieser Bauten wird man am intensivsten verspüren, wenn man Ljubljana auf der in diesem Buch vorgeschlagenen Route verlässt.

Besonders plakativ ist diese Mischung in Postojna und seiner Umgebung, der Postojnska kotlina, dem dortigen, von Hügeln umgebenen Becken. Hier allerdings ist sie völlig aus der Balance der Stile ins Negative gekippt. Das Zentrum von Postojna ist ein Marktplatz, der auf der einen Seite von einem historischen, schlossartigen Gebäude, Sitz des Instituts für Karstforschung der Slowenischen Akademie der Wissenschaften, und auf der anderen Seite vom *hotel Kras* dominiert wird. Das historische Gebäude aus dem 17. Jahrhundert ist perfekt, nahezu klinisch renoviert. Der Glaskasten des örtlichen *turist servis* ist unmittelbar und schamlos an seine Flanke geklebt. Dahinter erhebt sich ein Wohnbau im Stil der 1970er Jahre. Das Hotel wiederum ist ein überdimensionierter, futuristisch anmutender Kasten, der keine Rücksicht auf seine Umgebung nimmt. Von den höher gelegenen Zimmern und Appartements aus genießt man immerhin einen prächtigen Blick auf die Stadt und den Nanos.

Wer auf den im Sonnenlicht gleißenden Marmorplatten des Marktplatzes steht, wird kaum ahnen, dass Postojna durchaus seine verschachtelten architektonischen Reize hat, die zum Teil auf die Infrastruktur eines nun schon 200 Jahre alten Höhlentourismus zurückgehen. Kleine Geschäfte und Kneipen halten die Tradition aufrecht. Das *Notranjski muzej*, Kolodvorska cesta 3, thematisch von der Tropfsteinhöhle dominiert, zeigt auch Artefakte aus der Alltagsgeschichte, zum Beispiel aus dem Anglerwesen.

Die Postojnska kotlina wiederum ist das Beispiel einer zersiedelten, oder vielleicht besser noch: versiedelten Landschaft. Die Häuser sind weniger in der Landschaft verstreut als etwa im Süden Österreichs, wo fast schon jeder schöne Ausblick verbaut ist. Was noch nicht von neueren Einfamilienhäusern verdrängt ist, wurde seines historischen Reizes entkleidet. Alte Bauernkeuschen (dieses eingedeutschte Wort kommt vom slowenischen *kajža* - behelfsmäßiger Bau) sind zu Tode renoviert oder dem Verfall preisgegeben. Es ist, als ob sich die Bewohner der Orte ihrer ärmlichen Vergangenheit schämen würden. Mittendrin versteht man, was eine einschlägige Studie (*Can Small Urban Communities Survive*, 2001) mit »the problem of many illegal constructions« meint. Umgekehrt müssen die Wanderer aber eingestehen: Was ihnen als ursprünglich erscheint, verdankt sich oft allein der Armut der Bewohner.

Freilich gibt es auch Gegentendenzen. Im sozialistischen Jugoslawien war Raumplanung eine Aufgabe der Teilrepubliken, erste Raumordnungsgesetze gehen auf 1967 zurück. Den Sozialisten ging es zunächst aber um den Schutz erstklassigen Ackerlandes vor Verbauung. 1981 wurde ein Gesetz zum Schutz des natürlichen und kulturellen Erbes erlassen, das für den Naturschutz bedeutsam war. Aber auch kulturelle oder historische Monumente, seltener auch ganze historische Stadtzentren, wie das Zentrum von Piran, konnten unter Schutz gestellt werden. Den relativen Wert solcher Gesetze kann jeder erahnen, der heute von Piran aus Richtung Portorož blickt, zu den zum Teil schon während der sozialistischen Ära eröffneten Hotelungetümen. 2003 trat das neue slowenische Raumordnungsgesetz in Kraft. Daraus wurden räumliche Entwicklungsstrategien abgeleitet und ihre Richtung, zum Beispiel durch das Vorkaufsrecht der Gemeinden, vorgegeben. Es bleibt zu hoffen, dass die Visionen pessimistischer Wanderer nicht Wirklichkeit werden: Sie sehen bei jeder schönen Allee die zukünftigen Wochenendhäuser, die sie bald säumen werden, schon vor dem geistigen Auge. Die Bauherren haben jedenfalls da und dort schon Gruben ausgehoben.

Wilhelm Berger

8. NUR NATUR
Wanderung von Postojna nach Trnje oder Pivka

Zwei Hauptorte des slowenischen Karsts, einer sperriger als der andere, verbindet ein Wanderweg durch weitgehend harmonische Natur. Er führt über die südwestlichen Ausläufer der Javorniki, aus denen mehrere unbewaldete Kuppen herausragen, die am Rande des Pivka-Tales in sanftes Hügelland übergehen. Höhepunkte des Tages sind der Aussichtsberg Lonica, ein einsames Trockental und der Petelinjsko jezero, einer der idyllischsten Sickerseen des Landes.

Man verlässt Postojna durch die Hintertür, fädelt in den Wald ein und taucht – sofern nicht gerade ein NATO-Manöver stattfindet – in eine Welt der Stille ein. Ein alter Kriegspfad, von Steinen begrenzt, führt bald ins Freie und scheint sich in der Wiese zu verlieren. Lautlos dreht ein Bussard seine Runden, ein Reh schreckt auf, Heuschrecken spritzen aus dem Gras. Im Südosten erscheint, wie für die Mittagsrast gemacht, die Kirche Sveta Trojica. Steiler als erwartet ist der Anstieg, aber schneller als erhofft findet man sich auf dem Gipfel wieder. So bleibt genügend Zeit, das Farbenspiel der Berg- und Hügelketten zu beobachten. Von Blaugrün bis Ockergelb reicht die Palette, in die sich das Deckweiß des Bodennebels mischt. Ein Stunde später, bei der man teils im Wald, teils über märchenhafte Bergwiesen gewandert ist, fällt der Blick auf den tintenblauen Petelinjsko jezero am Fuße des Berges. Knöcheltief stehen die Bäume im Wasser, Dotterblumen blühen unter der Oberfläche. Jenseits des Tellerrandes weiden Pferde und Schafe und hört ein Esel nicht auf, sein trauriges Schicksal zu beklagen. Man erreicht Slovenska vas, besichtigt ein kleines Museum und schlägt einen bilderbuchreifen Feldweg nach Trnje ein. Dort angekommen, freut man sich, in einer freundlichen *kmetija* Kost und Quartier zu finden. Wer noch die Kraft hat, kann auch nach Pivka weitermarschieren, um dort zu übernachten oder in den nächsten Zug zu steigen.

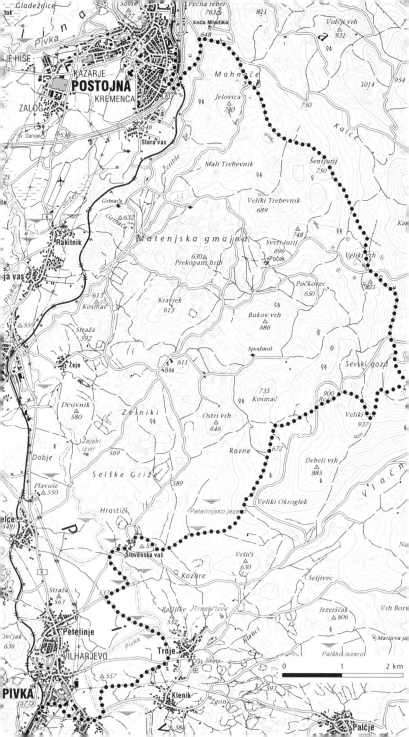

8. Wanderung von Postojna nach Trnje oder Pivka

HINWEISE ZUR WANDERUNG
LÄNGE: 20 km [23 km]
HÖHENDIFFERENZ: 690 m ↑ 700 m ↓ [750 m ↑ 720 m ↓]
GEHZEIT: 6 Std. [6:45 Std.]
ANFORDERUNGEN: Ausdauer
ORIENTIERUNG: schwierig
KARTE: Izletniška karta »Notranjski kras«, 1:50.000, Geodetski zavod Slovenije
EINKEHRMÖGLICHKEIT: Postojna, Trnje, Pivka
VERKEHRSVERBINDUNGEN: Bahnhöfe und Busstationen in Postojna und Pivka. Bei Voranmeldung Shuttle-Service der Turistična kmetija in Trnje.
ANMERKUNG: Die Route führt über militärisches Übungsgebiet und ist an Manövertagen gesperrt. Über die Termine gibt die Webseite www.slovenskavojska.si unter »Načrt uporabe osrednjega vadišča Postojna« Auskunft. Wer in Trnje übernachtet, kann am darauffolgenden Tag bis Gornja Košana weiterwandern, siehe 9. Etappe.

WEGBESCHREIBUNG
Man verlässt den **Bahnhof** von **Postojna**, wendet sich auf einem Sträßlein nach links und durchschreitet kurz darauf eine **Siedlung**. Der Asphalt endet. Weiter auf einer Schotterstraße, die nach rechts dreht und auf eine **Querstraße** trifft; auf dieser scharf nach links. Man überquert die **Autobahn** und wendet sich nach der **Brücke** nach links (Wegweiser **»Pečna reber«**). Man passiert einige Schrebergärten und überquert, eine Verbotstafel missachtend, die **Bahntrasse**. Nach den Geleisen eine Mehrfachgabelung; man hält sich, auf dem **Hauptweg** bleibend, links. Moderater Anstieg im Wald bis zu einer **Asphaltstraße**; auf dieser nach links. Nach 100 m, noch vor der Einmündung in eine weitere Straße, nimmt man einen Abschneider nach rechts. Kurz darauf eine Wegkreuzung; man geht geradeaus und trifft auf eine **Querstraße**. Man geht rechts, gelangt bald darauf zu einer Gabelung und geht rechts (**Wegweiser »Sveta Trojica«**).

Weiter auf einer breiten **Schotterstraße**. Nach 500 m nimmt man eine Abzweigung nach rechts und betritt damit das militärische Übungsgebiet (**Wegweiser »Sveta Trojica«** und Hinweistafel). Bei der darauffolgenden **Fünffachkreuzung** geht man geradeaus, der **Markierung** folgend. Bequemer Fahrweg, hauptsächlich im

8. Wanderung von Postojna nach Trnje oder Pivka

Wald. Nach 30 Min. beginnt der markierte Weg (eine alte Militärstraße) anzusteigen, um sich allmählich zu verjüngen und schließlich ins Freie zu führen. Schöner **Hangweg** mit Blick auf Sveta Trojica. Nach 200 m folgt man der (leicht zu übersehenden) Markierung nach rechts und steigt auf einem **Wiesenpfad** bis zu einem breiten **Querweg** ab; auf diesem nach links. Man trifft kurz darauf auf einen breiten **Fahrweg** und wendet sich auf diesem nach links (Markierung). Nach 100 m eine Gabelung; man geht rechts. Anstieg auf breiter **Forststraße** (eine Abzweigung nach links wird ignoriert) bis zu einer geschotterten **Querstraße**, welche man überquert, um dem **Wegweiser »Sveta Trojica«** zu folgen. 30-minütiger steiler Anstieg (bei dem man einen breiten Weg quert) bis zu einem **Fahrweg**; auf diesem nach rechts bis zur **Kirche Sveta Trojica** (3:15 Std.). Schönes Panorama.

Vertikaler Abstieg von der **Rastbank** unterhalb des steinernen Gipfelzeichens in südwestlicher Richtung (keine Markierung). Man trifft auf einen geschotterten **Querweg**; auf diesem nach rechts. Man gelangt kurz darauf zu einer **Wegkreuzung** (steinerne Wegmarke und Wegweiser »Sveta Trojica«) und wendet sich nach links (Markierung). Mäßig steiler Abstieg im Wald bis zu einer Abzweigung Richtung »Trnje«, welche man ignoriert. Weiter der Markierung folgend, erst auf dem **Hauptweg**, dann, bei einer großen **Lichtung**, einem leicht zu übersehenden Pfad nach **links** folgend. Der Weg führt wieder in den Wald. Weiter bergab bis zu einem **Fahrweg**, welchen man überquert. Weiter talwärts, stets der Markierung folgend, bis zu einem breiten **Querweg**; auf diesem nach links. Man folgt dem Hauptweg, bis sich dieser oberhalb einer großen **Weide** mit Blick auf den Petelinjsko jezero gabelt. Hier hält man sich rechts, durchschreitet ein **Gatter** und steigt vertikal über die Weide ab (undeutliche Markierung), an deren unterem **Ausgang** man sich nach links wendet. Kurz danach ein **Querweg**; auf diesem nach rechts, die Markierung verlassend [bei hohem Wasserstand folgt man der Markierung nach links und umgeht auf diese Weise den Sickersee im Uhrzeigersinn].

Der Weg senkt sich und führt durch das **Petelinjsko polje**. Nach der Durchquerung des Feuchtgebietes vereinigt sich der Weg mit dem von links kommenden markierten Weg und steigt bis zu einer **Kreuzung** an. Hier geht man, den markierten Hauptweg verlassend, geradeaus. Weiter leicht bergauf entlang einer Viehweide bis zu einer

Schwalbenschwanzraupe auf der Lonica

Wegkreuzung; auf dieser nach rechts. Der Weg führt über eine bewaldete Kuppe, vereinigt sich mit einem von rechts kommenden Weg und gabelt sich; man hält sich links. Man erreicht das erste Haus von **Slovenska vas** (5:00 Std.).

Man folgt der Zufahrtsstraße ins Dorf, passiert die **Kirche** und gelangt zum **Ekomuzej**. Weiter auf der Straße bis zum **Ortsende**. Kurz darauf quert man einen **Bach** und wendet sich nach 100 m links in einen **Feldweg**, der in eine undeutliche Fahrspur übergeht. Man folgt dieser bis zu einem breiten **Querweg** und geht auf diesem nach rechts. Nach 500 m ein **Wegkreuz**; man geht links. Schöner Feldweg, der nach 20 Min. auf eine **Asphaltstraße** trifft; auf dieser nach rechts. Nach 100 m nimmt man eine Abzweigung nach links und erreicht die **turistična kmetija »Na Meji«** (6:00 Std.).

Fortsetzung zum Bahnhof Pivka: Man verlässt die **turistična kmetija »Na Meji«** und wendet sich nach links; der Asphalt endet. Weiter auf einem **Feldweg**, der kurz darauf eine Hauszufahrt kreuzt, dann nach links dreht und sich unterhalb einer kleinen **Hügelkuppe** gabelt. Man hält sich links und folgt einer **Fahrspur**, die sich nach wenigen Schritten in einer Wiese verliert. Man behält die Richtung bei, geht 100 m weglos auf eine **Stromleitung** zu und wendet sich unterhalb derselben nach rechts. Weiter weglos bis zum **Masten Nr. 14**, wo man auf eine undeutliche Fahrspur trifft, welcher man folgt. Der Weg verjüngt sich bald zum Pfad und führt, stets **rechts der Stromleitung**, zum höchsten Punkt des flachen **Hügelkammes** (Blick auf Pivka). Hier verlässt man den Weg und geht weglos halblinks (genau in Richtung der Kirche von Pivka), bis man nach 100 m auf eine weitere undeutliche **Fahrspur** trifft; auf dieser nach links. Man unterquert die **Stromleitung**, wendet sich bei einem breiten Querweg nach links und folgt diesem bis zu einer **Straße**; auf dieser nach rechts.

Nach 200 m wendet man sich auf der **Snežniška cesta** nach rechts und erreicht damit **Radohova vas**. Nach 150 m (Verkehrsspiegel) folgt man der **Radohovska pot** nach links. Nach 200 m wird eine Abzweigung nach links ignoriert. Man verlässt den Ort und wendet sich kurz darauf halbrechts in eine **Schotterstraße**. Man passiert ein **Fabriksgelände** und wendet sich nach 300 m in die **ulica 27. Aprila** nach links. Man durchschreitet eine Siedlung, trifft unterhalb eines Partisanendenkmals auf eine **Querstraße** und geht links. Man gelangt zur **Hauptstraße**, wendet sich nach links und erreicht kurz darauf den **Bahnhof Pivka** (6:45 Std).

AM WEGE

Javornik | Jauernig | Monte Pomario

Mit einer Bevölkerungsdichte von knapp 100 Einwohnern pro Quadratkilometer liegt Slowenien zwar im europäischen Mittelfeld, doch hat man als Wanderer nicht selten den Eindruck eines kaum besiedelten Landes. Der Grund liegt in der ungleichen Verteilung, denn von den zwei Millionen Bürgern lebt eine Hälfte im Großraum Ljubljana und in den restlichen zehn Städten, während sich der Rest auf die ländlichen, zum Teil weit verstreuten und von ständiger Abwanderung betroffenen Gemeinden verteilt. So konzentriert sich die Bevölkerung auf rund ein Viertel des Territoriums und bleibt für die »Natur«, sprich

Wolkengebirge über der Lonica

den Wald, umso mehr Platz. Mit 59 Prozent Waldfläche zählt Slowenien zu den waldreichsten Ländern Europas, woran auch der verheerende Eisregen des Jahres 2014 nichts geändert hat.

Zur Baumbestimmung bietet sich auf den Javorniki südöstlich von Postojna reichlich Gelegenheit. Sie bezeichnen eines der größten und dichtesten Waldgebiete Sloweniens, das im Norden durch die namensgebende Bergkette begrenzt wird und im Süden bis zum Snežnik und weiter nach Kroatien reicht. Vorherrschende Baumarten sind der Ahorn, slow. *javor*, und die Buche, *bukev*, sowie die Tanne, *jelka*, und die Fichte, *smreka*, als Gegenspieler. Trotz des karstigen Bodens – der auf fast 1000 Quadratkilometern kein einziges Oberflächengewässer aufweist und von unzähligen Kalkblöcken übersät ist – gedeihen hier wahre Baumriesen bis zu einer Höhe von 70 Metern. Rekordhalter ist die Douglasie, die Mitte des 19. Jahrhunderts aus Amerika »eingeschleppt« wurde.

Bergkirche Sveta Trojica

Trotz des Holzreichtums setzte die Bewirtschaftung der Javorniki verhältnismäßig spät ein. Noch vor 100 Jahren existierten nicht mehr als zwei Forststraßen und waren weite Teile des Gebietes, von wenigen Jägersteigen abgesehen, unzugänglich. Daran änderte auch eine etwa 5 km lange Schmalspurbahn nur wenig, mit der man im 1. Weltkrieg Baumstämme und Brennholz von Otok dolina nach Trnje transportierte. Erbaut war die Bahn von russischen Gefangenen worden, die bis Kriegsende auch als »Zugtiere« dienten.

Erst unter italienischer Herrschaft – die Staatsgrenze zu Jugoslawien verlief über die Javorniki – entstand ein dichteres Netz von Militär- und Forststraßen, mit denen ein Dutzend militärische Festungen und Bunker versorgt sowie die zunehmenden Holzlieferungen bewerkstelligt wurden. Neben Bauholz benötigten die Italiener vor allem Holzkohle, einerseits als Treibstoff, andererseits für die Herstellung von Schwarzpulver. Eine der alten Festungsanlagen, das *fortin* unter dem Gipfel des Veliki Javornik, wird heute von Einheimischen als *vikent hiša* genützt, alle anderen sind längst verfallen. Nur ein paar Bunker haben die Jahrzehnte überdauert und sollen, glaubt man einheimischen

Jägern, den Braunbären gelegentlich als Winterquartier dienen. Vielleicht suchen die Tiere auch nur Schutz vor der slowenischen Armee, die hier mit ihren NATO-Verbündeten regelmäßig Manöver abhält und die Berghänge mit Granatenfeuer belegt. Wie den Bären sind die Schießübungen auch der Gemeinde Postojna ein Dorn im Auge, die sich seit Jahren vergeblich um eine Verlegung des Truppenübungsplatzes bemüht. 2007 wurde das Gelände als Habitat streng geschützter Insekten und Vögel zum Natura-2000-Gebiet erklärt, was aber die Militärs kaum beeindruckte. So sind die Javorniki vermutlich der einzige Ort der Welt, wo man mit Kanonen nicht auf gewöhnliche Spatzen, sondern auf bunte Skabiosen-Scheckenfalter, blauorange Steinrötel und silbergraue Sperbergrasmücken schießt.

Sveta Trojica | Heilige Dreifaltigkeit | Santa Trinità

Dem Namen nach sollte die Kirche auf dem benachbarten Javornik stehen, weil dieser die höchste Erhebung im Umkreis ist und drei nahezu gleichwertige Gipfel besitzt. Die sind allerdings von Bäumen umstellt und bieten kaum Aussicht, weshalb die unbewaldete Lonica wohl der bessere Standort ist. Von den Julischen Alpen im Nordwesten bis zur Učka und dem Snežnik im Südosten reicht hier das Panorama, und wer es zu Fuß von Ljubljana bis hierher geschafft hat, wird vielleicht zum ersten Mal den Geruch des Meeres in der Nase spüren.

Das Salz der Erde, also die Bergpredigt, mag hingegen die Geistlichkeit im Sinn gehabt haben, als sie im 17. Jahrhundert die Errichtung einer Wallfahrtskirche beschloss. Das verlangte den Einheimischen zwar einige Opfer ab, brachte aber auch Abwechslung in ihr Dasein. Sveta Trojica erlebte bald einen Ansturm von Pilgern, der den Wirten in Slovenska vas und Trnje zu beträchtlichen Einnahmen verhalf. Höhepunkt war der jährliche mehrtägige Kirchtag, den Jugendliche und Unverheiratete gerne für amouröse Abenteuer nützten. 1800 setzte der Bischof dem sündigen Treiben ein Ende und schaffte gegen den Protest der Bevölkerung die Wallfahrt ab. Einige Jahre später ging die Kirche in Flammen auf. Brandstifter waren Männer aus Trnje, die den Anschlag im Auftrag des Mes-

Petelinjsko jezero bei Trockenheit

ners bzw. in Absprache mit dem Pfarrer verübten. Die beiden waren der Verrichtungen in der Bergkirche überdrüssig geworden und stießen mit Messwein auf ihre Zerstörung an. Die gerechte Strafe folgte auf dem Fuß: Die Täter verbrannten bei lebendigem Leib, den Mesner holte der Teufel und der Priester verlor den Verstand.

Petelinjsko jezero | Palude di Peteline

Rund um Pivka ist die Dichte periodischer Karstseen so hoch, dass die Landschaft nach der Schneeschmelze oder langen Regenfällen Ähnlichkeiten mit der finnischen Seenplatte hat. Von 17 *jezera* nebst etlichen namenlosen *luže*, Lacken, ist der Petelinjsko jezero zwar nicht der größte, aber doch der dauerhafteste See. Fast sechs Monate im Jahr hält sich hier das Wasser, und das mit einer Tiefe von bis zu sieben Metern. Gespeist wird er aus unterirdischen Quellen, entwässert durch Ponore oder Schlucklöcher, die bei Trockenheit als dunkelgrüne Oasen übrig bleiben. Hier überdauern auch die Eier des Urzeitkrebses *Chirocephalus croaticus*, aus denen im Winter, noch unter der Eisdecke, abertausende Tiere schlüpfen. Es ist weltweit der letzte Lebensraum dieser Spezies, weshalb er besonderen Schutz genießt. Biologen haben am Petelinjsko jezero außerdem rund 200 verschiedene Käferarten, 100 Arten von Schmetterlingen und über 120 Vogelarten gezählt. Seine ganze Schönheit entfaltet der See bei hohem Wasserstand, wenn sich der Kiefernwald so schwarz und schweigend im Wasser spiegelt, dass Matthias Claudius seine helle Freude hätte. Aber auch im Spätsommer bietet er als immergrüner Fleck unter den braungebrannten Hängen des Debeli vrh ein magisches Bild.

Aufgrund der langanhaltenden Überflutungen eignet sich der Seegrund, im Gegensatz zu anderen Karstbecken dieser Art, nicht zur Feldwirtschaft, sondern nur als Weideland oder zur Heuernte, die meist Ende August erfolgt. Bis zum 2. Weltkrieg wurde hier im Winter das Eis in Blöcke geschnitten und als Kühlmittel nach Triest geliefert. Im Mittelalter sollen die Bewohner des legendären Dorfes Vasišče auf dem Weg zur Christmette im zugefrorenen See eingebrochen und samt und sonders ertrunken sein. Bis 1991 wurde das Gebiet auch als Truppenübungsplatz genützt, weshalb man noch heute immer wieder auf verrostete Granatsplitter oder Panzerketten stößt.

Wer sich eingehender über den Petelinjsko jezero informieren möchte, findet im benachbarten Slovenska vas das 2013 eröffnete *Ekomuzej Pivških presihajočih jezer*, das auf zwei Etagen die Naturlandschaft und Kulturgeschichte der Karstseen des Pivka-Beckens abhandelt. Der Mangel an historischen Objekten wird mit interessanten Texten, schönen Fotografien und einigen netten didaktischen Einfällen wettgemacht; weniger überzeugend ist das architektonische Konzept (www.pivskajezera.si).

Trnje pri Pivki | Dorn | Tergni

Die Mischung aus scheußlichen Neubauten und verlottertem Hausbestand ist hier noch schwerer verdaulich als anderswo, denn die idyllische Umgebung hätte ein schöneres Ortsbild verdient. Aus dem unansehnlichen Häuserbrei stechen aber ein paar Kleinode hervor, die einen Spaziergang durch das Dorf lohnen: der überdachte Eingang des grau gefleckten Hauses Nr. 71, unter dem sich eine plastikgrüne Sitzgarnitur mit kunstvoll gesticktem Tischtuch drängt; das eingedellte Nachbarhaus, das dem Wan-

Neugierige Ziegen in Slovenska vas

derer mit einer verhedderten Jalousie zuzwinkert; zwei verrostete Fensterläden mit geschmiedeten Zierblumen, die ein netzartiges Dekorglas umrahmen; und eine dreifarbige Mauernische, in der eine schäbige Gipsmadonna darauf wartet, endlich von einem Souvenirjäger entführt zu werden.

Einen ungewöhnlichen Anblick bietet die hellgraue Kirche, die man auf einer Anhöhe oberhalb des Dorfes errichtet hat. Sie ist aus unregelmäßigen Steinen gemauert, die sich fast fugenlos zu einem mit vorspringenden Elementen gegliederten Mauerwerk fügen, das in einem wuchtigen Kirchturm mit dünnem Spitzhelm gipfelt. Einen Hauch toskanischer Renaissance vermitteln die zweifarbigen Rundbögen, die von profanen Blech- und Eternitdächern konterkariert werden. An ein altes Fabriksgebäude lassen auch die verrosteten Glasgitter mit ihren geflickten Scheiben denken. Drei blinde Fenster und vier »Schießscharten« an der Stirnseite verstärken den insgesamt abweisenden Charakter. Bei so vielen Stilbrüchen ist man geneigt, Jože Plečnik der Urheberschaft zu verdächtigen.

Einmal im Jahr, meist Mitte Juli, ist Trnje Schauplatz eines alternativen Rockfestivals. Zu Gast sind die härtesten Bands der Szene, darunter so klingende Namen wie *Hexenbrutal*, *Srčki* (Herzleiden), *Noisefight*, *Nikki Louder*, oder *Svinjske tačke* (Schweineklaue). Wer den ganzen Tag durch die stillen Wälder der Javorniki gewandert ist, wird das Programm vielleicht als willkommene Abwechslung genießen, empfindlichere Ohren weichen besser großräumig aus.

EINKEHR:

Turistična kmetija »Na Meji«. Sympathischer Familienbetrieb am Ortsrand von Trnje. Wanderer erwarten sechs tadellose Gästezimmer, ein üppiges Frühstück und, nach Voranmeldung, auch ein einfaches Abendessen. Geboten werden außerdem geführte Waldspaziergänge sowie die Beobachtung von Braunbären in Begleitung eines Jägers. Auf Wunsch wird man zum Bahnhof von Pivka kutschiert bzw. von dort abgeholt. 00386 5 9933716 oder 00386 41 648960, www.kmetija-nameji.com

Pivka | St. Peter | San Pietro del Carso

Wer hier Ende des 19. Jahrhunderts Station machte, hatte die Qual der Wahl. Das gastronomische Angebot reichte von einem noblen Hotel, mehreren Pensionen und Privatquartieren über ein Bahnhofsrestaurant mit Kegelbahn und weiteren Gasthäusern bis zu einem modernen Kaufhaus, in dem sich die Reisenden mit Waren aller Art versorgen konnten. Pivka, das sich damals noch Šempeter na Krasu nannte, war mit Fertigstellung der Bahnlinie nach Rijeka im Jahr 1873 zum Bahnknotenpunkt geworden und verfügte über eine Infrastruktur, von der es heute nur träumen kann. Der Bahnhof mit 23 parallel geführten Geleisen besaß eine Remise für zwölf Lokomotiven und beschäftigte 150 Eisenbahner, viele von ihnen Deutschösterreicher oder Tschechen. Jährlich wurden über 10.000 Fahrkarten verkauft und rund 4.000 Tonnen an Gütern, hauptsächlich Holz und landwirtschaftliche Produkte, verladen. Das mechanische Stellwerk aus dieser Zeit war bis 2004 in Betrieb. Eine entlang der Bahntrasse errichtete Feuermauer steht heute unter Denkmalschutz. Sie wurde nach einem verheerenden Brand im Jahr 1889 errichtet, als ein Nachbardorf infolge des Funkenflugs einer Lokomotive niederbrannte. Die Mauern stellen zugleich einen

8. Wanderung von Postojna nach Trnje oder Pivka

Schutz gegen die Bora dar, die ganze Züge aus den Schienen geworfen haben soll. Nach starken Schneefällen war die Strecke oft tagelang verlegt; selbst Schulkinder mussten zur Räumung ausrücken, wenn prominente Fahrgäste wie Kaiserin Elisabeth oder Baron Albert Rothschild erwartet wurden. Letzterer war wichtigster Investor der Karstbahn und besaß einen eigenen Luxuswaggon, mit dem er gelegentlich am Bahnhof »residierte«.

Heute beschränkt sich das touristische Angebot auf ein militärhistorisches Museum im Süden der Stadt, *Park vojaške zgodovine* genannt. Es wurde auf dem Gelände einer Kaserne eingerichtet, die in der Zwischenkriegszeit den italienischen Besatzern und später der Jugoslawischen Volksarmee als Unterkunft diente. Wer kein gesteigertes Interesse an schweren Waffen hat, wird hier kaum glücklich werden, erfährt aber einiges über die kriegerische Vergangenheit der Region. Seit dem Altertum spielte Pivka als Nadelöhr auf der Transitroute zwischen der nördlichen Adria und dem Alpenraum eine wichtige strategische Rolle, was sich an einer Reihe von Befestigungsanlagen ablesen lässt. Prominentestes Beispiel ist die (längst verfallene) Burganlage Šilentabor südlich von Pivka. Zur Demonstration hat man ein schlichtes Modell gebastelt, das in einem Kinderzimmer gut aufgehoben wäre. Dargestellt wird auch, wie oft die einheimische Bevölkerung im Lauf der Jahrhunderte ihren Kopf für die Habsburger hinhalten musste, sei es im Kampf gegen die Türken, sei es in den verschiedenen Reichskriegen oder im Krieg gegen Napoleon und den Schlachten des 1. Weltkriegs. Von den italienischen Faschisten sind Bunkeranlagen erhalten geblieben, die an Skulpturen des Wiener Bildhauers Fritz Wotruba denken lassen. Wenig Neues bietet die Darstellung des Partisanenkampfes auf der Seite der Alliierten, umso ausführlicher ist die Würdigung der militärischen Leistungen der Slowenen im sogenannten Unabhängigkeitskrieg des Jahres 1991. So wird etwa der Hinterhalt einer slowenischen Einheit auf eine Panzerkolonne der Jugoslawischen Volksarmee in einem Diorama nachgestellt.

Die meisten Besucher kommen aber wohl wegen des Kriegsgeräts, das man hier angehäuft hat. Es sind vorwiegend Panzer und Geschütze verschiedener Armeen, teils aus den Vereinigten Staaten und der Sowjetunion, teils von der Wehrmacht

Partisanendenkmal in Pivka

erbeutet oder nach der Befreiung von den Jugoslawen selbst produziert. Waffennarren erfreuen sich an allerlei Panzerspähwagen, Jagdpanzern, Radpanzern, Kampfpanzern, Flakpanzern, Rad-Flakpanzern, Brückenlegepanzern, amphibischen Kampfschützenpanzern, Granatwerfern, Fliegerabwehrkanonen, Panzerabwehrkanonen, Panzerhaubitzen, Feldhaubitzen, Gebirgshaubitzen, gepanzerten Selbstfahrlafetten und ähnlichem. Auch ein jugoslawisches U-Boot, als wäre es vom Himmel gefallen, ist ausgestellt (www.parkvojaskezgodovine.si).

EINKEHR:
Gostilna in Pizzeria Herman. Hinter der schmutzigen, der Hauptstraße und dem Bahnhof zugewandten Fassade verbirgt sich ein überraschend gemütliches und freundliches Lokal. Die Küche punktet mit guten regionalen Speisen nebst tadellosen Pizzen, allesamt zu lächerlichen Preisen, zieht man die großen Portionen in Betracht. Vor 150 Jahren befand sich hier das Hotel »Südbahn« mit Erzherzog Ferdinand als prominentesten Gast; heute übernachten Biker und Hiker in komfortablen Zimmern mit Internet-Anschluss. 003865 7571095, www.pizzeria-herman.com

9. DORFSCHÖNHEITEN
Wanderung von Pivka nach Gornja Košana

Westlich von Pivka lässt die Karstbahn die Dörfer der Košanska dolina links liegen, ehe sie bei Čepno doch noch einmal Halt macht. Wer die Strecke zu Fuß zurücklegt, findet abseits der Hauptstraße ein harmonisches Tal vor, das von zahlreichen Bächen geformt wurde und bis heute von Viehzucht und Obstbau lebt. Auch die Ortschaften besitzen genügend Sehenswürdigkeiten, um über etliche Bausünden hinwegsehen zu können.

Vom Bahnhof Pivka, einst ganzer Stolz der Stadt, gelangt man auf Schleichwegen nach Kal, das mit einer Reihe historischer Karsthäuser aufwartet. Ein angenehmer Feldweg führt zum Schloss Ravne, wo man den Lipizzanern eine mondäne Kinderstube eingerichtet hast. Schneeweiße Gänse echauffieren sich über die Störung; schwarze Säue, verfolgt von dutzend Ferkeln, schleifen ihre Zitzen über den Boden. Ein verwaister Hühnergulag und golfplatzgroße Koppeln säumen die Allee nach Nova Sušica. Dort macht ein Futtersilo dem Kirchturm Konkurrenz und werfen die Häuser Fragen auf. Wohnt hier das Glück und, wenn ja, welches? Keine Sorgen muss man sich um die Kälber im Graben unterhalb des Dorfes machen. Gleichmütig saufen sie aus dem Bach; tadellos funktioniert die Verdauung. Wie mit dem Lineal gezogen ist die Fraßkante der Bäume. Eine alte Mühle, verblasste Titosterne und ein Steinboden, der vom Löwenzahn in Beschlag genommen wird, sind die Bilder, die man aus Stara Sušica mitnimmt. Lichtblicke bieten sich auch im Wald auf dem Weg nach Gornja Košana: ein versteckter Obstgarten, eine zauberhafte Lichtung und plötzlich die Fernsicht über alle Hügel. Am Zielort (der Tag ist noch lang) rühren eingedellte Dächer, das Skelett eines Traktors und ein ausgekegelter Fensterflügel ans Herz. Der Schwermut verfallen scheint auch der Hund im Hof der *oštarija*. Man trinkt mit ihm Bruderschaft, verzieht sich aufs Zimmer und wacht erst Stunden später wieder auf. Höchste Zeit, den Bärenhunger zu stillen!

Holzschuppen in Gornja Košana

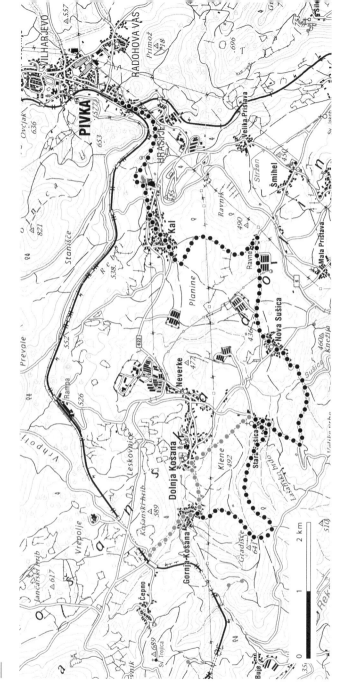

9. Wanderung von Pivka nach Gornja Košana

HINWEISE ZUR WANDERUNG
LÄNGE: 13 km
HÖHENDIFFERENZ: 300 m ↑ 400 m ↓ [120 m ↑ 220 m ↓]
GEHZEIT: 4:00 Std. [3:15 Std. bzw. 4:20 Std.]
ANFORDERUNGEN: gering
ORIENTIERUNG: mittel
KARTE: Izletniška karta »Snežnik«, 1:50.000, Geodetski zavod Slovenije und Planinska karta »Slovenska Istra«, 1:50.000, Planinska zveza Slovenije
GASTSTÄTTEN: Kal, Dolnja Košana und Gornja Košana
UNTERKÜNFTE: Pivka, Gornja Košana
VERKEHRSVERBINDUNGEN: Bahnhöfe in Pivka und bei Gornja Košana.

WEGBESCHREIBUNG
Man verlässt den **Bahnhof Pivka** und geht auf der **Hauptstraße** nach rechts. Nach 250 m wendet man sich nach rechts, überquert die Bahn und biegt sofort nach links in die **Pot na Kal**. Das Sträßlein senkt sich und gabelt sich bald; man hält sich rechts. Bei der darauffolgenden Gabelung (**Haus Nr. 4**) geht man wieder rechts. Der Asphalt endet; weiter auf einem **Karrenweg**. Eine Abzweigung nach rechts wird bald darauf ignoriert. Nach 200 m lässt man eine Abzweigung nach links außer Acht, wendet sich aber nach 20 m nach rechts, den Hauptweg verlassend. Breiter **Waldweg**; zwei Abzweigungen nach rechts werden ignoriert. Der Weg senkt sich, dreht nach links und führt zu einem Querweg vor einem **Fabriksgebäude**; auf diesem nach rechts. Bei der nächsten Gabelung hält man sich links und folgt einem geschotterten Fahrweg bis zur **Hauptstraße**, welche man, dem Wegweiser »Kal« folgend, überquert (0:30 Std.).

Nach 50 m eine Gabelung; man geht geradeaus. Vorbei an einigen Häusern, bis das Sträßlein nach links dreht und sich zu einer Querstraße senkt; auf dieser nach rechts (lohnender kurzer Abstecher nach links zur *Sobčeva Domačija*). Nach 50 m ignoriert man die Abzweigung nach rechts Richtung Kirche. Man passiert die **Okrepčevalnica pri Birtu** und ein **Partisanendenkmal**. Weiter auf der **Dorfstraße** bis zu einem **Kapellenbildstock** am Ortsrand, wo man sich nach links in ein Sträßlein wendet. Der Asphalt endet; weiter auf einem **Karrenweg**, der sich sofort gabelt; man geht links.

9. Wanderung von Pivka nach Gornja Košana

Kurz darauf eine **Wegkreuzung**; man geht links, dem Hauptweg folgend. Das Weg wird bald etwas undeutlicher und stößt nach 300 m auf einen breiten **Querweg**; auf diesem nach rechts. Man folgt dem **Hauptweg** im sanften Auf und Ab zwischen großen Viehweiden bis zu einem großen **Stallgebäude**, dass man links umgeht. An der Ostseite der Stallung eine Gabelung; man hält sich links und trifft beim **Schloss Ravne** auf eine **Schotterstraße**; auf dieser nach rechts (1:15 Std.)

Man passiert bald darauf eine aufgelassene **Hühnerfarm** und ignoriert nach 10 Min. eine Abzweigung nach rechts. Nach weiteren 5 Min. wendet man sich auf einer **Kreuzung** nach links in ein Asphaltsträßlein und betritt **Nova Sušica** (1:45 Std.).

Man folgt der **Dorfstraße**, passiert die **Kirche** und ignoriert gleich darauf eine Abzweigung nach rechts Richtung »Dolna Košana«. Nach 150 m dreht die Straße vor einem **Bildstock** nach links. Hier wendet man sich nach rechts in ein Sträßlein, das am Ortsrand in einen geschotterten **Fahrweg** übergeht. Der Weg senkt sich und quert nach 10 Min. auf einem **Brücklein** die Šušica. Unmittelbar darauf werden eine Abzweigung nach rechts und 50 m danach zwei Abzweigungen nach links ignoriert. Schattiger und sanft ansteigender Fahrweg entlang eines Baches. Nach 15 Min. nimmt man eine **Abzweigung nach rechts.** Anfangs fast ebener Fahrweg, der sich bald senkt. Abzweigungen nach links werden ignoriert. Man folgt der **Schotterstraße**, passiert ein **Partisanendenkmal** und trifft bei den ersten Häusern von **Stara Sušica** auf eine asphaltierte Querstraße; auf dieser nach rechts (2:00 Std.). Man folgt der Straße und wendet sich am Ortsrand, kurz vor dem **Haus Nr. 2a**, scharf nach links in ein Sträßlein. Nach 50 m geht man rechts und steigt auf einem Feldweg zur **Kirche** an. Schöner Rastplatz (2:45 Std.).

Von der Kirche zurück zum Sträßlein; auf diesem nach rechts ...

[**Variante**: Von der Kirche zurück zum **Haus Nr. 2a**, dann 100 m weiter auf der Straße bis zu einem **Bildstock**, wo man sich nach links in einen **Feldweg** wendet, der sich sofort gabelt; man hält sich rechts. Man folgt dem fast ebenen Hauptweg und erreicht nach 10 Min. eine **Querstraße**; auf dieser nach links. Nach weiteren 10 Min. trifft man in

Dolnja Košana ein, passiert eine **Bar** und wendet sich auf einer Querstraße nach links (3:00 Std.). Man durchschreitet den alten **Ortskern** und hält sich bei einer Gabelung links (Wegweiser »Gornja Košana«). Man verlässt den Ort und folgt der Straße bis **Gornja Košana** (3:15 Std.).]

... Die Straße senkt sich, dreht nach links und führt an einem Bauernhof vorbei. Weiter auf dem nun wieder ansteigenden Fahrweg, der kurz darauf auf ein Sträßchen trifft, welchem man zwischen den **Häusern Nr. 8 und Nr. 9** bergwärts folgt. Nach 100 m eine Gabelung; man hält sich rechts und passiert das **Haus Nr. 14**. Weiter bergauf bis zum **Haus Nr. 15**; an diesem rechts vorbei in einen **Karrenweg**, der sich sofort gabelt. Man geht rechts und gelangt in den Wald. 10minütiger Anstieg bis zu einem eingezäunten **Obstgarten**, den man links umgeht. Nach gut 100 m, am Ende des Zaunes, ignoriert man eine Abzweigung nach rechts. Anstieg auf breitem, ziemlich verwachsenem Weg bis zu einer bewaldeten **Kuppe**, wo sich der Weg gabelt; man geht geradeaus.

Der Weg senkt sich und führt zu einer großen **Lichtung** mit einer großen freistehenden **Linde**. An dieser weglos rechts vorbei bis zum Wiesenrand, wo man auf einen breiten **Querweg** trifft; auf diesem nach rechts. Nach wenigen Metern ignoriert man eine Abzweigung nach rechts. Schöner Anstieg zwischen hügeligen Wiesen bis zum höchsten Punkt, wo man eine Abzweigung scharf nach links ignoriert und der Weg sich sofort gabelt. Man hält sich rechts [lohnender 10minütiger Abstecher nach links zum »**Gipfel**« des **Gradišče**] und steigt auf dem bequemen Hauptweg bis **Gornja Košana** ab (4:00 Std.).

[**Fortsetzung** zum **Bahnhof Košana**: Man geht von der **oštarija Špelca** links an der **Kirche** vorbei und wendet sich bei der darauffolgenden Gabelung rechts (**Wegweiser »Divača«**). Nach 100 m eine Gabelung; man hält sich wieder rechts und folgt der Straße bis zum Ortsrand. 15minütiger Anstieg auf Asphalt bis zu einer Gabelung. Man geht links und gelangt zur **Bahnstation** (4:20 Std.).]

Jerčinova domačija in Kal

AM WEGE

Kal | Kaal | Cal di San Michele

Seinen Namen verdankt der Ort einer kreisrunden, steingefassten Zisterne unweit des Partisanendenkmals im Ortszentrum. Solche Wasserstellen, *kal* oder *štirna* genannt, fanden sich früher in jedem Karstdorf, doch nur wenige von solch kunstvoller Machart. Ihre ursprüngliche Gestalt lässt sich allerdings nur noch erahnen bzw. anhand einer Schautafel nachvollziehen. Einer römischen Arena ähnlich maß das 300 Jahre alte Bauwerk 17 m im Durchmesser und besaß 20 Stufen, über die man zum neun Meter tiefen Grund absteigen konnte. Es diente bis 1809, als eine Wasserleitung gebaut wurde, der Trinkwasserversorgung der Einwohner und war, um das Vieh abzuhalten, von einer Mauer mit einer schmalen Öffnung umgeben, durch die nur schlanke Menschen passten. Heute verstellen die achtlos geschlichteten Bruchplatten eines Steinmetzbetriebs das schöne Kulturdenkmal.

Mehrere Steinmetzbetriebe, *kamnoseštva,* prägten das Dorf bis in 20. Jahrhundert. Spuren dieser Handwerkskunst finden sich auf fast jedem Haus, allen voran an der *Jerčinova domačija* am südwestlichen Ortsrand. Sie wurde unter die 100 schönsten Gehöfte Sloweniens gereiht und fällt durch einen hübschen Arkadengang und zahlreiche gemeißelte Schmuckelemente auf. Auch die Gewölbe in den Innenräumen wurden von Steinmetzen gestaltet. Noch ansprechender ist die *Šobčeva domačija*, die auf das 16. Jahrhundert zurückgeht und einst Fuhrleute und Schmuggler beherbergte. Auch eine Schmiede sowie eine Bäckerei waren hier untergebracht. Schmuckstück ist eine steingedeckte Rauchküche, *špahnjenca* genannt, an der Gebäuderückseite, die man (auch innen) im ursprünglichen Zustand belassen hat, während das übrige Haus mit viel Gespür und Liebe zum Detail instand gesetzt wurde.

EINKEHR:
Okrepčevalnica pri Birtu. Beliebte Dorfkneipe, die schon am Vormittag geöffnet und daher auch für Wanderer etwas übrig hat.

Grad Ravne | Schloss Raunach

Der etwas heruntergekommene Bau befand sich im Besitz der Familie Hohenwart, dessen berühmtester Spross, Graf Franc Jožef Hanibal Hohenwart, ein renommierter Gelehrter war, der im 19. Jahrhundert den Grundstein für das naturwissenschaftliche Museum in Ljubljana legte und die erste wissenschaftliche Arbeit über die Grotte von Postojna veröffentlichte. Seine Enkelin, die exzentrische Gräfin Isabella Hohenwart, ließ einen exotischen Park anlegen und enterbte ihre Söhne, als diese den Besitz veräußern wollten. Müssen sich die heutigen Mieter mit Substandardwohnungen begnügen, haben es die vierbeinigen Nachbarn besser. Es sind Lipizzaner, die in besonders noblen Stallungen untergebracht sind und soviel Auslauf haben, dass normalsterbliche Pferde der Neid fressen könnte. Die edlen Tiere verbringen hier ihre ersten vier Lebensjahre, ehe sie, sofern sie nicht der Selektion zum Opfer fallen, ins Gestüt von Lipica übersiedeln.

Viehweide bei Nova Sušica

Nova Sušica | Neudirnbach | Sussizza Nuova

Von einem intakten Dorf zu reden, wäre vermessen, dazu fehlt es an der entsprechenden Infrastruktur und einem geschlossenen Ortsbild. Dennoch hat Nova Sušica Atmosphäre, selbst wenn die meisten Häuser (mit Ausnahme der ehemaligen *gostilna*) kein Ausbund an Schönheit sind. Das liegt vor allem an den umtriebigen Bewohnern, die sich überall zu schaffen machen, sei es beim Holzhacken und Maishexeln, sei es beim Schnapsbrennen oder Rübenkochen. Vor allem am Wochenende, wenn die Pendler zuhause sind, herrscht Hochbetrieb. Das ergibt in Summe ein liebenswertes Chaos aus Geschlichtetem, Angehäuftem und Verstreutem, teils unter verblassten Parolen, die Lenin, Tito und Stalin hochleben lassen, teils unter windschiefen Weinlauben oder mit rostigem Blech beschlagenen Vordächern. Auch der Leitungsmast, auf den man einen Basketballkorb montiert hat, und die Milchkanne, die zum Briefkasten umfunktioniert wurde, sind eine Augenweide. Selbst die Autowracks am Ortsrand haben etwas Malerisches. Nur das giftig grüne Wohnhaus mit einem Berg Plastikspielzeug vor der Haustür steht auf einem anderen Blatt.

Stara Sušica | Altdirnbach | Sussizza Vecchia

Es ist das älteste Dorf in der Košanska dolina und auch das tiefstgelegene. Das erklärt seinen relativen Wasserreichtum und die Existenz eines Mühlbaches, der, wenn auch nur temporär, einst die einzige Getreidemühle im Tal speiste. Vis-à-vis des gut erhaltenen *mlin* hat man ein altes Gehöft herausgeputzt und darin ein kleines Hausmuseum eingerichtet. Die anderen Bauernhöfe, zehn an der Zahl, legen auf Schönheit weniger Wert, bieten aber das Bild reger Landwirtschaft. Haupteinnahmequelle sind die Kühe (die hier besonders saftige Wiesen vorfinden) und der Mais, der für die Hühnerfarmen in und um Neverke angebaut wird. Einige Bauern besitzen außerdem Plantagen, in denen besonders widerstandsfähige und wohlschmeckende Apfelsorten gedeihen, die sie Mitte Oktober ernten und mit museumsreifen Traktoren abtransportieren. Die Obstgärten liegen gut versteckt und windgeschützt in den Wäldern am Fuße des Gradišče, eines Hügels, auf dem sich einst eine prähistorische Anlage befand. Das lebhaft gegliederte und unübersichtliche Gelände kam auch den Partisanen im 2. Weltkrieg zugute, weshalb Stara Sušica ein wichtiger Stützpunkt der Befreiungsfront war. Das wurde dem Dorf zum Verhängnis, als es am 12. März 1944 von über 200 deutschen Soldaten eingekreist wurde, um ein 19-köpfiges Partisanenbataillon zu stellen. 14 Stunden hielten die Widerstandskämpfer der Übermacht stand, ehe sie bis zum letzten Mann fielen und das Dorf niedergebrannt wurde.

Dolnja Košana | Unterkassanthal | Cossana Inferiore

Der Legende nach befindet sich unterhalb des Dorfes ein unterirdischer See, zu dem man durch eine *fojba* hinabklettern kann. Erzählt wird auch, dass in der Tiefe eine schöne Fischerin lebe, der schon mancher Abenteurer ins Netz gegangen sei. Geologische Untersuchungen deuten tatsächlich auf große Hohlräume hin, die regelmäßig überflutet werden und seit jeher als Trinkwasserspeicher dienen. Nicht überall ist das Grundwasser unbedenklich, da man einige Karsthöhlen noch vor wenigen Jahren als Mülldeponien nützte und damit Schadstoffe in den Boden gelangten. Die größten Verunreinigungen verursachten die

In Dolnja Košana

Hühnerfarmen im Nachbardorf Neverke, die Ende der 1950er Jahre auf einem ehemaligen Kasernengelände errichtet wurden. Jahrelang leitete der volkseigene Betrieb nicht nur ungeklärte Abwässer in eine Grotte, sondern entsorgte auf diese Weise auch organische Abfälle. Heute produziert *Pivka perutninarstvo* (Pivka-Geflügel) nach eigener Darstellung umweltfreundlich und ist mit rund 300 MitarbeiterInnen größter Arbeitgeber in der Region. Ende der 1980er Jahre beschäftigte die Hühnerfabrik gar über 900 Personen. In dieser Zeit versorgte sie Jugoslawien jährlich mit zigtausenden Tonnen Hühnerfleisch und exportierte ein Drittel seiner Produktion in den Nahen Osten. Mittlerweile umfasst die Produktpalette neben vakuumverpacktem und tiefgekühltem Hühnerfleisch auch Puten-, Kaninchen- und Pferdefleisch, aus denen verschiedenste Würste, aber auch »Vollkonserven« erzeugt werden. Das etwas altbackene Firmenmotto »Jeden Tag etwas Gutes« sowie das schöne Emblem – ein Hühnerei mir rotem Hahnenkamm – muten wie Relikte der sozialistischen Ära an.

Wurde *Pivka perutninarstvo* vor 25 Jahren von fast 230 Bauernhöfen mit Küken und Futter beliefert, sorgen heute knapp 60 für Nachschub, darunter nur wenige aus Košana. Die anderen betreiben die Landwirtschaft im Nebenerwerb oder beschränken sich auf Selbstversorgung, die in Zeiten der Krise wieder an Stellenwert gewonnen hat. Wanderer erfreuen sich an ihren gepflegten Heuwiesen, Obst- und Gemüsegärten und dem Weidevieh in Gestalt anmutiger Pferde, neugieriger Ziegen und furchtsamer Schafe. Am Plateau nördlich der Ortschaft tummelt sich eine ungewöhnlich große Rinderherde, die damit an die Zeit vor 150 Jahren erinnert, als die Gegend noch von tausenden Nutztieren bevölkert war. Wenig Spuren hat der Weinbau hinterlassen, der im Mittelalter betrieben und infolge eines verheerenden Schädlingsbefalls aufgegeben wurde.

Damals war Košana (das zu den ältesten Pfarren Sloweniens zählt) Sitz eines Dekanates, dessen Grundherrschaft bis ins heutige Kroatien reichte. Im 15. Jahrhundert schützte eine Wehrmauer Dolnja Košana vor Türkenüberfällen; einer der Wachtürme wurde später als Pfarrhaus genutzt und ist bis heute, zumindestens teilweise, erhalten geblieben. Von der einstigen Bedeutung zeugt die mächtige Kirche, die auch im Inneren sehenswert ist. Von ursprünglich fünf prächtigen Altären ist allerdings nur der barocke Hauptaltar übrig geblieben, weil ein fundamentalistischer Pfarrer die Seitenaltäre unter der Devise »Ein Gott, ein Altar« beseitigen ließ. Interessant sind die Wandmalereien des Triestiner Künstlers Avgust Černigoj (1898–1985), einem Bauhaus-Schüler und bedeutenden Vertreter des slowenischen Konstruktivismus.

Geschichtsträchtig ist auch die Alte Volksschule am Dorfplatz, in der im 19. Jahrhundert über 300 Kinder unterrichtet wurden. Einer der Lehrer war Filip Kette, Vater des Lyrikers Dragotin Kette, der mit Ivan Cankar befreundet war und mit diesem in einem gemeinsamen Ehrengrab in Ljubljana beigesetzt wurde. Im 1. Weltkrieg diente das Gebäude österreichischen Offizieren als Quartier, ehe es von den italienischen Besatzern erneut als Schule – und damit als Zentrum der Italianisierung – genützt wurde. Einige Dorfbewohner antworteten darauf mit der Gründung einer slowenischsprachigen Untergrundschule. Leitfigur des Widerstands gegen die ethnische Unterdrückung war der Dorfkaplan Stanko Cajnkar, der sich bald den Partisanen anschloss und nach dem Krieg in den Rat der Sozialistischen Republik Sloweniens gewählt wurde. Als Professor an der theologischen Universität und Mitglied der staatlichen »Kommission für Glaubensfragen« machte er sich um die Normalisierung der Beziehungen zwischen der katholischen Kirche und dem Bund der Kommunisten Jugoslawiens verdient.

Der bewaffnete Widerstand gegen die Okkupatoren wurde von der Bevölkerung des Košana-Tales durchaus zwiespältig erlebt. Fand unter italienischer Herrschaft die nationalistische TIGR (die für den Anschluss von Triest, Istrien, Görz und Rijeka an Jugoslawien kämpfte) noch breite Unterstützung, begegnete man Titos Befreiungsfront OF mit zunehmender Skepsis. Marjan Dolgan, ein in Dolnja Košana geborener Literaturwissenschaftler, beschreibt die OF als »trojanisches Pferd des Kommunismus«, die den Hass der Menschen gegen den Faschismus auf ihre Mühlen leitete, um ihrerseits eine Schreckensherrschaft vorzubereiten. Zum Stimmungsumschwung trug unter anderem die Partisaneneinheit *Istrski odred* bei, die ab Oktober 1943 im Gebiet um Pivka und Košana operierte und sich schwerer Übergriffe auf die Zivilbevölkerung schuldig machte.

Besonders berüchtigt war Politkommissar Očka, Väterchen, der wegen seiner Brutalität noch während des Krieges von einem Gericht der OF zum Tode verurteilt wurde. Nach 1945 wurden die »Befreier«, glaubt man dem Chronisten, von vielen Einheimischen als neue Unterdrücker wahrgenommen, auch, weil das Versprechen auf wirtschaftlichen Aufschwung nicht eingelöst werden konnte. Viele junge Menschen, die in den Sozialismus große Hoffnung gesetzt hatten, emigrierten nach Übersee, was eine rapide Überalterung der Bevölkerung zur Folge hatte. Wer Jahre später aus der Neuen Welt zu seinen Verwandten auf Besuch kam, galt als politisch verdächtig und wurde von der Staatspolizei zum Verhör geladen. Erst Anfang der 1960er Jahre konnte die Abwanderung im Košana-Tal durch die Gründung mehrerer Industriebetriebe gestoppt werden.

In Gornja Košana

Gornja Košana | Oberkassanthal | Cossana Superiore

Mitte des 19. Jahrhunderts drohte der Ort infolge einer Choleraepidemie auszusterben; rund 400 Todesopfer verzeichnete die Pfarrchronik. Ausgebrochen war die Krankheit unter den Arbeitern, die zu Tausenden beim Bau der Eisenbahn eingesetzt wurden und unter katastrophalen hygienischen Bedingungen zu leiden hatten. Noch heute erinnert man sich der Opfer an einem eigenen Gedenktag; was fehlt, ist ein Denkmal zu Ehren der Bauarbeiter. Als Standort böte sich der kürzlich modernisierte Bahnhof an, der mit barrierefreien Bahnsteigen und Aufzügen einer Stadtbahn alle Ehre machen würde. Wie gut sich das Gebilde aus Stahl, Glas und Beton in die schöne Umgebung fügt und ob damit der Abriss der alten, herrlich heruntergekommenen Bahnstation wettgemacht werden konnte, bleibt die Frage.

Wer sich von der im Nirgendwo errichteten *železniška postaja* dem Dorf nähert, erkennt bereits von Weitem seinen bäuerlichen Charakter, womit es sich deutlich vom Hauptort Dolnja Košana unterscheidet. Eingebettet in eine kleinteilige, zum Teil terrassierte Wiesenlandschaft liegt es unterhalb eines Hügels namens Gradišče, der bereits im ersten Jahrtausend v. Chr. besiedelt war. Reste einer

Gehöft in Gornja Košana

antiken Festung haben sich bis heute erhalten, und noch immer kommt es vor, dass römische Scherben aus dem Boden gepflügt werden. Das Ortsbild wird von einem guten Dutzend Bauernhöfe geprägt, die eine kleine Kirche umkreisen und so eine »verdichtete Streusiedlung« ergeben. Die Häuser selbst sind zumeist grau und schmucklos, zum Teil auch unverputzt – halb Rohbau, halb Ruine. Manche Gebäude mögen hässlich erscheinen, wirken in ihrer Schlichtheit aber sympathisch. Wo dunkelgrüner Efeu über die Wände hochklettert, verwitterte Bretter wie Stirnfransen vom Giebel hängen oder ein müder Brennholzstapel an einer Mauer lehnt, bieten sie sogar romantische Bilder. Auch kann man sich an einigen Fassaden im Spurenlesen üben und dabei zum Beispiel die faschistische Parole »credere, obbedire, combattere«, glauben, gehorchen, kämpfen, entdecken.

Einige Häuser entbehren allerdings nicht einer gewissen Brutalität, allen voran der flache Neubau, der die Dorfkirche angerempelt hat. Immerhin handelt es sich bei dieser um ein Kulturdenkmal von überregionaler Bedeutung, das besser auf freiem Feld stehen sollte. Wer die unschöne Kulisse auszublenden vermag, sieht ein einfaches Kirchlein aus dem Jahr 1637, das einen grauen Giebelglockenturm und einen ausladenden Vorbau mit acht Steinsäulen besitzt, der fast klassizistisch anmutet. Auch dieser stammt aus dem 17. Jahrhundert und zeugt wie die Ornamente des Portals und der Seitenfenster von großer Steinmetzkunst. Eine Kostbarkeit sind auch die drei bunten Barockaltäre mit detailreichen Schnitzereien, darunter die Heilige Jungfrau und Elisabeth bei der Schwangerschaftsberatung.

EINKEHR:

Oštarija Špelca. Im Gastraum erinnert eine Gedenktafel an den slowenischen Pädagogen Jože Dolgan, der 1886 in diesem Haus geboren wurde und während des 2. Weltkrieges das Partisanenschulwesen in der Košanska dolina organisierte. Wanderer sind hier gut aufgehoben, erstens wegen der günstigen Zimmer, zweitens aufgrund der deftigen Kost. Aufgetischt wird alles, was der eigene Bauernhof hergibt: »Hausgemachtes Brot, Käse, Schinken, Salami, geräucherter Schweinekamm, Gnocchi, Suppen und Jota, Knödel in Rindsuppe, saisonale Waldpilze, Eisbein, Kotelett, Braten, geräucherte Würste, Stiere, gelegentlich Fohlen und Lämmer, Gemüse aus dem Garten, Kohl, Rüben, Kartoffeln, Marmeladen, Desserts«. 00386 5 7530413, www.gostilna-spelca.si

10. HOCHGEFÜHL
Wanderung von Košana nach Divača oder Matavun

Ein sanfter Rücken, Vremščica genannt, und eine karge Ebene namens Gabrk sind die bestimmenden Elemente dieser erhebenden Etappe. Der eine ist ein Aussichtsberg mit südlichem Flair, die andere liefert einen Vorgeschmack auf den klassischen Karst der Primorska. Einen weiteren Szenenwechsel erlebt man zum Abschluss des Tages, an dem eine der spektakulärsten Naturlandschaften Sloweniens betritt. Wer in Gornja Košana übernachtet hat, kommt überdies in den Genuss eines wunderbaren Panoramaweges.

Vom Bahnhof Košana, der wie ein UFO im Nirgendwo steht, gelangt man rasch nach Čepno, einem Dorf von fast anrührender Schäbigkeit. Über altes Weideland steigt der Weg zum Fuß der Vremščica an, wo man ein längeres Steilstück zu bewältigen hat, ehe der Wald zurückweicht und ein hübsches Steinkirchlein erscheint. Es ist die Vorhut des höchsten Punkts, vom dem aus man das ganze Küstenland überblickt. Eine Welt für sich ist das Hochtal im Nordwesten. Unter barocken Wolkentürmen wogen die Wiesen; wie in Zeitlupe schwappt eine Herde gelber Schafe über den Hügelkamm. Man gehorcht der Schwerkraft und landet auf einem wahren Blumenteppich im Tal. Von hier führt ein Sträßlein nach Gradišče, das am Rande einer großen Doline liegt. Ungleich tiefer ist der Krater, der sich beim Finale auftut. Er ist das Herzstück des *Park Škocjanske jame*, der von der UNESCO zum Weltnaturerbe erhoben wurde. Zweimal zwängt sich der Fluss durch den Felsen, eher er ins Bodenlose stürzt. Immer neue Facetten des Naturschauspiels offenbart die Umrundung des Kraters. Das eigentliche Wunder ist aber das unversehrte Ortsbild von Škocjan – ein Anblick, auf den man lange gewartet hat. Auch Betanja und Matavun fügen sich anmutig in die Landschaft. Des Schönen nicht genug, findet sich am Zielort eines der erfreulichsten Gasthäuser des slowenischen Karsts. Dort genießt man nicht nur Bestes aus Küche und Keller, sondern vor allem das Gefühl, endlich »angekommen« zu sein.

10. Wanderung von Košana nach Divača oder Matavun

HINWEISE ZUR WANDERUNG
LÄNGE: 19 km [18 km]
HÖHENDIFFERENZ: 700 m ↑ 730 m ↓ [700 m ↑ 770 m ↓]
GEHZEIT: 6:45 Std. [6:15 Std.]
ANFORDERUNGEN: Ausdauer
ORIENTIERUNG: schwierig
KARTE: Planinska karta »Slovenska Istra«, 1:50.000, Karta Planinske zveze Skovenije
GASTSTÄTTEN: Gornja Košana, Vremšča, Divača, Betanja, Matavun
UNTERKÜNFTE: Gornja Košana, Divača, Betanja, Matavun
VERKEHRSVERBINDUNGEN: Bahnhöfe in Košana und Divača. Bushaltestelle in Divača. Taxi Alex 00386 40 242270; Taxi Dutovlje 00386 40 233490, www.taxikras.eu
ANMERKUNG: Der »Schleichweg« am Rande des Sportflugplatzes bei Dolnje Ležeče kann nur auf eigene Verantwortung begangen werden. Als sichere, jedoch bedeutend längere Alternative bietet sich der markierte Wanderweg nördlich der Bahnlinie an.

WEGBESCHREIBUNG
Man geht von der **gostilna Špelca** in Gornja Košana links an der **Kirche** vorbei, ignoriert eine Abzweigung nach links und hält sich bei der darauffolgenden Gabelung links (rechts der Wegweiser nach »Divača«). Nach 50 m dreht das Sträßchen nach links und führt links am **Haus Nr. 37a** vorbei. 50 m danach endet der Asphalt; man geht geradeaus in einen **Karrenweg**, der kurz darauf ein **Bächlein** quert und sofort steil ansteigt. 15minütiger Anstieg, bei dem eine Abzweigung nach links ignoriert wird. Man unterquert eine **Hochspannungsleitung** und wendet sich bei der darauffolgenden **Wegkreuzung** nach rechts.

Man unterquert neuerlich die **Stromleitung** und nimmt nach 30 m eine Abzweigung nach links, eine **Obstplantage** durchschreitend. Der Weg steigt bald wieder an, beschreibt nach einer weiteren Obstkultur eine **Kehre**. Kurz darauf ignoriert man eine Abzweigung nach links und steigt weiter an. Schöne Blicke auf die Brkini-Hügel im Süden. Man erreicht einen breiten **Querweg**, geht scharf links, ignoriert nach 20 m eine Abzweigung nach links und folgt dem **Hauptweg** mit schönem Panorama in westlicher Richtung. Man gelangt zu einer **Quellfassung**, wo sich der Weg gabelt. Man hält sich rechts und nimmt

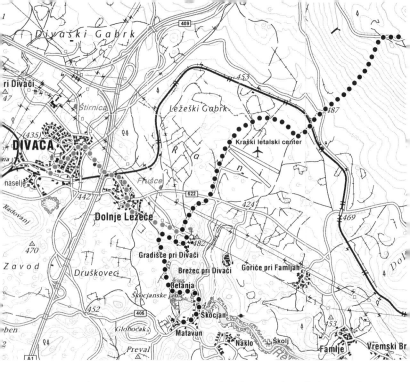

nach 40 m eine Abzweigung nach links (Geschwindigkeitsbeschränkung »10 km«). Anstieg bis zur **Kirche Sveta Trojica** am höchsten Punkt des Hügelrückens (1:00 Std.).

Man passiert die Kirche, wendet sich sofort halb nach rechts und findet nach wenigen Schritten einen **Pfad**. Fünfminütiger Abstieg im Wald bis zu einem breiten **Querweg**; auf diesem nach rechts. Kurz darauf ein weiterer breiter **Querweg**; auf diesem nach links. Bald darauf werden eine Abzweigung nach links bzw. eine nach rechts ignoriert. Man gelangt zu einer **Asphaltstraße**. (1:30 Std.).

[**Variante** ab dem Bahnhof Košana: Man verlässt den **Bahnhof von Košana** auf der Westseite und wendet sich auf der Straße nach links (keine Markierung). Man erreicht gleich den Ortsbeginn von **Čepno**. Weiter auf der Straße bis zur **Müllinsel** im Ortskern. Hier wendet man sich nach links (zuvor empfiehlt sich ein Abstecher nach rechts zur Kapelle) und geht bei der nächsten **Gabelung** wieder links. Man passiert ein paar Häuser, ignoriert bei einer **Tränke** die Abzweigung nach links und steigt zu einer **Querstraße** auf; auf dieser nach

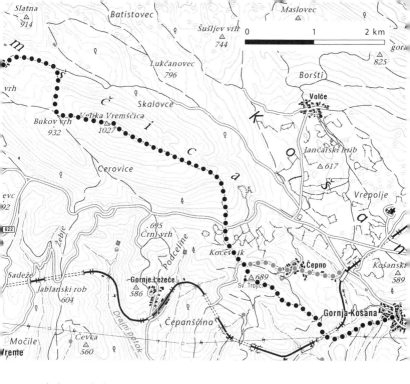

links. Nach dem **Haus Nr. 26** wendet man sich halbrechts in einen ansteigenden **Karrenweg**. Nach 500 m eine **Gabelung**; man hält sich rechts und folgt dem Hauptweg bis zu einer **Asphaltstraße** (0:45 Std.).]

Man **überquert** die Straße und gelangt nach wenigen Schritten zu einer **Mehrfachgabelung**. Man nimmt den rechtesten der bergwärts führenden Wege. Kurz darauf werden zwei Einmündungen von links ignoriert. Weiter bergauf bis zu einer **Gabelung** (verrostetes Markierungszeichen); man hält sich rechts und wendet sich bei der darauffolgenden Abzweigung nach links (roter Wegweiser, verrostetes Markierungszeichen). 15minütiger steiler Anstieg bis zur Einmündung in den **markierten Wanderweg**. Weiter bergauf, stets der Markierung folgend, bis zu einem **Steinkirchlein**. Schöner Rastplatz. Von dort 500 m fast eben bis zum **Gipfel der Vremščica** (2:30 Std.). Schöner Rundblick.

Am Gipfel wendet man sich nach links (**Wegweiser »Žel. postaja Gornje Ležeče«**), biegt aber sofort nach rechts in eine **Fahrspur**, die nach 50 m nach rechts dreht und über einen Wiesenhang zu einem

10. Wanderung von Košana nach Divača oder Matavun

kleinen **Sattel** führt. Hier nimmt man eine undeutliche Abzweigung nach rechts (geradeaus eine kleine Kuppe mit schöner Aussicht) und trifft nach 200 m auf eine markierte **Weggabelung**. Man geht rechts, dem **Wegweiser »Senožeče«** folgend. 10minütiger Abstieg im Wald, bis zu einer langgestreckten **Senke**, wo man ins Offene tritt. Hier geht man auf einer **Traktorpiste** nach links und verlässt damit die Markierung. Bequemer, fast ebener Weg bis zu einer **veterinären Versuchsstation** (3:00 Std.). Einkehrmöglichkeit.

Weiter auf einem sanft ansteigenden **Schottersträßchen**, das sich nach einiger Zeit mit einem von rechts kommenden Fahrweg vereinigt. Man erreicht neuerlich den **Hügelkamm** und trifft bei einer Wegkreuzung auf den von links kommenden **markierten Weg** (3:30 Std.). Blick auf die »Prärie« im Tal.

Nun steigt man, dem **Wegweiser »Škocjanske jame«** folgend, auf einem Wiesenpfad zwischen verstreuten Kiefern steil bergab. Nach 30 Min. ein geschotterter **Fahrweg**; auf diesem wenige Schritte nach links; dann sofort nach rechts. 50 m geradeaus bis zu einer **Weggabelung**; man hält sich, die Markierung verlassend, links und erreicht nach einigen Minuten die **Bahnlinie**. Man überschreitet die Geleise und folgt einem schmalen **Pfad**, der kurz darauf einen Forstweg quert und sich, die Richtung ungefähr beibehaltend, durch den Wald schlängelt, ehe er ins Freie führt. Hier wendet man sich halb nach rechts und schlägt sich weglos sowie mit Respektabstand zu einem **Sportflugplatz** bis zur **Wegkreuzung** an dessen rechten (westlichen) Rand durch. Hier wendet man sich nach links (**Wegweiser »Škocjanske jame«**), passiert ein Gebäude und folgt einem **Asphaltsträßchen**, die Richtung beibehaltend, leicht bergauf. Man erreicht die **Hauptstraße**, quert diese und wandert auf einem Schotterweg bis zu einer kleinen Straßenkreuzung auf der **Hügelkuppe**. Man geht links, die Markierung verlassend, und gelangt nach **Gradišče pri Divači** (5:30 Std.).

Bei der ersten **Gabelung** am oberen Ortsrand geht man rechts (zuvor empfiehlt sich die Besichtigung des **Kirchleins Sv. Helena**) und wendet sich sofort nach rechts bergab in ein Sträßchen, das eine große Doline umgeht. Bei einem **Quersträßchen** geht man rechts, um sich nach wenigen Schritten nach links in den markierten Weg **Richtung »Škocjanske jame«** zu wenden. Bei der darauffolgenden Gabelung hält man sich rechts (undeutliche Markierung).

28 Schafe und eine Ziege bei Čepno

Gleich darauf eine weitere **Gabelung**; man geht links und erreicht nach 50 m eine Gabelung. Man geht links (**Wegweiser »Škocjanske jame«**)...

[**Variante** Richtung Divača: Man wendet sich scharf nach rechts (Wegweiser »Divača«). Schöner Weg, der nach 15 Min. nach **Dolenje Ležeče** führt. Man durchschreitet eine **Häusergruppe** und gelangt zum **Kirchlein** in der Ortsmitte. Geradeaus weiter bis zur **Hauptstraße**, welche man, die Markierung verlassend, überquert, um halbrechts auf einem Sträßlein weiterzuwandern. Gleich darauf eine Gabelung; man hält sich rechts und geht bei der darauffolgenden **Straßenkreuzung** links. Man passiert eine **Pizzeria** und folgt der Straße bis zum Ortsrand, wo sie die Eisenbahn über- und kurz darauf die Autobahn unterquert. Man passiert einen **Friedhof** und folgt der Straße bis zur **Kirche** von Divača. Hier wendet man sich auf der **Kraška cesta** nach links und erreicht nach 500 m das Ortszentrum. Hier wendet man sich nach rechts und folgt der **Kolodvorska ulica** bis zum **Bahnhof** (6:45 Std.).]

10. Wanderung von Košana nach Divača oder Matavun

... und folgt dem markierten Hauptweg bis zu einem **Aussichtspunkt** mit Blick auf Škocjan und eine tiefe Einsturzdoline. Von hier wandert man auf demselben Weg zurück, um sich nach 300 m bei einer **Infotafel** zum Thema Harzgewinnung nach rechts zu wenden. Man gelangt neuerlich zum Rand des Kraters, wo man eine Abzweigung nach rechts ignoriert. Gleich darauf ein schöner **Aussichtsplatz** rechts des Weges. Weiter bis zum Weiler **Betanja** (Einkehrmöglichkeit) und von dort auf einem ansteigenden Sträßchen bis zur **Kirche von Škocjan**. Weiter auf dem Sträßchen, den **Friedhof** passierend. Die Straße senkt sich, dreht nach rechts und führt in den Ortskern von **Matavun** (6:15 Std.).]

AM WEGE

Čepno | Tschepanu | Ceppeno

So klein die Ansiedlung, so unübersichtlich das Ortsbild. Ist die Dorfstraße ein krummes Oval, beschreibt sie einen Achter oder bildet sie einen doppelten Knoten? Um das herauszufinden, bedarf es mehrerer Anläufe, bei denen aufgrund der Hanglage etliche Höhenmeter in Kauf genommen werden müssen. Dabei verwandeln sich Hofzufahrten in heimelige Gassen, entpuppt sich ein Trafohäuschen als mittelalterliche Kapelle und erweist sich die Müllinsel als Umschlagplatz für Informationen. Hier erfährt man, dass im Sommer 2013 ein Rudel Wölfe unweit des Dorfes 16 Schafe gerissen habe und dass mehrere Bären die Gegend unsicher machten. Kaum ein Bienenstock, den sie nicht schon einmal geplündert hätten.

Abgesehen davon gehe es den Leuten in Čepno jedoch gut, jedenfalls besser als den Städtern. Die Landwirtschaft rentiere sich noch, und die Betriebe in Neverke bei Pivka, riesige Hühnerfarmen und ein Zementwerk, böten krisensichere Arbeitsplätze, was den Arbeitern die Renovierung ihrer Häuser und die Anschaffung neuer Autos ermögliche. Außerdem seien die Nachbarschaftsbeziehungen ausgezeichnet und würde man sich, wann immer Not am Mann sei, gegenseitig helfen. So sei das Dorf, verglichen mit anderen, »ein Paradies«, das, nach Jahrzehnten der Abwanderung, sogar einen Zuwachs an Einwohnern verzeichne.

In Čepno

Der angebliche Wohlstand ist allerdings recht ungleich verteilt. Neben einer noblen Villa und einem aufwändig renovierten Bauernhaus fällt eine Reihe desolater Behausungen auf, die kaum auf übertriebenen Reichtum schließen lässt. Im Fall der lachsfarbenen Keusche am Ortsrand bewahrt die Armut Würde. Da schmücken Kakteen die schäbige Hauswand, sitzen Tierfiguren aus Gips vor dem Fenster und hat man ein gesticktes Tuch als Fliegengitter in den Rahmen genagelt. Das Muster erinnert an das Emblem der *Rolling Stones* und passt damit zum Honigtopf, der in der Sonne schwitzt. Ein Reisigbesen, der in einem Gummistiefel steckt, bewacht den Eingang. Unterstützt wird er von einem struppigen Kettenhund, der jeden Fremden schwanzwedelnd begrüßt, auch wenn sich dieser an den reifen Zwetschken vergreift. »Ein neues Volk wird die Früchte unseres Kampfes ernten«, ist vis-à-vis ins Partisanendenkmal gemeißelt.

Weniger einladend ist ein vor Jahren aufgegebener, ebenerdig bewohnter Rohbau, dessen Hinterhof mit Karosserieteilen und anderem Gerümpel vollgestellt ist und von wilden Buben als Abenteuerspielplatz genützt wird. Ein niedriges Nebengebäude dient als Werkstätte für Autos ohne Nummerntafeln; aus einem Wohnwagen dringt Zigarettenrauch, der von trockenem Husten begleitet wird. Auch das angelehnte Fahrrad ringt nach Luft. Im Internet steht das Anwesen für 160.000 Euro zum Verkauf.

Das Haus nebenan, fast ebenso ärmlich, grenzt sich durch eine akkurate Ordnung vom Chaos des Nachbarn ab. Der asphaltierte Hof ist säuberlich gefegt, die Hackstöcke stehen in Reih und Glied, und wie mit dem Lineal ausgerichtet liegt die Plastikdecke auf dem Gartentisch. Ein Bewegungsmelder und die Satellitenschüssel an der Hauswand starren sich gegenseitig an; selbst der Postkasten wirkt misstrauisch. Je länger man verweilt, desto mehr Fehler schleichen sich ins Bild: eine Markise, die man über dem Stallfenster montiert hat, vier Fußabstreifer, mit denen der Weg zur Haustür gepflastert ist, und, zu guter Letzt, ein an der Dachrinne befestigtes Pannendreieck. Wer hat da an den Stellschrauben der Wirklichkeit gedreht, und welche Botschaft steckt dahinter?

Vremščica | Monte Auremiano

Der langgestreckte Rücken begrenzt das Reka-Tal im Norden und wendet sich diesem mit einer großen unbewaldeten Fläche zu. Unweit des Gipfels hat man vor wenigen Jahren ein verfallenes Steinkirchlein vollständig rekonstruiert und mit kunstvollen Steinmetzarbeiten veredelt. Geweiht ist die Kirche dem heiligen Urban, der die Wanderer per Inschrift um eine milde Gabe bittet. Falls man von einem Gewitter überrascht wird, was auf dem »Wetterberg« (*vreme*, dt. Wetter) nicht selten vorkommt, findet man an der Rückseite der Kirche einen gemütlichen Schutzraum. Wer über den Kamm absteigt, erfreut sich nicht nur wunderbarer Fernblicke, sondern, zumindest im Frühsommer, einer Blumenpracht sondergleichen. Stars in der Manege sind die Illyrische Gladiole, die Schachblume und verschiedene Glockenblumen. Dazu kommt die *stipa*, das Zierliche Federgras, die die Bergwiesen wie Getreidefelder aussehen lässt und neben der Aufrechten Trespe, dem Schafschwingel und der Erdsegge jahrhundertelang als Viehfutter diente. Bis Anfang des 20. Jahrhunderts wurden die Flächen händisch gemäht.

Auf der Vremščica

Von vergleichbaren Bergen des slowenischen Karsts unterscheidet sich die Vremščica durch ein kleines, von sanften Hügeln eingeschlossenes Hochtal, das kaum stiller und harmonischer sein könnte. Hier unterhält die Universität Ljubljana ein Zentrum zur Rekultivierung der Vremščica durch nachhaltige Almwirtschaft. Das Gebiet umfasst rund 400 ha, auf denen im Sommer ebensoviele Mutterschafe, eine Herde Ziegen sowie eine Handvoll Schweine gehalten werden. Zur Abwehr von Bärenangriffen hat man überdies ein paar Esel »engagiert«. Als Senner dienen Studierende der veterinärmedizinischen Fakultät, die auch bei der Käseproduktion mithelfen.

EINKEHR:
Okrepčevalnica Vremščica. Einfache Jausenstation, die Wanderer mit frischem Schafskäse und gutem Wein versorgt. Geöffnet von April bis November, im Sommer täglich, sonst nur am Wochenende.

Am Brunnen der Škrateljnova domačija in Divača

Gradišče pri Divači | Gradischie di San Canziano

Die Häuser, darunter einige schöne Beispiele traditioneller Karstarchitektur, liegen am Rande einer ungewöhnlich großen Doline, die am Talgrund noch immer bewirtschaftet wird. Das primitive Kirchlein aus dem 15. Jahrhundert enthält kostbare Fresken aus der Werkstatt des istrischen Meisters Janez, von dem auch die berühmten Wandmalereien in Hrastovlje stammen. Dargestellt sind einige Passionsszenen sowie die berittenen Heiligen Drei Könige samt Fußvolk auf ihrer Reise nach Bethlehem. Einer ihrer Begleiter zeigt einem nachkommenden Wanderer, vielleicht zum Spott, vielleicht aus Wollust, den entblößten Hintern und büßt dies mit dem Huftritt eines königlichen Pferdes.

Divača | Waatsche | Divazza

Dass die Geschichte des Ortes von der Eisenbahn geprägt wurde, kann der Autofahrer bereits erkennen, wenn er den ersten Kreisverkehr nach der Autobahnausfahrt hinter sich gelassen und den Ortsrand erreicht hat. Wie Reste einer mittelalterlichen Stadtmauer säumt ein massiver Steinwall die Bahntrasse, die hier zwei Straßen unterquerend und sich verbreiternd dem Bahnhof zustrebt. Das archaisch anmutende Bauwerk ist fast 160 Jahre alt und wurde zum Schutz gegen Schneeverwehungen und die Bora errichtet, die in dieser Gegend selbst Waggons zum Entgleisen brachte. Auch der Funkenflug der Lokomotiven sollte auf diese Weise eingedämmt werden. Weitere Denkmäler sind ein historischer Wassertank sowie eine stattliche Dampflok aus dem Jahr 1922, die man am Platz vor dem Bahnhof abgestellt hat. Sie wurde in Wiener Neustadt zusammengebaut und versah bis 1978 ihren Dienst auf der Strecke Ljubljana–Triest. Auch das Bahnhofsgebäude selbst zeugt in seiner beeindruckenden Größe von der einstigen Bedeutung des Ortes. Alte Ansichtskarten stellen es als elegante Station dar, deren Bahnsteige große Zierpflanzen schmückten. Noch heute wirkt die *postaja* überdimensioniert, wenngleich ihr als Umsteigestelle immer noch eine wichtige Funktion zukommt.

Eröffnet wurde der Bahnhof 1856, als das letzte Teilstück der Karstbahn von Laibach nach Triest in Betrieb genommen und damit der (damals) unwirtlichste Teil des slowenischen Karsts, von den Einheimischen Gabrk genannt, erschlossen wurde. In der Umgebung des Ortes finden sich alle Landschaftsformen des »klassischen« Karsts: flache Uvalas und Dolinen, tiefe Einsturztrichter, schroffe Felsen und sogenannte Scherbenkarstfelder, die dem Klischee des kargen, öden Karsts am ehesten entsprechen. »In Millionen von kaum fußhohen Blöcken und Spitzen«, schilderte ein alter Bahnreiseführer diese Landschaft, »starrt überall das weißgraue Gestein auf, so weit das Auge reicht. Hie und da sprosst dazwischen Haidekraut, Farrenkraut, Haidegestrippe. Wo in einer Vertiefung ein wenig Gras wächst, hat man diese Oase mit einer Mauer umgeben, um sie vor der einherbrausenden Bora zu schirmen.«

War Divača zwar schon im 18. Jahrhundert ein nicht unbedeutender Verkehrsknotenpunkt mit mehreren Wirten und Hufschmieden, begann der eigentliche Aufstieg des Ortes mit Inbetriebnahme der Eisenbahn. Innerhalb weniger Jahre stieg die Einwohnerzahl von rund 200 auf fast 600 Personen und verdoppelte sich zugleich die Anzahl der Häuser. Aus ehemaligen Kleinbauern und Tagelöhnern wurden Eisenbahner, die eine eigene Siedlung bezogen und u. a. in einem Heizhaus sowie einer

Kartenschalter am Bahnhof von Divača

Reparaturwerkstätte für Lokomotiven Beschäftigung fanden. Ein weiterer Entwicklungsschub folgte mit Eröffnung der »Istrischen Staatsbahn« im Jahr 1876, die eine wichtige Verbindung nach Pula herstellte und Divača zum Bahnknotenpunkt machte. Anfang des 20. Jahrhunderts besaß der Ort bereits 14 Gaststätten, darunter zwei Hotels, die vornehmlich von Triestinern frequentiert wurden, die von hier aus Wanderungen oder Kutschenfahrten unternahmen. Bevorzugte Ziele waren die Grotten von Škocjan sowie der Gipfel der Vremščica.

Die Zwischenkriegszeit, in der die Primorska und weite Teile der Innerkrain unter italienischer Verwaltung standen, brachte eine deutliche Verschiebung der ethnischen Struktur. Die faschistischen Behörden ordneten die Entlassung bzw. Versetzung der slowenischen Eisenbahner an und ersetzten diese durch zugezogene Italiener, die mit ihren Familien bald die Bevölkerungsmehrheit bildeten. Dazu kamen einige wohlhabende Triestiner, die in Divača Grundbesitz erwarben und Wochenendhäuser errichteten. Wenige Jahre später war alles wieder anders, nämlich sozialistisch, und die italienische Bevölkerung über alle Berge. Divača wurde zum regionalen Gewerbezentrum und verzeichnete bald über 600 Zuwanderer, darunter 140 Bedienstete der Bahn. Insgesamt wohnten 550 Eisenbahner in Divača. Weitere Arbeitgeber waren die Forstverwaltung Postojna, eine Möbelfabrik sowie ein Umspannwerk, die für ihre Arbeiter und Angestellten mehrere moderne Wohnblocks errichteten und Divača damit einen kleinstädtischen Anstrich verliehen.

Ein Überbleibsel aus der vorindustriellen Zeit ist der Škratelj-Hof aus dem 17. Jahrhundert. Er besteht aus einem schiefergedeckten Wohnhaus mit offenem Stiegenaufgang, einem Stallgebäude und einem Getreidespeicher, die sich um einen großen Innenhof gruppieren. 2008 mit Förderung der EU aufwändig renoviert, beherbergt es seit 2011 das Museum des slowenischen Films. Der Standort wurde nicht zufällig gewählt, denn Divača ist der Geburtsort von Italina Kravanja alias Ita Rina, die 1926 zur ersten Miss Jugoslawien gekürt wurde und Ende der 1920er Jahre gefeierter Star des europäischen Stummfilm war. Ihren internationalen Durchbruch erlebte Rina mit dem tschechischen Melodram *Erotikon*, das für damalige Verhältnisse besonders freizügige Liebesszenen enthielt. Die *Škrateljnova domačija* widmet der Schauspielerin eine ständige Ausstellung; weitere Stars des slowenischen Films, darunter die ebenfalls in Divača geborene Metka Bučar, die in mehreren Partisanenfilmen mitwirkte, werden im ehemaligen Speicher gewürdigt.

EINKEHR:
Gostišče Risnik. Das Gasthaus verdankt seine Gemütlichkeit weniger der Einrichtung als der freundlichen Bedienung und dem kontaktfreudigen Publikum. Die Küche bietet das übliche Programm, teilweise in unerwarteter Frische und Qualität. Günstige Übernachtungsmöglichkeit. 00386 5 7630008
Hotel Malovec. Gehobeneres, wenngleich etwas unterkühltes Etablissement mit vielversprechender Speisekarte und bequemen Zimmern. 00386 5 7633333, www.hotel-malovec.si

Turistična kmetija Pr'Betanci in Betanja

Betanja | Bettania | Betania

Obwohl nur einen Steinwurf von Škocjan entfernt, grenzt sich die Häusergruppe mit einer eigenen Ortstafel von seinem Nachbarn ab; auch hält es, im Gegensatz zu diesem, einen Sicherheitsabstand zum Einsturzkrater der Reka. Als Pufferzone dienen ein Weingarten und eine kleine Obstplantage, um die fünf schön renovierte Gebäude im Halbkreis angeordnet sind. Selbst ein Neubau hat sich den Proportionen der traditionellen Architektur angepasst und könnte, mit entsprechender Fassadengestaltung, als historischer Bauernhof durchgehen.

EINKEHR:

Turistična kmetija Pr'Betanci. Mit ihrem Schieferdach und dem stimmungsvollen Innenhof ist die 400jährige denkmalgeschützte Gaststätte das Schmuckstück des Ortes. Wein und Schinken gibt's von Mittwoch bis Sonntag, gute Hausmannskost und tadellose Zimmer auf Vorbestellung. Zur angenehmen Atmosphäre tragen nicht zuletzt die freundlichen Wirtsleute bei. 00386 5 7633006 oder 00386 41 345877, www.sloveniaholidays.com/deu/touristischer-bauernhof-prbetanci-divaca.html

Škocjan | St. Kanzian | San Canziano della Grotta

Mit weniger als zehn Einwohnern ist Škocjan, obwohl namensgebender Hauptort, das kleinste unter den Dörfern des Naturparks. Das war nicht immer so, lebten doch hier noch in den 1950er Jahren mehrere Familien, hauptsächlich Bauern und Handwerker, darunter drei Schmiede, ein Wagenbauer, zwei Schneiderinnen und ein Steinmetz, die ihr Geld zum örtlichen Wirt trugen und mit ihrem Nachwuchs eine eigene Hebamme und den Dorfschullehrer ernährten. Einiges zu tun hatte auch der Pfarrer, nicht zuletzt mit Begräbnissen wie dem des schlesischen Höhlenforschers Anton Hanke. Dessen Grabmal kann noch heute am Dorffriedhof besichtigt werden.

Geblieben ist eine malerische Ansammlung von teils leerstehenden Häusern, die sich an die Reste einer Wehrmauer lehnen und der 120 m tiefen Mala dolina gefährlich nahekommen. Die Kirche hingegen wendet sich der Schlucht der Reka zu, die hier das erste Mal im Fels verschwindet, um noch zweimal kurz aufzutauchen, ehe sie sich endgültig nach Italien davon macht. Škocjan sitzt somit auf der Gewölbekuppe eines riesigen Hohlraumes, was sich in der Querschnittdarstellung der Schautafeln des Naturparks wie ein schwebender Meteorit ausnimmt, der, wer weiß, von Außerirdischen besiedelt wurde. Die senkrechte Verbindung zur Unterwelt besteht in einer engen Schachthöhle, *okrolica* genannt, die noch vor wenigen Jahrzehnten als Müllschlucker diente. Auch manch unglücklicher Mensch soll sich von hier ins Jenseits entsorgt haben.

Besiedelt war der mythische Ort vermutlich schon in der Steinzeit, mit Sicherheit aber im Altertum, wohl, weil der Ort wie geschaffen ist für die Anbetung der Götter. Eine andere Nutzung malte sich um 1850 der deutsche Reiseschriftsteller Johann Georg Kohl aus: »Wäre so ein Karsttrichter bei Rom gewesen, so hätten die Römer gewiß Sitze hineingehauen und die Arena unten geebnet; das ganze römische Volk hätte in einem solchen Schauspielhause placiert werden können. Nur hätten unten Mammuth-Tiere und Walfische kämpfen müssen, wenn auch die oberen Zuschauer etwas davon hätten sehen sollen.« Auch Dante Alighieri holte sich in Škocjan Anregungen für seine *Göttliche Komödie*.

Domačija Pr'Vncki in Matavun

Zwei weitere Kulturdenkmäler befinden sich am südlichen Dorfrand: der strohgedeckte *Jakopinov skedenj*, der eine hübsche ethnologische Sammlung enthält, sowie ein renoviertes Stallgebäude, in dem man ein kleines Museum zur Geschichte der Höhlenforschung eingerichtet hat. Sehenswert ist auch der kunstvoll gemeißelte Dorfbrunnen sowie eine kleine Zisterne, die als Tränke diente.

Matavun | Matavon | Mattauno

Trotz des inhomogenen Ortsbildes hinterlässt das Straßendorf einen angenehmen Eindruck, besitzt es doch mehrere schön renovierte Karsthäuser, einen historischen Eiskeller (Haus Nr. 4) sowie einen kleinen Dorfteich, *kal* genannt, der von alten Bäumen beschattet wird. Südlich der Straße bietet sich eine große steingefasste Weide zur morgendlichen Umrundung an. Noch lohnender ist der Abstieg in den Sokolak, eine große Einsturzdoline südwestlich der Ortschaft, die von fast senkrechten Felsen gesäumt wird. Am erfreulichsten ist aber das gastronomische Angebot, das auch einen mehrtägigen Aufenthalt lohnt.

EINKEHR:
Domačija Pr'Vncki. Pächter des schönen Karsthofes sind Tamara und Ervin Čopič, die sich um ihre Gäste auf besonders sympathische Weise kümmern. Geboten werden süffige Weine und vorzügliche regionale Gerichte, die mit den Produkten der örtlichen Bauern, den Kräutern aus dem eigenen Garten und den Früchten des Waldes zubereitet werden. Unübertroffen sind Ervins saftige Steaks und knackige Salate; der Chefkoch hat aber auch Ausgefalleneres wie Steinpilz-Carpaccio oder Risotto mit wildem Spargel im Repertoire. Wer hier nächtigt, darf sich außerdem auf schöne Zimmer und ein reichhaltiges Frühstück freuen. 00 386 5 7633073 oder 00 386 40 697827 oder 00 386 41 719 466, www.sloveniaholidays.com/deu/zimmer-pr-vncki
Apartmaji Žnidarčič am südöstlichen Ortsende von Matavun. Preiswerte und ruhige Appartements, auch für eine Nacht. 00386 5 7638101 oder 00386 41 818582

Škocjanske jame | St.-Kanzian-Höhlen | Grotte di San Canziano

»Die Höhlen von St. Canzian […] sind ein schauerliches Naturwunder, ein unterirdischer Flußlauf durch großartige Gewölbe, Wasserfälle, Tropfsteinbildungen, Nacht, schlüpfrige, mit eisernen Geländern versicherte Wege. Der reine Tartarus …«, schrieb Sigmund Freud 1898 in sein Notizbuch, was sich, im Vergleich zur Schilderung des Schweizer Zeitgenossen Georg Baumberger, ziemlich nüchtern anhört: »Man denke sich ein ganzes Labyrinth imposanter Höhlen und Grotten, wahre Dome der Unterwelt, bis 80 Meter hoch, von grausigen Schluchten, von ringförmigen Schlünden, durch die man der Erde ins Herz zu sehen glaubt, von tosenden und zischenden Wasserfällen, donnernd und brausend niederstürzend, daß die Felsen darob erbeben, von kleinen stillen Seen, denke sich hier ein Lärmen, als ob alle Höllengeister entfesselt wären, denke sich das Phantastischste des Phantastischen in den Formen, das Kühnste alles Kühnen in den Linien, eine Welt, die mit unserer Erde nichts mehr gemein hat, die vielleicht vom Monde herabgefallen ist, und man hat eine schwache Ahnung von den Wundern von St. Canzian.«

Tatsächlich handelt es sich bei den Škocjanske jame um eine komplexe Hohlwelt, die so vielfältig ist, dass man kein Liebhaber von Tropfsteinen sein muss, um von ihr fasziniert sein. Herzstück ist ein 3,5 km langer unterirdischer Canyon mit 14 Wasserfällen – Werk des Flusses Reka, der vor Jahrmillionen noch an der Oberfläche mäanderte, um sich allmählich ins Gestein zu fressen und schließlich einen Weg durch den Untergrund zu bahnen. Wer an einer Führung durch die Grotte teilnimmt (was ein äußerst lohnendes Unterfangen ist), bekommt den Fluss jedoch nicht gleich zu Gesicht. Er wandert zuerst durch die trocken gefallenen, sogenannten Stillen Höhlen, *Tihe jame*, bestehend aus dem *paradiž*, dem *kalvarije*, Kalvarienberg, und *orglje*, der Orgel, die ihre Namen entsprechenden Kalksinterungen verdanken und seit jeher die Phantasie der Höhlenforscher beflügelten. Am spektakulärsten ist der Große Saal, *Velika dvorana*, wo sich versteinerte Kumuluswolken auftürmen und der permanente Luftzug »missgebildete« Stalaktiten und Stalagmiten hervorgebracht hat, die an die Abfallprodukte einer Töpferwerkstatt erinnern. Ein paar Darmschlingen weiter ergießt sich die Reka, nachdem sie eine Engstelle überwunden hat, mit Getöse in die Laute Höhle, *Šumeča jama*. Bei entsprechenden Temperaturverhältnissen scheint der Fluss zu dampfen und lassen die Nebelschleier den unterirdischen Palast noch märchenhafter erscheinen. Von der Cerkvenik-Brücke blickt man aus 45 m Höhe auf das Wasser, das bei starken Regenfällen bis zu 70 m ansteigen kann. Hier zweigt der für Touristen nicht zugängliche Hanke-Kanal ab, der sich nach 500 m zur Martel-Halle erweitert, die mit über 100 m Höhe den größten Hohlraum der Škocjanske jame darstellt. Dort mündet der Fluss in den Toten See, der bis vor wenigen Jahren für das Ende der Höhle gehalten wurde. Erst 1991 fand und durchschwamm man hier einen Siphon und entdeckte in der Folge neue Hohlräume.

Der Besucherweg führt indes in Gegenrichtung des Flusses zur Rudolfshalle, deren treppenartige Sinterbecken an chinesische Reisfeldterrassen denken lassen. Wie ein riesiges Maul öffnet sich der Schmiedl-Saal zur Velika dolina, deren spezielles Klima eine seltene Pflanzengesellschaft hervorgebracht hat. Von hier gelangt man zur Tomičeva jama, die schon vor 5.000 Jahren bewohnt war, und weiter zum Reka-Wasserfall unterhalb der Naturbrücke von Škocjan, wo der Gegensatz

Blick vom Naravni most in die Velika dolina

von oben und unten aufgehoben zu sein scheint und man damit das vielleicht schönste Schauspiel des ganzen Naturparks erlebt.

Bereits der griechische Philosoph und Ethnograph Posidonius (135–51 v. Chr.) wusste vom Fluss Timavo zu berichten, »der aus den Bergen quillt, in eine Höhle stürzt und, nachdem er etwa 130 Stadien durchströmt, beim Meer auftaucht«. Somit hatte man schon vor zwei Jahrtausenden Kenntnis vom ungefähren unterirdischen Verlauf der Reka, was geradezu hellseherische Fähigkeiten voraussetzte, da die Höhlen von St. Kanzian erst im 19. Jahrhundert näher erkundet wurden. Als Zufluchtsort bei Türkenüberfällen war die Grotte schon im Mittelalter bekannt. Die Verbindung zum Timavo wurde im 18. Jahrhundert mit Farbtests sowie mit beringten Aalen nachgewiesen.

Unter der Naturbrücke von Škocjan

Pionier der Erforschung der Höhlen war ein Gastwirt namens Eggenhofer, der 1815 den Stollen unterhalb des Dorfes durchschwamm. Den nächsten Versuch unternahm der Brunnenmeister von Triest, Ivan Svetina, indem er sich 1840, auf der Suche nach Trinkwasserressourcen für die Stadt Triest, mit einem Boot in den Berg treiben ließ, wo er aber bereits nach 110 m wieder aufgeben musste. Ähnlich erging es dem österreichischen, im heutigen Tschechien geborenen Geografen Adolf Schmidl, als er 1851 mit Unterstützung einiger Bergleute aus Idrija in die Unterwelt von Škocjan vordrang. Zwar gelang es ihm, mehrere Wasserfälle und Engstellen zu überwinden und dabei mehrere hundert Meter zurückzulegen, doch fand die Expedition durch ein plötzliches Hochwasser ein jähes Ende. Schmidl gilt als Begründer der wissenschaftlichen »Höhlenkunde« und schrieb u. a. mehrere »Wanderbücher«.

Hatte man in die Felswände der Velika dolina, jenen Einsturztrichter, der die Reka endgültig verschluckt, schon um 1819 einen Treppenweg geschlagen, wurden die unterirdischen Gänge selbst erst wesentlich später erschlossen. Treibende Kraft war die Sektion Küstenland des Deutschen und Österreichi-

10. Wanderung von Košana nach Divača oder Matavun

schen Alpenvereins (DuÖAV), der die Höhlen 1884 pachtete und eine eigene Abteilung für Grottenforschung ins Leben rief. Unter der Leitung von Anton Hanke, Josip Marinitsch und Friedrich Müller stieß man immer tiefer in das Höhlensystem vor und errichtete nach und nach ein 12 km langes Geflecht aus Klettersteigen, Leitern, Brücken und Galerien. Die gefährliche Arbeit oblag in erster Linie den Einheimischen, die sich damit ein regelmäßiges Zubrot verdienten. Zu bewundern ist der Mut der Männer, die mit unzureichender Beleuchtung und primitiver Ausrüstung glatte Felswände, tiefe Schluchten und hohe Wasserfälle überwanden. Immer wieder mussten sich die »Eindringlinge« vor Wassereinbrüchen oder Steinschlägen in Sicherheit bringen; einige der damals in schwindelnder Höhe angelegten Stege können noch heute besichtigt werden. 1885 wurde eine erster Schaubetrieb eröffnet und damit der Grundstein für den Höhlentourismus von St. Kanzian gelegt.

Im Oktober 1907 zerstörte ein Hochwasser einen Teil des unterirdischen Wegenetzes, einschließlich etlicher Metallbrücken und -leitern. Während dieses »Hexensabbats« soll das Wasser in der Velika dolina so hoch gestiegen sein, dass sogar der Rekafall darin »unterging«. Trotz der Katastrophe verzeichneten die Höhlen in diesem Jahr mit 3.639 Touristen einen Besucherrekord, der nach dem raschen Wiederaufbau noch überboten wurde. Zur Bekanntheit trugen nicht zuletzt die Mitglieder des DuÖAV bei, die in St. Kanzian regelmäßig »Grottenfeste« veranstalteten, bei denen einem »Enziankönig« gehuldigt und die örtliche weibliche Bevölkerung zum Tanz gebeten wurde. Auch das Souvenirgeschäft blühte bereits zu dieser Zeit.

Einen weiteren Boom erlebten die Höhlen nach dem 1. Weltkrieg unter der Verwaltung des Italienischen Alpenvereines. Mit der Ausweitung des Wegenetzes und dem Bau der (von Franc Cerkvenik aus Matavun geplanten) Brücke über den Hanke-Kanal ging aber auch eine gründliche Italianisierung einher: sämtliche Grotten, Wasserfälle und Felsformationen erhielten italienische Namen, selbst die Reka (slow. Fluss) wurde in Recca umgetauft. Außerdem demontierten die Faschisten alle Tafeln zur Erinnerung an die deutsch- und

Blick zur Kirche von Škocjan

slowenischsprachigen Höhlenforscher und verbrannten das seit 1819 geführte Gästebuch. Nach 1945 gingen die Höhlen ins Eigentum des slowenischen Volkes über, das, ganz im Sinne Lenins, das unterirdische Reich im Jahr 1959 elektrifizierte. 1986 wurde dasselbe von der UNESCO in die Liste des Weltkultur- und Naturerbes der Menschheit aufgenommen, woraufhin die Besucherzahlen auf 70.000 pro Jahr explodierten. Dass die Führungen dennoch keine Massenveranstaltungen sind, liegt wohl daran, dass sie fast zwei Stunden in Anspruch nehmen und dabei etliche Höhenmeter zu überwinden sind. Dazu kommt die behutsame Vermarktung, wodurch sich die Škocjanske jame ganz wesentlich von der Postojnska jama unterscheiden. Nur mit der Modernisierung der Beleuchtung im Jahr 2014 hat man dem Naturdenkmal keinen guten Dienst erwiesen. Die Hälfte der LED-Lampen hätte auch gereicht.

EINKEHR:

Gostilna Mahnič im modernen Besucherzentrum des Parks Škocjanske jame. Die mit historischen Fotos und allerlei Steinmetzarbeiten dekorierte Gaststätte bietet bis zu 300 Gästen selbstgebrautes Bier sowie ein großes Angebot regionaler Speisen. Auf Wunsch können hier auch Hochzeiten und Begräbnisse gefeiert werden. 00386 5 7632960, www.mahnic.si

IM BANDENGEBIET

Nach Ende des Ersten Weltkrieges waren große Gebiete von Slowenien und Istrien an Italien gefallen. Schon 1920 hatte Mussolini in Pula die Linie der Faschisten gegenüber den rund 500.000 nunmehr auf italienischem Boden lebenden Slowenen und Kroaten vorgegeben: »Wenn wir einer Rasse begegnen wie der slawischen – minderwertig und barbarisch – ist ihr gegenüber nicht die Zuckerbrotpolitik anzuwenden, sondern die Peitsche.« Unverhohlen kündigte er an, den »Lebensraum« für die Italiener auf Kosten der slawischen Bevölkerung zu erweitern. Die Zwangsitalianisierung, mit der die »minderwertigen« Slawen zur Annahme der »höherwertigen«, italienischen »Zivilisation« gezwungen werden sollte, wurde rücksichtslos durchgesetzt. Die Verwendung der slawischen Sprachen in öffentlichen Ämtern und Verwaltungen wurde verboten, slowenische Schulen geschlossen, slawische Ortsbezeichnungen und Familiennamen italianisiert, bestehende slowenische Kultureinrichtungen und Genossenschaften zerschlagen. Ihren Höhepunkt erreichte die gewaltsame Italianisierung Ende der 1920er Jahre im totalen Verbot des Slowenischen in der Öffentlichkeit.

Gegen die Unterdrückungspolitik formierten sich alsbald Widerstandsbewegungen. Die schlagkräftigste entstand Mitte der 1920er Jahre im adriatischen Küstenland (Primorska) als kroatisch-slowenische Untergrundgruppe junger, nationalliberaler Antifaschisten unter dem Namen TIGR, die Abkürzung für Trst, Istra, Gorica und Rijeka. Die offizielle Gründungsversammlung der vielfach als erste antifaschistische Bewegung Europas bezeichneten Widerstandsorganisation fand am 6. September 1927 auf dem Hochplateau des Nanos statt. Allein zwischen 1927 und 1930 machte die italienische Polizei die TIGR für 99 bewaffnete Aktionen verantwortlich, neben 18 Brandanschlägen auf Schulen und Kindergärten zählten 13 Attacken auf Patrouillen und Kasernen faschistischer Milizen dazu sowie ebenso viele Attentate auf slowenische Spitzel und Polizisten.

Die spektakulärste Aktion beging TIGR im Februar 1930 in Triest. Sie verübte einen Bombenanschlag auf die Redaktion der verhassten faschistischen Zeitung *Il Popolo di Trieste*, die schon lange rassistische Kampagnen gegen die »Fremdstämmigen« führte. Dabei kam ein Journalist ums Leben und gab es mehrere Verletzte. Nach dem Attentat verhafteten italienische Sicherheitsbehörden führende Mitglieder von TIGR. Ein aus Rom gesandtes Sondergericht verurteilte die Untergrundkämpfer in einem Aufsehen erregenden Prozess zu langen Haftstrafen, vier Anführer wurden zum Tode verurteilt und am 6. September 1930 bei Basovizza durch Schüsse in den Rücken hingerichtet. Der Prozess und die Todesurteile erregten weltweit Aufsehen. So sah die *Wiener Arbeiterzeitung* in den Hingerichteten freiheitsliebende Mitglieder einer Volksbewegung, »die der gesamten antifaschistischen Bewegung als nachahmenswertes Vorbild dienen sollten«.

Die Verhaftung bzw. Ermordung seiner Anführer konnte TIGR nur vorübergehend schwächen. Um der Verfolgung im faschistischen Italien zu entgehen, flüchteten viele Aktivisten nach Slowenien, von wo aus sie unter neuer Führung den subversiven Kampf im Küstenland weiterführten. Ortskundige TIGR-Mitglieder leisteten italienischen Antifaschisten Fluchthilfe beim illegalen Grenzübertritt im Karst oder am Snežnik. Zu Beginn des Krieges unterhielt TIGR Kontakte zum britischen Nachrichtendienst, um gemeinsame Sabotageakte in Italien und Österreich vorzubereiten. Im Frühjahr 1940 wurde in Kärnten und in der Steiermark eine Gruppe von Widerstandskämpfern ausgehoben, die im engen Kontakt zu TIGR-Aktivisten und dem britischen Geheimdienst stand. Insgesamt wurden 37 Männer und Frauen verhaftet, 14 Personen wurden vor dem Reichskriegsgericht angeklagt, sechs Männer zum Tode verurteilt. Die Enttarnung der antinazistischen Widerstandsgruppe in Kärnten und der Steiermark führte auch in Italien zu gründlichen Untersuchungen, die in enger Kooperation mit der im Deutschen Reich tätigen Gestapo 1940/41 zur Zerschlagung der TIGR führten. Über 300 TIGR-Mitglieder wurden verhaftet, 60 von ihnen verurteilte ein italienisches Militärtribunal in einem Schauprozess zu langen Gefängnisstrafen, fünf junge Slowenen wurden im Dezember 1941 in Opicina erschossen.

Nach der Zerschlagung der TIGR, dem deutschen Überfall auf Jugoslawien im April 1941 und der Aufteilung Sloweniens zwischen Deutschland, Italien und Ungarn gewann die slowenische Befreiungsfront, *Osvobodilna fronta* (OF), die hegemoniale Stellung im Kampf gegen die Okkupatoren. Viele der in Freiheit verbliebenen TIGR-Aktivisten nahmen nun in den Reihen der OF am Partisanenkampf teil.

Bereits Ende April 1941 hatte sich in Ljubljana die Antiimperialistische Front gegründet, die neben der Kommunistischen Partei Sloweniens auch bürgerliche Gruppen umfasste. Noch war man aber nicht bereit, den Kampf gegen die Okkupatoren aufzunehmen, weil sich die Kommunisten noch den Interessen der sowjetischen Außenpolitik nach dem Hitler-Stalin-Pakt unterordneten. Das änderte sich mit dem Einmarsch deutscher Truppen in der Sowjetunion im Juni 1941. Die slowenische KP gründete daraufhin mit unterschiedlichen Bündnispartnern die OF, die sich sofort an die Formierung einer Partisanenarmee gegen die Besatzer machte. Das Oberkommando der Widerstandseinheiten befand sich in der Hand der Kommunisten, die es verstanden, ihre sozialrevolutionären Ziele mit dem nationalen Volksbefreiungskampf zu verknüpfen. Dabei ging es nicht mehr nur um die Befreiung des okkupierten Territoriums, sondern auch um eine künftige territoriale Neuordnung der gesamten Grenzregion.

Allein in der nunmehr italienischen *Provincia di Lubiana* stieg die Zahl der Partisanen innerhalb weniger Monate von ca. 700 auf 2.500 Kämpfer an, ebenso wurden im Küstenland erfolgreich Partisaneneinheiten rekrutiert. Rückzugsmöglichkeiten boten den Partisanen die höher gelegenen Karstregionen, wie das Hochplateau des Nanos, das Brkini Gebirge oder die Wälder rund um den Snežnik. Im April 1942 wurde eine Partisanenabteilung auf dem Nanos von 2.000 italienischen Soldaten und Polizisten eingekesselt und aufgerieben. 37 Männer entkamen und gründeten in Pivka und Umgebung neue Partisanenkompanien, deren Mitgliederzahl rasch wuchs.

Die italienische Besatzungsmacht reagierte auf die Partisanenattacken mit brutaler Gewalt. Ende Oktober 1942 befanden sich in italienischen Lagern allein 26.000 Bewohner der *Provincia di Lubiana*, mehr als 1.000 wurden von den Besatzungssoldaten zusammen mit slowenischen Sicherheitskräften während Anti-Partisaneneinsätzen erschossen, hunderte Widerstandskämpfer fielen in den Kämpfen. Letztendlich errangen die italienischen Ordnungskräfte nur kurzfristige Siege, die eine Erstarkung der Partisanen nicht verhindern konnten.

Am 8. September 1943 verbreitete sich die Nachricht von der Kapitulation Italiens. Die Partisanenarmee war auf den Zusammenbruch der Besatzungsmacht gut vorbereitet. Sie entwaffnete einen

Großteil der italienischen Soldaten und erhöhte dadurch ihre militärische Schlagkraft, die sich nun gegen deutsche Truppen richtete, die nach dem Sturz Mussolinis Norditalien besetzt hatten. Nach dem Einmarsch der Wehrmacht ordnete Hitler die Errichtung der *Operationszone Adriatisches Küstenland* (OAK) mit den Provinzen Udine, Gorizia, Trieste, Pola, Fiume (Rijeka) und der von den Italienern besetzten *Provincia di Lubiana* an. Die Alliierten, die bereits im Sommer 1943 auf Sizilien gelandet waren, versuchten nach Norden vorzustoßen. Um dies zu verhindern, musste aus deutscher Sicht in Norditalien möglichst schnell ein funktionierendes Besatzungsregime errichtet werden. Der Sitz der OAK befand sich in Triest. An der Spitze des Verwaltungsapparates stand als Oberster Kommissar der Gauleiter von Kärnten, Friedrich Rainer. In den einzelnen Provinzen wurden italienische Faschisten als Präfekten eingesetzt, in der Provinz Laibach der slowenische General Leon Rupnik.

Aufgrund anhaltender Partisanenaktivitäten erklärte Heinrich Himmler am 9. November 1943 die gesamte OAK zum »Bandengebiet«. Wenige Monate später wurde ein straff organisierter »Führungsstab für die Bandenbekämpfung« unter der Befehlsgewalt des Kärntners Odilo Globocnik eingerichtet. Allein zwischen 1. Jänner und 15. Februar 1944 ereigneten sich in der OAK 181 Partisanenüberfälle auf die deutsche Wehrmacht, bei denen über 500 Soldaten getötet wurden. Vor diesem Hintergrund befahl Wehrmachtsgeneral Ludwig Kübler: »Terror gegen Terror, Auge um Auge, Zahn um Zahn! Im Kampf ist alles richtig und notwendig, was zum Erfolg führt. Gefangene Banditen sind zu erhängen oder zu erschießen. Wer die Banditen [...] freiwillig unterstützt ist todeswürdig und zu erledigen. Daß im Kampf bisweilen auch Unschuldige mit Gut und Blut unter die Räder kommen, ist bedauerlich, aber nicht zu ändern.«

Neben Wehrmacht und Polizei beteiligten sich auch die berüchtigten SS-Karstjäger der Waffen-SS und »Selbstschutzverbände« slowenischer Kollaborateure an der Partisanenbekämpfung. Im Kampf gegen die Widerstandsbewegung wurden nach slowenischen Angaben allein in der Provinz Laibach während der deutschen Besatzung 3.025 Personen festgenommen und im Gestapo-Gefängnis in Begunje erschossen. Unter Decknamen wie *Bergzauber Moritz*, *Edelweiß* oder *Rübezahl* wurden Operationen gegen die Partisanen u. a. im Brkini-Gebirge, im Pivka-Tal, in der Umgebung von Kozina oder nahe Koper durchgeführt. Dabei wurden ganze Dörfer geplündert und eingeäschert, männliche Bewohner erschossen oder mit Benzin übergossen und verbrannt.

Ab 1944 kam auf Befehl von General Kübler auch die 188. Gebirgsjäger-Division bei der Partisanenjagd hauptsächlich in den italienisch-slowenischen Grenzgebieten zum Einsatz. In den letzten Kriegsmonaten hatte die Division den Auftrag, das Gebiet um Postojna von Partisanen zu säubern, wobei immer wieder unbewaffnete Zivilisten getötet wurden. Zu Kriegsende geriet die gesamte Division bei dem Versuch sich nach Norden durchzuschlagen in jugoslawische Kriegsgefangenschaft. Im Juli 1947 fand vor der Militärstrafkammer in Ljubljana ein Prozess gegen 14 deutsche Offiziere statt, unter denen sich neben Gauleiter Rainer auch General Kübler befand, der wegen »strafbarer Handlungen gegen Volk und Staat« zum Tode durch den Strang verurteilt wurde.

Jene Kriegsverbrecher, die nicht in jugoslawische Gefangenschaft gerieten, lebten nach 1945 als unbescholtene Bürger in Deutschland und Österreich. Obwohl allein bei der Zentralen Stelle der Landesjustizverwaltungen zur Aufklärung nationalsozialistischer Verbrechen in Ludwigsburg 50 Fälle von NS-Verbrechen in der OAK aktenkundig sind, wurde keiner der Täter aus der Wehrmacht, Polizei und Waffen-SS jemals strafrechtlich verfolgt.

Ungedankt blieb den TIGR-Aktivisten ihr Einsatz im antifaschistischen Kampf. Aufgrund ihrer Kontakte zum britischen Geheimdienst wurden sie von den jugoslawischen Nachkriegsbehörden als »ausländische Spione« denunziert. Zudem pochte die OF auf ihren Alleinvertretungsanspruch im Volksbefreiungskampf.

Nach 1945 wurden die TIGR-Kämpfer vom jugoslawischen Geheimdienst nicht nur jahrzehntelang überwacht, es wurde auch ihr Anteil am antifaschistischen Kampf totgeschwiegen. Erst in den 1970er Jahren erschienen erste historische Darstellungen über die Untergrundaktivitäten der TIGR. Zum 50. Jahrestag der Annexion des slowenischen Küstenlandes an Slowenien verlieh der damalige Präsident Sloweniens, Milan Kučan, TIGR 1997 das Goldene Freiheitsabzeichen der Republik Slowenien.

Werner Koroschitz

11. GROSSER HAKEN
Wanderung von Divača oder Matavun nach Slope oder Rodik

Brkini nennt sich das Hügelland südlich von Škocjan, das zu den rückständigsten Regionen Sloweniens zählt und touristisch kaum erschlossen ist. Sein Reiz besteht in der Abgeschiedenheit und dem saftigen Grün seiner Wiesen und Wälder. Am Übergang zum Matarsko podolje, einer breiten Furche entlang der kroatischen Grenze, finden sich zudem einige schöne Aussichtspunkte sowie etliche Beispiele traditioneller bäuerlicher Architektur.

Von Matavun (wo man vor dem Frühstück vielleicht noch einmal den Einsturzkrater umrundet hat) führt der Weg ins Tal der Sušica, die sich nur gelegentlich als Gewässer zu erkennen gibt. Umso saftiger sind die Wiesen im stillen Graben. Verhärmt vor Armut sitzt der Weiler Potok am Talschluss, ungleich heiterer das Dörfchen Vareje auf der Schulter darüber. Am Kamm vis-à-vis erscheint das nächste Ziel: das Kirchlein Sveti Socerb von Artviže, von dem man – nach kurzem heftigen Anstieg – den UNESCO-Naturpark überblickt. Noch prächtiger ist das Panorama unterhalb des Dorfes. Im Süden lassen sich die kahlen Hügel der Čičarija erahnen, weiter westlich schimmert die Bucht von Muggia. Ein kurzes Straßenstück, dann wird man vom Wald verschluckt. Kleine Rinnsale vereinigen sich zum romantischen Bach, der erst bei Brezovica ins Freie plätschert. Etwas im Abseits, aber nicht zu übersehen, liegt Britof, vor dessen Kirche steinalte Bäume in den Himmel wachsen. Schwarzkiefern und Stieleichen, Wiesenblumen und Wacholder prägen das letzte Wegstück, womit sich das Landschaftsbild noch einmal deutlich wandelt. Ein neugieriger Lipizzaner trabt heran und schnaubt zur Begrüßung. Damit endet in Slope, das einen hübschen Ortskern besitzt und gastronomisch wenig Wünsche offen lässt, eine lange Wanderung mit so vielen Eindrücken, dass sie auch für zwei Tagesetappen gereicht hätten.

Kirchturm von Britof

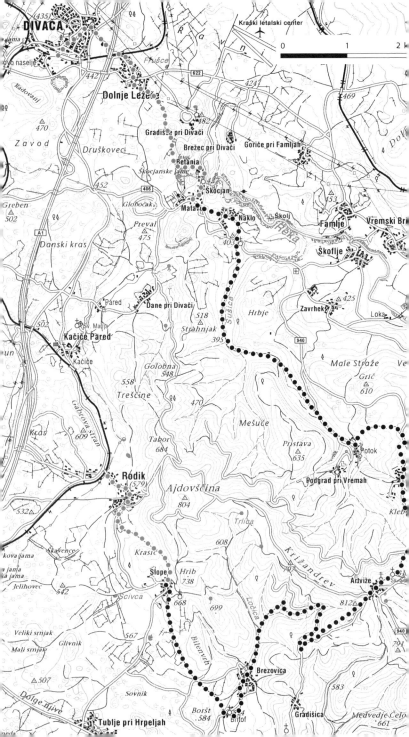

11. Wanderung von Divača oder Matavun nach Slope oder Rodik

HINWEISE ZUR WANDERUNG
LÄNGE: 17 km [25 km]
HÖHENDIFFERENZ: 600 m ↑ 380 m ↓ [660 m ↑ 560 m ↓]
GEHZEIT: 5:30 Std. [8:00 Std.]
ANFORDERUNGEN: Ausdauer
ORIENTIERUNG: mittel
KARTE: Turistična karta »Primorska«, 1:40.000, Verlag Kartografija
GASTSTÄTTEN: Matavun, Vareje, Slope, Rodik
UNTERKÜNFTE: Matavun, Slope, Rodik
VERKEHRSVERBINDUNGEN: Bahnhof und Bushaltestelle in Rodik; Taxi Divača 00386 51 267456 oder 00386 41 852145
ANMERKUNGEN: Nach längeren Regenfällen ist die Sušica bei Naklo wasserführend und muss der Bach mehrmals durchwatet werden.

WEGBESCHREIBUNG AB DIVAČA
Man verlässt den **Bahnhof Divača**, wendet sich nach rechts und biegt nach 50 m nach links. Gleich darauf folgt man der **Kolodvorska ulica** halbrechts bis zum **gostišče Risnik**. Hier wendet man sich nach links in die **Kraška cesta**. Nach 500 m, kurz vor der **Kirche**, biegt man nach rechts in die **Ležeška cesta**. Man verlässt den Ort, passiert kurz darauf den **Friedhof** und unterquert die **Autobahn**. Man erreicht **Doljne Ležeče** (Ortstafel) und folgt der ansteigenden und nach rechts drehenden Straße über die **Bahntrasse**. Man passiert nach 200 m eine **picerija** und nimmt gleich darauf eine Abzweigung nach rechts (markierter Wanderweg). Man gelangt zur **Hauptstraße**, überquert diese, passiert ein **Kirchlein** und folgt dem **Radweg Nr. 12** bzw. der Markierung bis zum **Ortsrand** (0:45 Std.).

Der Asphalt endet; weiter auf bequemem **Wanderweg**, der sofort in den Karst »eintaucht«. Deutliche Markierung bzw. **Wegweiser »Park Škocjanske jame«**. Schöner Weg, der sich nach 1 km mit dem von links kommenden markierten **Weg Nr. 1** vereint. Man geht geradeaus. Bald darauf wird linker Hand ein tiefer Einsturztrichter und die Kirche von Škocjan sichtbar. 5 Min. später wendet man sich, den Hauptweg verlassend, scharf nach links in einen ebenfalls markierten Weg (**Infotafel** zum Thema Harzgewinnung). (Zuvor empfiehlt sich aber ein Abstecher 400 m geradeaus bis zu einem **Aussichtspunkt** mit Blick auf Škocjan und eine tiefe Einsturzdioline.) Man gelangt zum Rand eines weiteren Kraters, wo man eine Abzweigung nach

In Potok

rechts ignoriert. Gleich darauf ein schöner Aussichtsplatz rechts des Weges. Weiter entlang der Abbruchkante bis zum Weiler **Betanja** (Einkehrmöglichkeit) und von dort auf einem ansteigenden Sträßchen bis zur **Kirche von Škocjan** (1:30 Std.).

Weiter auf dem Sträßchen, den **Friedhof** passierend. Die Straße senkt sich, dreht nach rechts und führt nach **Matavun** (1:45 Std.).

WEGBESCHREIBUNG AB MATAVUN

Man verlässt die **Domačija Pr'Vincki** in **Matavun**; wendet sich auf einem Sträßchen nach links und steigt kurz darauf über einen Treppenweg zur **Hauptstraße** ab; auf dieser nach links (Markierung). 200 m Asphalt bis zum **letzten Haus** der Ortschaft, wo man sich nach links in einen Weg wendet, um nach wenigen Schritten nach rechts zu biegen und der **Markierung Nr. 1** in den Wald zu folgen. Der Weg steigt kurz an und führt, sich bald wieder senkend, nach **Naklo** (2:00 Std.).

Man folgt der Markierung durch das Dorf und weiter auf einem Feldweg bis zur **Hauptstraße**, welche man überquert. Man gelangt zum **Kirchlein Sv. Mavricij** und folgt kurz davor dem **Wegweiser »Artviže«** nach rechts. Markierter Weg, der in ein kleines Tal führt. Bei einer (scheinbaren) Gabelung geht man geradeaus. Schöner

11. Wanderung von Divača oder Matavun nach Slope oder Rodik

und bequemer Weg durch ein **einsames Tal** und über langgestreckte Wiesen. Nach 1 Std. trifft man auf eine **Straße**; auf dieser geradeaus weiter. Nach gut 300 m eine **Gabelung**; man geht links, die Markierung verlassend, und wandert auf einem Sträßchen bis zur **Häusergruppe Potok** (3:15 Std.). Bei der Gabelung vor dem ersten Haus hält man sich links (zuvor empfiehlt sich die Besichtigung des Weilers). Man folgt einem ansteigenden Sträßchen bis zu zwei **Wohnhäusern** und wendet sich vor dem ersten Haus nach rechts. Der Weg steigt entlang eines **Zaunes** an und führt in den **Wald**. 20 m nach Ende des Zaunes eine **Gabelung** (rechter Hand eine Lichtung); man wendet sich nach links. Anfänglich etwas steiler, dann moderater bzw. fast ebener Anstieg im Wald. Nach 5 Min. vereinigt sich der Weg mit einem von links kommenden Weg; man geht geradeaus. Nach 50 m nimmt man eine Abzweigung nach links. Weiter auf **breitem Weg** bequem bergauf. Nach weiteren 5 Min. eine Einmündung von rechts; geradeaus weiter. Schöner Weg, der bald darauf auf eine **Straße** trifft; auf dieser nach rechts. Nach 150 m verlässt man die Straße nach rechts und steigt weglos zu einer markanten, terrassierten **Hügelkuppe** an. Schöner Rundblick. Man strebt auf eine **Häusergruppe** zu, trifft auf einen Feldweg und folgt diesem bis **Vareje** (4:00 Std.).

Am Ortsbeginn eine Kreuzung (**Partisanendenkmal**); man wendet sich nach links. Nach 100 m eine Gabelung; man geht links in ein ansteigendes **Sträßchen** (50 m rechts die **turistična kmetija Benčič**). Nach gut 50 m biegt man nach rechts in einen geschotterten **Fahrweg**. Man folgt dem Hauptweg; bei einer **Quellfassung** wird eine Abzweigung nach rechts ignoriert. Kurz danach unterquert man eine **Stromleitung**. Weiter entlang einer langgestreckten Wiese. Man unterquert die **Stromleitung** erneut, bald darauf ein drittes Mal. Nach 50 m nimmt man eine **Abzweigung** nach links. Breiter Weg, der gut 30 Min. steil und in **mehreren Kehren** im Wald ansteigt. Man erreicht die **Geländekante**, hält sich bei einer Gabelung rechts und gelangt kurz darauf zum höchsten Punkt, wo sich das **Kirchlein Sv. Servil** befindet (4:45 Std.).

Kurzer Abstieg auf schönem **Wiesenweg** in südwestlicher Richtung bis **Artiviže**. Man folgt dem ersten Sträßchen bergab bis zu einer **Querstraße** (Trinkwasserbrunnen); auf dieser nach rechts. Man trifft auf die »**Hauptstraße**« und geht auf dieser nach rechts. Man passiert ein **Partisanendenkmal** und folgt der **Straße**, den Ort verlassend, in südwestlicher Richtung. Nach 300 m Asphalt weicht man nach rechts

In Rodik

in eine ansteigende **Fahrspur** aus. Anstieg oberhalb der Straße bis zu einer **Kuppe**; weglos weiter den **Hügelkamm** entlang bis zu einer Baumhecke, welche man halbrechts durchschreitet. Schöner Blick aufs Meer; Abstieg nach links zur **Straße**; auf dieser nach rechts.

Nach 600 m Asphalt wendet man sich scharf nach rechts in eine **gozdna cesta**; auf dieser, Abzweigungen nach links ignorierend, 15 Min. moderat im Wald bergab bis zu einer markanten **Linkskurve** in einem **Geländeeinschnitt**. 200 m danach wird die Einmündung eines Weges von rechts ignoriert. Kurz darauf verlässt man den Hauptweg und folgt einem abwärts führenden Weg nach links. Bald darauf ignoriert man die Einmündung eines Weges von links. Weiter auf steinigem Weg den Hang entlang bis zu einer **Gabelung**; man hält sich rechts. Der Weg dreht sofort nach rechts und quert kurz darauf einen **Bach**. Weiter bergab, rechts eines **Grabens**. Der Weg senkt sich allmählich zum **Bach**; quert einen Seitenbach und führt bald darauf zu einer **Furt**. Man quert den Bach, wandert links desselben talauswärts und erreicht die ersten Häuser von **Brezovica** (6:00 Std.).

Man durchschreitet das Dorf, die Richtung ungefähr beibehaltend, und passiert am südlichen **Ortsrand** die ehemalige Schule, wo sich die **Straße** mit einer von links kommenden Straße vereint. 30 m

11. Wanderung von Divača oder Matavun nach Slope oder Rodik

danach wendet man sich nach links in einen **Feldweg**, der sich nach 100 m gabelt. Man hält sich rechts und geht nach weiteren 100 m mehr oder weniger weglos auf die **Kirche** von **Britof** zu. Man betritt den **Friedhof** durch einen Seiteneingang an der linken (südlichen) Friedhofsmauer.

Man verlässt den **Friedhof** durch den »Haupteingang« und wendet sich auf einem Sträßchen nach rechts. Nach wenigen Schritten, unmittelbar vor dem **Haus Nr. 7**, biegt man nach links in einen schmalen, undeutlichen **Pfad**. Der Weg führt kurz darauf über ein **Brücklein**, steigt an (ein breite Abzweigung nach rechts wird ignoriert) und trifft auf einen breiten geschotterten **Fahrweg**; auf diesem nach links. Sanfter Anstieg im Kiefernwald bis zu einer großen **Fünffachkreuzung**; man geht geradeaus (Fahrverbot). Bald darauf dreht der Hauptweg nach rechts; man geht geradeaus. 200 m danach eine **Gabelung**; man hält sich rechts. Bald darauf trifft man auf einen breiteren Weg; auf diesem geradeaus. Nach 60 m nimmt man eine Abzweigung nach links und wandert entlang einer **Pferdeweide** bis zur Straße am Ortsrand von **Slope**; auf dieser nach rechts bis ins **Ortszentrum** (7:15 Std.).

FORTSETZUNG BIS RODIK

Man steigt von der **Ortsmitte** zur **turistična kmetija pri Damjanu** an (Wegweiser), wendet sich vor dieser nach links und verlässt auf einem geschotterten **Fahrweg** den Ort. Nach 500 m passiert man eine **Wasserstelle** und gelangt kurz darauf zu einem **Sattel** mit einer **Obstplantage**. Hier wendet man sich halblinks und folgt einem abwärts führenden Waldweg, der nach 15 Min. auf eine **Querstraße** trifft; auf dieser nach rechts bis **Rodik**. Man passiert die **Kirche** und erreicht den **Dorfplatz** (Brunnen). Hier geht man links, passiert die **turistična kmetija Linč** und folgt der Straße bis zu einem **Fabriksgebäude**, wo man sich nach rechts wendet. Man erreicht eine Querstraße, geht links und gelangt nach 300 m zu einer **Straßenbrücke**, vor welcher man sich nach links wendet und zur **Bahnstation von Rodik** absteigt (8.00 Std.).

AM WEGE

Naklo | Nakla | Nacla San Maurizio
Das gut erhaltene Bauernhaus Nr. 14 gilt als Kulturdenkmal von lokaler Bedeutung, noch interessanter ist das Haus Nr. 27

aus dem Jahr 1860. Es besitzt einen Eiskeller mit einer Tiefe von 19 m und einem Durchmesser von 17 m, der damit der größte dieser Art in der gesamten Region ist. Zwei weitere Hohlräume sind ebenfalls bemerkenswert: der Stollen eines Bergwerks, in dem einst Steinkohle abgebaut wurde, sowie das *grobišče Jama na Prevali* südwestlich von Matavun, in der 1992 ein Massengrab aus dem 2. Weltkrieg gefunden wurde. Die sterblichen Überreste konnten slowenischen Zivilisten zugeordnet werden; die Hintergründe ihres Todes sind unbekannt.

Artviže | Artvische | Artuise

Hodi više hodi niže, buh te varij na Artviže. Buh te varij na Artviže, kamr zludij miže, lautet ein altes Volkslied, das den Wanderer davor warnt, dass hier der Teufel auf ihn warte und er zugleich dem lieben Gott am nächsten sei. Ersterer steckt im inhomogenen Ortsbild, zweiterer haust in einer primitiven Steinkirche aus dem 17. Jahrhundert, von der sich ein wunderbares Panorama bis zur Alpenkette bietet. Geweiht ist der malerische Bau dem Heiligen Servolus, der einst in Socerb bei Triest eine Karsthöhle bewohnt haben soll und, glaubt man seinen Anhängern, im 20. Jahrhundert als Wunderheiler wiedergeboren wurde. Ängstlich und unter der Last des breiten Kirchturms leidend blickt der Schlussstein des Kirchenportals auf die Besucher herab. Ein lose herabhängendes und rätselhaft verknotetes Seil erlaubt die Inbetriebnahme der Glocke.

Artviže ist mit einer Seehöhe von 790 m der höchstgelegene Ort der Brkini-Hügelkette und wendet sich mit gut 30 Häusern 230 Tage im Jahr der Sonne zu. Wie Tentakel breiten sich langgestreckte und terrassierte Wiesen in drei Himmelrichtungen aus, einige frisch gepflügt oder gemäht, andere von Perücken- und Haselnusssträuchern befallen, was die beginnende Verwaldung anzeigt. Noch wird aber Weidewirtschaft betrieben und werden im Herbst *jabolke, hruške, slive* – Äpfel, Birnen und Zwetschken – geerntet. Bis vor hundert Jahren galten die Brkini als grüne Oase inmitten des Karsts, weil sie auf Flysch basieren und entsprechend fruchtbare Böden aufweisen. Damals hatte das Gebiet rund 15.000 Einwohner, die sich auf 40 armselige Haufendörfer verteilten und von der Hauptstraße im Matarsko podolje, dem breiten Tal im Süden, fast abgeschnitten waren. Mittlerweile

Kirche Sveti Servul bei Artviže

ist die Bevölkerungszahl auf kaum 6.000 geschrumpft, wovon 54 in Artviže leben. Waren 1961 noch 40 Prozent Bauern, gibt es heute nur noch fünf. Zwei von ihnen haben auf biologische Landwirtschaft umgesattelt und versuchen sich mit besonders hochwertigen Produkten am Leben zu erhalten. Ein Wiederaufbaufonds sowie ein Dorferneuerungs- und Regionalentwicklungsprogramm der EU sollen die Abwanderung stoppen und mithelfen, das touristische Potenzial der schönen Landschaft besser auszuschöpfen. Tatsächlich finden sich im Umkreis etliche *turistične kmetije*, die sich mit gutem Essen einen Namen gemacht haben und vor allem italienische Gäste ansprechen.

Wer Artviže Richtung Süden verlässt, wird durch ein schmuckloses Partisanendenkmal an die Ermordung von fünf jugendlichen Frauen und Männern durch deutsche Nazis im Jahr 1944 erinnert. »Schon hattet Ihr die goldene Freiheit vor Augen, da nahmen Euch die verfluchten Feinde das junge Leben. Den Tag der Vertreibung des Faschismus habt Ihr nicht mehr erlebt«, steht da zu lesen. Die Erschießung von Albina und Sabina sowie von Silva, Joško und Sergej war eine sogenannte Sühnemaßnahme der SS und ging mit der teilweisen Zerstörung des Dorfes einher.

Brezovica | Bresovizza

Der unauffällige Ort mit mehreren historischen Bauernhäusern liegt am Ausgang des Ločica-Grabens, der sich hier zu einem großen ovalen, von einer Hügelkette eingefassten Becken verbreitert, das bis heute landwirtschaftlich genützt wird. Für die Fruchtbarkeit sorgt ein Flüsschen, das am südlichen Ende des *polje* von der Erde verschluckt wird – so wie es in mehreren Seitentälern der Brkini der Fall ist. Umrahmt wird das Naturschauspiel von senkrecht aufragenden Felswänden, auf denen die spärlichen Reste eines mittelalterlichen Turms sowie die Kapelle Sv. Duh sitzen, letztere seit ihrer Restaurierung nahezu seelenlos. Der eigentliche Blickfang ist aber die Kirche St. Stefan in der Mitte des Feldes, die den Weiler Britof, dessen Name sich vom deutschen Friedhof ableitet, markiert. Sie besitzt einen mächtigen, im italienischen Stil gehaltenen Turm und ein mehrfach gegliedertes Schiff, das vielleicht kein Meisterwerk sakraler Baukunst ist, aber dem Ort allein durch pure Größe Bedeutung verleiht. Zur Aura tragen vor allem die vier riesigen Linden bei, die den Aufgang zum Friedhof säumen und ihre verkrüppelten Äste in den Himmel strecken. Unweit dieses Naturdenkmals lohnt sich ein Blick auf das blassgrüne Haus Nr. 3, dessen Eingang von einer schönen Laube mit doppelten Steinbögen und Mittelsäule gebildet wird.

Slope | Sloppe

Die sonnige Lage und leichte Erreichbarkeit aufgrund der Nähe zur Staatsstraße von Kozina nach Rijeka hat dem Dorf in den letzten Jahren den Zuzug wohlhabender Leute beschert, die ihren Reichtum (oder ihre Kreditschulden) mit überdimensionierten und geschmacklosen Neubauten am Ortsrand zur Schau stellen. Einige von ihnen scheinen dabei jeden Bezug zur schönen Landschaft verloren zu haben. Es bedarf also eines gewissen Tunnelblicks, um Slope als unverfälschtes Karstdorf wahrzunehmen, oder der Vernebelung durch Endorphine, die bei einer längeren Wanderung ausgeschüttet werden. Unter diesen Voraussetzungen wird man im Dorfzentrum eine Ansammlung von Häusern sehen, die in Würde gealtert und, jedes für sich, ebenso bescheiden wie eigenwillig geblieben sind. Da findet sich ein

Hinterhof in Slope

moosgrüner Bau, dessen sämtliche Mauernischen mit Brennholz vollgestopft sind, dort ein Plumpsklo, das zur Hundehütte umfunktioniert wurde, und zwei Häuser weiter ein Schuppen, den man mit ausgerollten Blechfässern beschlagen und der Sprossenwand eines alten Heuwagens geschmückt hat.

Eine Augenweide sind auch die nackten Steinbauten mit ihren bunten Patchworks aus Marmorquadern, Natursteinen und roten Ton- oder grauen Betonziegeln, alle mit bröseligem Mörtel notdürftig zusammengehalten. Jede Wand ein Artefakt, jede Fensterluke und jeder Mauerriss ein grafischer Akzent. Es sind Werke einer informellen *arte povera*, geschaffen von Leuten, deren Kreativität aus dem Mangel geboren wurde. Mitgeholfen hat dabei aber auch die Verwitterung, denn bei näherer Betrachtung entdeckt man Reste von Kalkverputz, die darauf verweisen, dass die Häuser früher vollständig ummantelt und zum Teil auch bunt gestrichen waren. Verwendet wurden natürliche Farbstoffe wie Ocker in allen Schattierungen, aber auch dunkelgrüne, weinrote und blaue Pigmente. So betrachtet knüpft die Unsitte, renovierte Häuser mit himmelschreienden Farben zu »verschönern«, an eine alte Tradition an.

Brunnen in Rodik

EINKEHR:
Turistična kmetija pri Damjanu. Das aufwändig renovierte Haus hat sich mit vorzüglichen Karstspezialitäten einen Namen gemacht. Leute mit dicken Autos kommen von weit her, um Damjans legendäre Stelzen zu verdrücken. Das Fleisch stammt von glücklichen Schweinen aus eigener Zucht; die Zimmer machen einem Vier-Sterne-Hotel alle Ehre. 00386 41 753218 oder 00386 5 6802840, www.damjan-slope.com

Turistična kmetija pri Filetu. Schön gelegener Hof mit Meeresblick und einer Handvoll Lipizzaner im Stall. Dazu kommen ein paar Schweine, Schafe und Hühner sowie die Katze Miki und der dicke Hund Mark, die einander sichtlich zugetan sind. Die Küche bietet einfache, aber tadellose Kost. Der Wirt Franc Jelušič ist ein vielgereister Mann und produziert preisgekrönte Schnäpse. Angenehme Zimmer. 00386 5 6802016, www.turisticnekmetije.si/de/pri-filetu

Rodik | Roditti | Rodig

Alte Reiseführer beschreiben die Bewohner als besonders geschäftstüchtig, und das scheinen sie bis heute geblieben zu sein. Immerhin halten hier fünf Gaststätten offen, drei davon sogar empfehlenswert, und sorgen für Leben und Umsätze, wie man sie in vergleichbaren Dörfern kaum noch findet. Das breite gastronomische Angebot besteht seit Eröffnung der istrischen Staatsbahn, die, wie es heißt, dem zuvor abgelegenen Ort »das Tor zur Welt öffnete«. Rodik markiert mit einer Seehöhe von knapp 600 m den Scheitelpunkt der Strecke. Bald reisten die Triestiner zur Sommerfrische an und bewogen die Bauern, in Gasthöfe und Fremdenzimmer zu investieren. Vorreiter war der Gasthof Linč, der schon 1823 seine Pforten öffnete und dem deutschstämmigen Liederschreiber Anton Hajdrih (1842–78) zeitweilig Quartier bot. Noch älter ist die Versorgung des Dorfes mit frischem Quellwasser. Sie stammt aus der Ära Maria Theresias, die von Brezovica über Rodik eine Wasserleitung nach Kozina und Koper bauen ließ. Der renovierte Dorfbrunnen, dessen Pumpe mit einem eleganten Schwungrad aus Messing angetrieben wird, ist Zeuge dieser Zeit. Mit berechtigtem Stolz blicken die Dorfbewohner auch auf ihre wohlproportionierte Dreifaltigkeitskirche aus dem 17. Jahrhundert, die die meisten Kirchen der Brkini in den Schatten stellt. Erbaut aus hellgrauem Kalkstein, weisen Kirchturm und Vorbau einfache Muster und Ornamente auf, die im grellen Sonnenlicht markante Schatten werfen. Auch das schlicht verzierte Friedhofstor und das Marmorrelief am Kirchenportal sind Kleinode der Steinmetzkunst.

EINKEHR:

Turistična kmetija Linč. Der geschichtsträchtige Hof bietet ausgezeichnete regionale Speisen und gute Weine, die sich am besten im schönen Gastgarten genießen lassen. Auch der Gastraum und die Gästezimmer sind besonders geschmackvoll eingerichtet. 00386 5 9920834, www.linc-rodik.com
Turistična kmetija pri Friščevih. Gut geführtes und kinderfreundliches Haus, das sich auch für einen mehrtägigen Aufenthalt empfiehlt. 003865 6800038, www.turizem-race-rodik.si
Gostilna Marhorčič. Mehrfach ausgezeichnetes Feinschmeckerlokal, das in punkto Atmosphäre und Qualität einiges schuldig bleibt. Nur die Preise sind absolut standesgemäß. 00386 5 6800400 der 00386 41 679588, www.gostilnamahorcic.wordpress.com

12. ÜBER DEN BERG
Wanderung von Rodik oder Slope nach Podgorje

Von unten betrachtet wirkt der Slavnik, Sloweniens südwestlichster Eintausender, wie ein dicht bewaldeter und entsprechend langweiliger Berg. Doch bereits beim Aufstieg erweist er sich als überraschend vielgestaltig, verbirgt sich doch unter seinem Gipfel altes Kultur- und Weideland. Und nicht zuletzt ist es die fantastische Aussicht, die den fast dreistündigen, nicht ganz mühelosen Aufstieg lohnt.

Anlauf nimmt man in der Niederung von Tublje, wo sich noch Bauerngärten und Obstbäume gegen die Macchia behaupten. Eine *gostilna* an der Straße lädt zur ersten Rast, weniger erbaulich sind die Bausünden in der Umgebung. Umso harmonischer erscheinen die Wiesengründe am Fuße des Slavnik, die man zwischen Steinmauern und vereinzelten Dolinen passiert. Es folgt ein längeres, teils unwegsames Steilstück, das aber bald von angenehmen Pfaden und historischen Karrenwegen abgelöst wird. Sie führen durch immer lichtere Wälder auf ein offenes Plateau, wo verwaiste Hütten und verfallene Ställe von einstiger Almwirtschaft zeugen. Zwei Stockwerke höher liegen einem Slovenska Istra, Kraški rob und *il carso* zu Füßen; wie Muschelkolonien wachsen Triest und Koper aus dem Meer. Am prächtigsten ist der Rundblick von der Grmada, dem »kleinen« Gipfel des Slavnik. Ihn hat man meist für sich allein, während man die Erhebung vis-à-vis mit anderen Ausflüglern und einem hässlichen Sendemast teilen muss. Ein Schandfleck ist auch das benachbarte Schutzhaus, wenngleich man sein Angebot an schmerzstillenden Substanzen gern in Anspruch nimmt. Sie erleichtern den Weg ins Tal, der so steil und steinig ist, dass die Knie zu streiken drohen. Unten angekommen erholt man sich beim Rundgang in Podgorje, das sich durch einen verwinkelten Ortskern und manche romantische Ecke auszeichnet. Weniger stimmungsvoll ist die Atmosphäre im »Bahnhofsviertel«, wo einen aber – am Ende der Welt! – ein gemütliches Gasthaus erwartet.

12. Wanderung von Rodik oder Slope nach Podgorje

HINWEISE ZUR WANDERUNG
LÄNGE: 21 km [18 km]
HÖHENDIFFERENZ: 820 m ↑ 870 m ↓ [700 m ↑ 830 m ↓]
GEHZEIT: 6:30 Std. [5:45 Std.]
ANFORDERUNGEN: Ausdauer, Trittfestigkeit
ORIENTIERUNG: schwirig
KARTE: Turistična karta »Primorska«, 1:40.000, Verlag Kartografija
GASTSTÄTTEN: Rodik, Slope, Tublje, Slavnik, Podgorje
UNTERKÜNFTE: Rodik, Slope, Tublje, Podgorje
VERKEHRSVERBINDUNGEN: Bahnhöfe in Rodik und Podgorje; Taxi Divača 00386 40 242270

WEGBESCHREIBUNG AB RODIK
Man verlässt den **Bahnhof Rodik** auf einem ansteigenden Sträßchen und wendet sich auf der Querstraße nach rechts. Anstieg in Richtung Dorf bis zu einer Gabelung; man geht links. Man folgt der Straße, eine Abzweigung nach rechts ignorierend, bis zum **Dorfplatz** (Brunnen mit Kurbel). Man geht geradeaus, passiert die **Kirche** und verlässt das Dorf auf der **Straße Richtung Slope** (Wegweiser). Nach 200 m ignoriert man eine Abzweigung nach links. Nach weiteren 300 m biegt man nach links in einen ansteigenden **Waldweg**. 15minütiger Anstieg bis zu einem **Sattel**, wo man sich nach rechts wendet und dem **Hauptweg**, einen kleinen **Teich** passierend, bis zum Ortsrand von **Slope** folgt (0:45 Std.).

WEGBESCHREIBUNG AB SLOPE
Man steigt von der **domačija pri Damjanu** in Slope zur **Kreuzung** im Zentrum des Dorfes ab und geht links. Vorbei an einigen Häusern bis zum **Partisanendenkmal** am Ortsrand, wo man eine Abzweigung nach links ignoriert. Weiter auf der **Straße** bis zu einem steinernen **Wegkreuz** am Ortsende. Hier wendet man sich halbrechts in einen Feldweg und folgt diesem zwischen Feldern, Wiesen und Obstkulturen bis zu einem Querweg (links ein **Hochsitz**); auf diesem nach rechts. Der Weg wird etwas undeutlicher und dreht, scheinbar in die falsche Richtung, im großen Bogen nach rechts, um anschließend wieder nach links zu biegen und in den Wald zu führen. (Anmerkung: In diesem Abschnitt können vom Hauptweg, je nach Jahreszeit, undeutliche Fahrspuren nach links abzweigen, die man jedoch igno-

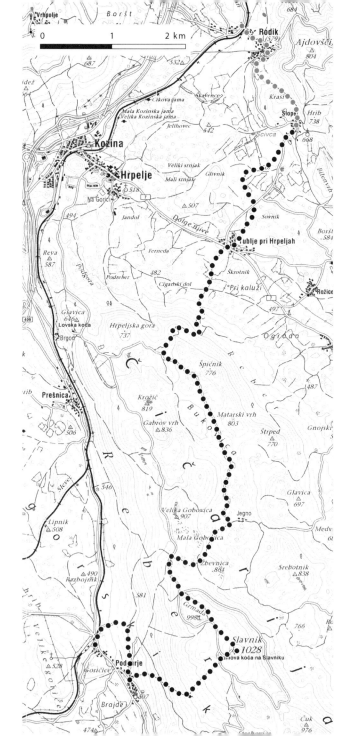

riert.) Im Wald lässt man zwei untergeordnete Abzweigungen nach rechts außer acht. Der Weg schlängelt sich bis zu einem geschotterten **Forstweg**; auf diesem nach links. Man trifft nach gut 10 Min. auf ein **Sträßchen**, geht rechts und biegt nach 10 m, eine **Stromleitung** unterquerend, halblinks in einen Weg.

Bald darauf eine **Wegkreuzung**; man geht geradeaus. Gleich darauf wird eine Einmündung von rechts ignoriert. Man folgt dem Hauptweg, unterquert neuerlich die **Stromleitung** und erreicht kurz darauf das erste **Haus** von Tublje. Man folgt dem Zufahrtsweg bis zu einer Kreuzung und geht rechts. Der Asphalt endet sofort, und man folgt einem Karrenweg bis zu einer Querstraße; auf dieser nach links bis zur **Hauptstraße** (1:45). Einkehrmöglichkeit in der **gostilna Križman**.

Auf der **Hauptstraße** nach rechts (Richtung Nordwesten). Nach gut 100 m, vis-à-vis des **Hauses Nr. 3**, biegt man nach links in einen Feldweg. Schöner Weg, der sich senkt und nach 500 m gabelt; man geht links. Kurz darauf eine **Dreifachgabelung**; man nimmt den mittleren Weg. Bald darauf eine Einmündung von links; geradeaus weiter. Kurz danach wird eine Abzweigung nach rechts ignoriert. Der Weg steigt leicht an und führt in den dichteren Wald, eine untergeordnete Abzweigung nach rechts wird ignoriert; der Weg dreht nach links. Mäßig steiler Anstieg auf breitem Weg in mehreren **Kehren**. Kurz vor der zweiten Kehre wird eine Abzweigung nach rechts ignoriert. Nach der **vierten Kehre** verflacht sich der Weg, um fast eben den Hang entlang zu führen und undeutlicher zu werden. Man gelangt zur **fünften**, stark verwachsenen **Kehre**, wo man einen geradeaus weiterführenden Weg ignoriert. Wenige Meter nach der Kehre eine undeutliche Gabelung; man wendet sich nach rechts in einen **Pfad**. 100 m sanft ansteigend, dann nach links drehend leicht bergab. Der Weg wird wieder deutlicher. Nach 200 m nimmt man eine Abzweigung nach links. Der Weg steigt einige Meter an und führt dann ebenso eben wie undeutlich den Hang entlang, um bald auf die **Reste einer Trockenmauer** zu treffen. Man »durchschreitet«, die Richtung beibehaltend, die Mauerreste und findet nach 100 m halblinks eine weitere verfallene **Trockenmauer**. Hier wendet man sich nach links und folgt dem **Steinwall** weglos bergauf. Kurz darauf trifft man auf einen Pfad und folgt diesem, rechts an einer **Lichtung** vorbei, bis zu einem breiten **markierten Weg**. Man geht links und gelangt zu einer **Jagdhütte** (2:45 Std.).

12. Wanderung von Rodik oder Slope nach Podgorje

Geradeaus weiter, der Markierung bzw. dem **Hauptweg** folgend. Bequemer, z. T. fast ebener Weg in einem von lichtem Wald geprägten Hochtal, der nach gut 30 Min. über einen **Sattel** und von dort zu einer aufgelassenen **Alm** in einer großen Senke führt. Hier trifft man auf einen Querweg; auf diesem nach rechts (**Wegweiser »Slavnik«**; 3:30 Std.).

15minütiger Anstieg bis zu einer **Gabelung**; man geht rechts, der Markierung folgend. Bald darauf eine weitere Gabelung; man geht rechts und verlässt damit die Markierung. Schöner Weg zwischen Felsblöcken und kleinen Dolinen bis zu einer **Schotterstraße**; auf dieser nach links (der markierte Weg Nr. 1 wird vorläufig ignoriert). Blick auf den Golf von Triest. Nach 10 Min. eine **Wegkreuzung**; auf dieser nach links. Nach 20 m biegt man halbrechts in einen **Wiesenpfad**, der gleich darauf in den **Weg Nr. 1** mündet. Man folgt der Markierung anfangs moderat, dann steil bergauf bis zur **Schotterstraße**; auf dieser nach rechts. Nach 10 m wendet man sich nach rechts in einen Weg. Kurzer Anstieg zum Gipfel der **Grmada** (4:30 Std.). Schöner Rundblick.

Zurück zur Schotterstraße; auf dieser, dem Wegweiser folgend und das letzte Stück abkürzend, bis zum **Gipfel des Slavnik** (5:00 Std.). Einkehr in der **Schutzhütte**.

Von der Hütte folgt man dem **Wegweiser »Podgorje«** bergab. Nach 50 m eine Gabelung; man geht rechts (**Wegweiser »Podgorje 40'«**). 45minütiger Abstieg, anfangs im Offenen, dann sehr steil im Wald bergab bis **Podgorje** (5:45 Std.).

Abstieg von den ersten Häusern bis zu einer **Kreuzung** (linker Hand ein **Brunnen**). Hier wendet man sich nach rechts in ein Sträßchen, das nach 50 m in einen ansteigenden **Karrenweg** übergeht. Nach 200 m ignoriert man eine Abzweigung nach rechts und nimmt gleich darauf eine Abzweigung nach links. Bei der darauffolgenden Gabelung geht man wieder links. Der Weg senkt sich wieder und trifft bei einer großen **Jagdhütte** auf ein **Sträßlein**; auf diesem nach links. Man folgt dem Sträßlein bis zur **Hauptstraße**, welche man überquert. Bei der nächsten Querstraße geht man scharf rechts, passiert die **gostilna Pod Slavnikom** und gelangt zum **Bahnhof Podgorje** (6:30 Std.).

Auf dem Weg zum Slavnik

AM WEGE

Tublje pri Hrpeljah | Tublie di Erpelle

Bei der Durchschreitung der lärmgeplagten Straßensiedlung wünscht man sich einen Gehörschutz und vor allem Scheuklappen, denn mit Schönheit geschlagen ist Tublje wahrlich nicht. Auch das Spanferkel, das neben der Hauptstraße brandwund vom Spieß tropft, ist kein Anblick, der zum längeren Bleiben einlädt. Umso wohltuender das Landschaftsbild, das sich nur einen Katzensprung entfernt, Richtung Slavnik, bietet. Harmonische Feldwege führen in eine sanft gewellte Senke mit weitläufigen Wiesen und Lichtungen, die teils von Trockenmauern gesäumt sind, teils von Baumhecken vor dem Wind geschützt werden. Frische Heuwalzen, die, von einer Ballenpresse ausgespuckt, auf ihren Abtransport warten, liegen leicht geneigt und wie gedrechselt in einer Mulde und lassen an überdimensionierte Mühle-Spielsteine denken. Freistehende Linden und andere Bäume, so makellos von Gestalt, dass sie einem Jahreszeitenkalender entstammen könnten, verwandeln die bäuerliche Flur in eine schmucke Parkanlage, die erst berg-

12. Wanderung von Rodik oder Slope nach Podgorje

wärts in einen lichten Wald übergeht. Von dort windet sich ein vielversprechender Kulturweg immer höher, um sich plötzlich in mehrere, kaum sichtbare Pfade zu verzweigen. Welcher von ihnen zum Ziel führt, wissen nur die Wildschweine und der Verfasser dieser Zeilen.

EINKEHR:
Gostilna pri Križmanu. Wanderer freuen sich über diese Einkehrmöglichkeit vor dem langen Anstieg zum Slavnik. An der Rückseite des Hauses findet sich sogar ein halbwegs ruhiges Plätzchen. Zur Not kann man hier auch übernachten und sich den Bauch mit besonders deftiger Kost vollschlagen. 00386 5 6800700

Slavnik | Monte di Taiano

Er ist 1028 m hoch und wird häufig als höchster Berg der Čičarija bezeichnet, obwohl ihn seine unauffälligen Nachbarn Glavičorka und Žabnik im Südwesten um fast 60 m Meter überragen. Selbst wenn man den grauenhaften Sendeturm, den man 1983 unter seinen Gipfel gepflanzt hat, hinzurechnet, verfehlt der Slavnik den beanspruchten Spitzenplatz deutlich. Dennoch ist er der mit Abstand beliebteste Berg im Umkreis, bietet er doch ein phantastisches Panorama. Es umfasst im Norden die gesamte Alpenkette von den Südtiroler Dolomiten über die Julischen bis zu den Steiner Alpen und reicht im Süden und Westen von der Kvarner Bucht über Istrien bis zum Golf von Triest, der im Hintergrund von der östlichen Adriaküste mit den Lagunen von Grado und Venedig gesäumt wird. Ebenso reizvoll ist der Blick über die nahe Čičarija und den gesamten Karst, was dem Weitwanderer eine interessante Rück- und Vorschau auf seine Route erlaubt. Insofern hat der Name »Istrischer Triglav« durchaus seine Berechtigung, auch wegen des bisweilen massenhaften Ansturms von Bergwanderern.

Der Run begann 1957 mit der Errichtung des Gipfelhauses, das den Sendemast in punkto Hässlichkeit sogar noch übertrifft. Er ging mit dem Bau einer (unbefestigten) Fahrstraße einher, die mittlerweile für PKW gesperrt, aber unter Mountainbikern sehr beliebt ist. Die jährlichen Besucherzahlen stiegen von etwa 1.000 in den 1950er Jahren auf 25.000 in den 90ern. Zum 20jährigen

Am Gipfel des Slavnik

Jubiläum der Schutzhütte stellten sich über 500 Festgäste mit Grußadressen an Josip Broz Tito ein, der damals seinen 85. Geburtstag beging. Benannt ist das Gipfelhaus aber nach dem Juristen Henrik Tuma (1858–1935), der als sozialdemokratischer Politiker und Journalist Geschichte schrieb. So arbeitete er für die sozialistische Partei in Österreich und organisierte 1917 den Internationalen Sozialistenkongress (»Friedenskonferenz«) in Stockholm. Als Alpinist machte er sich mit der Erstbesteigung der Nordwand des Triglav einen Namen.

Am schönsten ist die Begehung des Slavnik im Frühling und Frühsommer, wenn die Bergwiesen in allen erdenklichen Farben erblühen. Botaniker geraten beim Anblick des seltenen Hellgelben Läusekrauts und der karierten Bergschachblume in Entzücken; Laien werden zumindest die weiße Sternnarzisse und den ultramarinblauen Bergenzian erkennen. Weitere Naturschönheiten sind die orange Krainer Lilie, der blasse Diptam und die rote Pfingstrose. Wenn aber an den Wochenenden die Volksmassen dem Gipfel zustreben, geht es den zum Teil streng geschützten Pflanzen zu Zigtausenden an den Kragen. Kaum ein Bergwanderer, der sich nicht ein Sträußchen genehmigt,

Stallgebäude in Podgorje

und nicht wenige, die ihren Müll wie zum Ausgleich für den Farbenraub über die Hänge verstreuen. So profitieren die Dörfer am Fuße des Berges viel weniger von den Ausflüglern als sie mit der regelmäßigen Entsorgung ihrer Hinterlassenschaften an Kosten zu tragen haben.

Podgorje | Piedimonte del Taiano | Podgier

Freunde morbider Alltagsästhetik kommen hier ganz auf ihre Kosten. Am Fuß des Slavnik, wo sich der Podgorski kras zu einem Tal verengt, reiht sich ein desolates Haus an das andere – alte Bauernhöfe und Ställe, dazwischen ein paar Wohnhäuser jüngeren Datums – die zusammen ein langgestrecktes und erstaunlich großes Dorf ergeben. Dessen Größe entspricht den ausgedehnten Weide- und Anbauflächen im Umkreis, die heute zum größten Teil brach liegen oder, wie die Terrassen am Berghang, bereits zugewachsen sind. Noch immer zu erkennen sind die hohen Hecken zwischen den schmalen Feldstreifen, die zum Schutz gegen die Bora gepflanzt wurden und die Ebene mit einem engen Linienraster überziehen. Landwirtschaft betreiben nur noch eine Handvoll Nebenerwerbsbauern oder Pensionisten, wie der 77jährige Jernej, der das Heu für seine sieben Schafe im ersten Stock seines Wohnhauses lagert und zur Fütterung die Ballen aus dem Fenster wirft. Eine etwas größere Herde wird südlich des Dorfes von einer Meute Schäferhunde bewacht, die jeden Wanderer als potentiellen Viehdieb betrachtet und sich wie toll gebärdet, ohne aber dabei den lächerlich niedrigen Elektrozaun zu überspringen.

Ansonsten herrscht in Podgorje Friedhofsruhe, von der maunzenden Katze, die jeden Besucher um Futter und ein paar Streicheleinheiten anschnorrt, abgesehen. Das Amtsgebäude der Gemeinde ist verwaist; zwei Wartebänke an der Hauswand drohen langsam über die schiefe Ebene des Dorfplatzes abzurutschen und sich in ihre Bestandteile aufzulösen. Auch die beiden Fenster unter der Fahnenhalterung sind aus der Fasson geraten, wer immer für ihren Einbau verantwortlich war, hat wenig Augenmaß bewiesen. Dafür erstrahlt der Briefkasten in makellosem Postgelb. Folgt man der Schwerkraft, gelangt man zum »Stadttor«, einem niedrigen Durchgang, deren platzseitiger Steinbogen mit einer archaisch anmutenden Christusfigur geschmückt ist. Noch älter ist der Polič-Bildstock am Ortseingang mit einer Statue des Heiligen Antonius. Er stammt aus dem 15. Jahrhundert und zählt zu den ältesten Flurdenkmälern dieser Art in Slowenien. Aus dieser Zeit sind, wie bei den meisten Dörfern der Region, Türkenüberfälle und, etwas später, Verwüstungen durch die Uskoken überliefert. Erst im 17. Jahrhundert entwickelte sich der Ort – er liegt an einer alten Transitroute nach Istrien und markierte einst die österreichische Zollgrenze – zum Umschlagplatz für Holz, Holzkohle, Milch und Käse mit fast 500 Einwohnern. Eindrucksvoll sind die riesigen Steinquader, die man damals in die Hauswände eingearbeitet hat. Etwas jünger ist die ehemalige Pfarrkirche, die einen hübschen Glockenturm mit schlanken Bogenfestern besitzt, aber leider mit einem stillosen modernen Zubau versehen wurde. Umso ursprünglicher wirken die geduckten Gebäude in den engen Gassen hinter der Kirche.

Am Bahnhof von Podgorje

Wer sich nach der Ortsbesichtigung nach einem *Laško* sehnt, hat noch einen Kilometer Fußmarsch bis zum Dorfgasthaus vor sich. Es befindet sich im »Bahnhofsviertel« nordwestlich des Dorfes, das 1876, nach Eröffnung der Bahnstrecke von Divača nach Pula, entstanden ist und aus einer losen Ansammlung von Wohnhäusern besteht. Auch hier stellen die Haustiere die Bevölkerungsmehrheit, in diesem Fall ist es eine Schar freilaufender Hühner, die hinter dem Bahnhofsgebäude ernst und gewissenhaft ihrem Tagewerk nachgeht. An der Vorderseite tut der junge Bahnhofsvorsteher seinen Dienst. Er ist Herr über sechs Geleise und eine Bahnstation von fast städtischem Charakter, der zweimal pro Tag den Pendlerzug in tadelloser Uniform und mit erhobener Kelle begrüßt und, nach kurzem Wortwechsel mit dem Schaffner, auch wieder verabschiedet. Den Rest des Tages muss das Dienstbuch geschrieben, der kleine Wartesaal in Schuss gehalten und der Bahnsteig gefegt werden. Seit dem Beitritt Kroatiens zur EU keimt die Hoffnung, dass es bald wieder durchgehende Zugsverbindungen nach Istrien gibt und so die drohende Einstellung der Nebenstrecke abgewendet werden kann.

Dass es hier manchmal etwas lebhafter zugeht, beweist der betonierte Tanzboden und die gemauerte Freiluftbühne vis-à-vis der benachbarten *gostilna*. Hier trifft sich die Dorfbevölkerung und ihre auswärtige Verwandtschaft einmal im Jahr zum Sommerfest und organisiert der Wirt gelegentliche Grillabende. Über die Abwechslung freut sich nicht zuletzt der pensionierte Eisenbahner, der mit seiner Frau im Bahnhof wohnt und neben den Geleisen ein Gemüsegärtchen angelegt hat. Vielleicht erinnern sich die beiden bei solchen Veranstaltungen an den Mai 1945, als das Dorf die Befreiung vom Faschismus feierte und eine Kapelle der Volksarmee unter roten Fahnen zum Tanz aufspielte. Podgorje war in den Jahren davor ein wichtiger Partisanenstützpunkt gewesen und hatte etliche Männer im Befreiungskampf verloren. An die Gefallenen, darunter die Opfer einer Säuberungsaktion der SS, die als *Operation Höllental* in die Kriegsgeschichte einging, gemahnt eine Marmortafel an der Hauswand der *gostilna*. Kein Hinweis findet sich auf den ehemaligen NS-Kerker im Keller des Bahnhofs, wo gefangene Widerstandskämpfer auf ihren Abtransport ins KZ *Risiera di San Sabba* oder in deutsche Vernichtungslager warten mussten.

EINKEHR:

Gostilna Pod Slavnikom. Es grenzt schon an ein Wunder, dass an diesem abgelegenen Ort überhaupt eine Gaststätte existiert, noch erfreulicher ist die Qualität des Gebotenen. Familie Čendak hat sich auf Wild spezialisiert und weiß dieses auf hohem Niveau zuzubereiten. Ob Hirschsalami, Wildschwein, Reh- oder Bärenbraten, alles ist so appetitlich und mit Liebe gemacht, dass man den Kitsch an den Wänden gerne in Kauf nimmt. Einfache Fremdenzimmer. 00386 5 6870170, podslavnikom@gmail.com

13. HOHER WELLENGANG
Wanderung von Podgorje nach Zazid

Langgestreckte Hochplateaus, die von markanten Felsbändern gesäumt werden, sind ein typisches Merkmal des Kraški rob, des Karstrandes, an der Grenze zu Istrien. Er gehört zu den reizvollsten Landschaften Sloweniens und würde es verdienen, unter besonderen Schutz gestellt zu werden. Seine Schönheit verdankt er einer fast unversehrten »Winnetoulandschaft«, aber auch den weit verstreuten Dörfern, die von ihrer Ursprünglichkeit nur wenig eingebüßt haben.

Von Podgorje, das man nach dem ersten Kennenlernen gern ein zweites Mal durchschreitet, dauert es nur eine Stunde, bis man vom Gupf des Kojnik die menschenleere Ebene des Veliki kras überblickt. Im Südosten steigt die Hügelkette Richtung Kroatien an, wo sie ein letztes Mal über 1.000 Meter hinauswächst. Anfänglich noch von jungen Kiefern befallen, schüttelt sie bald die letzten Bäume ab, um im Verbund mit Mulden und Dellen ein lebhaft gewelltes Relief zu bilden. Schnurgerade Trockenmauern und steingefasste Dolinen weisen das Meer aus Blumen und Gras als historisches Kulturland aus. Ein bequemer Kammweg verbindet Gipfel mit Gipfel, wovon der dritte, Golič genannt, den herrlichsten Rundblick bietet. In grünen Kaskaden fällt das Land Richtung Adria ab; eine breite Treppe mit fast kahlen Stufen bildet es im Süden. Nach einem plötzlichen Richtungswechsel – am südlichsten Punkt der Weitwanderung – ist Spürsinn gefragt. Kaum sichtbar schlängelt sich der Pfad zwischen versteinerten Schafen durch die Wiesen, eher er sich bei einer weiteren Erhebung namens Lipnik über die Felskante stürzt. Ein kurzer freier Fall, und man findet sich auf einem schmalen Sims wieder, auf dem man ohne weitere Anstrengung talwärts wandert. Ein winziger Bahnhof, der ohne Straßenverbindung in den Hang gebaut wurde und wider die Vernunft Stellung hält, ist Vorbote des Tagesziels: der Ortschaft Zazid, die mit ihren schönen Steinhäusern und sympathischen Wirtsleuten eine wahre Perle unter den Karstdörfern ist.

Bergwiese am Golič

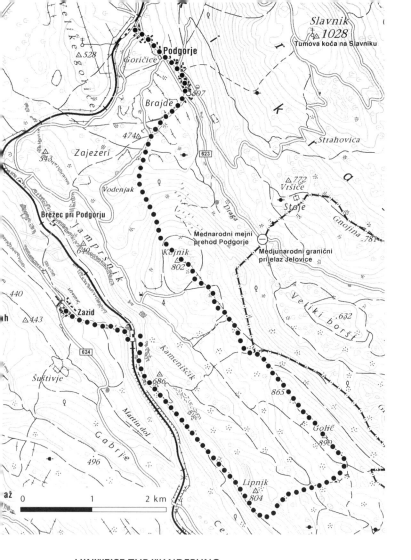

HINWEISE ZUR WANDERUNG

LÄNGE: 14 km
HÖHENDIFFERENZ: 580 m ↑ 680 m ↓
GEHZEIT: 5:00 Std.
ANFORDERUNGEN: mittel
ORIENTIERUNG: mittel
KARTE: Turistična karta »Primorska«, 1:40.000, Verlag Kartografija
GASTSTÄTTEN: Podgorje, Zazid

13. Wanderung von Podgorje nach Zazid

UNTERKÜNFTE: Podgorje, Zazid
VERKEHRSVERBINDUNGEN: Bahnhof in Podgorje
ANMERKUNG: Die in der Wanderkarte eingezeichnete Bahnstation von Zazid ist außer Betrieb

WEGBESCHREIBUNG

Man verlässt den **Bahnhof Podgorje**, passiert eine Gaststätte und trifft nach 100 m auf die **Hauptstraße**; auf dieser geradeaus. Nach 500 m (**Sportplatz**) wendet man sich nach links in ein Sträßchen. Kurzer Anstieg bis zum alten Ortsteil von Podgorje, wo man zwei Abzweigungen nach links ignoriert und sich bei der darauffolgenden **Gabelung** rechts hält. Man gelangt in den **Ortskern** und begibt sich nach dessen Besichtigung zur **Kirche**. Kurzer Abstieg zur **Hauptstraße**, welche man überquert, um dem **Wegweiser »Kojnik«** in eine flache Senke zu folgen. Schöner Feldweg zwischen langgestreckten Wiesen und Feldern. Man gelangt zu einer großen **Fünffachkreuzung** und wendet sich, nunmehr der **Markierung** folgend, halblinks. Gleich darauf nimmt man eine Abzweigung nach links (Markierung). 50minütiger Anstieg, teils im lichten Wald, teils im offenem Gelände bis zum **Gipfel des Kojnik** (1:20 Std.).

Von hier folgt man dem **Wegweiser »Žbevnica«** in südöstlicher Richtung. Sanfter Abstieg auf markiertem Weg zwischen jungen Kiefern bis zum Rand einer **großen Doline**, welche man links umgeht. Der Weg steigt an und trifft auf eine breite **Fahrspur**; auf dieser nach links. Schöner Weg entlang eines unbewaldeten Kammes bis zum **Gipfelkreuz** des **Golič** (2:15 Std.). Wunderbare Aussicht.

10 Min. weiter auf dem Kammweg bis zum **eigentlichen Gipfel** (Aufschrift **»Golič 890 m«**). Gleich darauf eine **Gabelung**; man hält sich rechts (undeutliche Markierung). Man folgt dem Weg bis zu einem dritten, nicht gekennzeichneten **Gupf**, wo man eine **Abzweigung** nach rechts nimmt (sehr undeutliche Markierung!). Schmaler Pfad, der bald an einem **Höhlentrichter** vorbei und in eine langgestreckte Mulde führt, wo man eine **Fahrspur** kreuzt. Kurzer Gegenanstieg auf undeutlichem Pfad bis zu einem **Wegweiser** unweit des Gipfelkreuzes des **Lipnik** (3:00 Std.). Lohnender Abstecher zum Gipfel.

Man folgt dem **Wegweiser »Spomeniško obeležje«** in die Gegenrichtung (!) und steigt auf einem schmalen, markierten **Hangweg** über eine **Geländestufe** bergab. Kurzer steiler Abstieg bis zu einem breiten

13. Wanderung von Podgorje nach Zazid

Querweg; auf diesem nach rechts. Angenehmer Abstieg über schöne Wiesen sowie im Laubwald, bis sich der Weg mit einem von rechts kommenden vereint (Wegweiser »Kraški rob«). Man geht geradeaus und erreicht einen **Aussichtspunkt** mit Blick auf Zazid (3:45). Weiter talwärts bis zur **Bahnstation Zazid** (4:00 Std.), wo man die Geleise überquert und sich sofort nach rechts in einen Pfad wendet (Markierung). Kurzer Abstieg bis zu einem **Fahrweg**; auf diesem 15 Min. in Serpentinen bergab bis zu einer asphaltierten **Gabelung**. Man geht links, hält sich bei der darauffolgenden Gabelung rechts und gelangt ins **Ortszentrum** von **Zazid** (4:30 Std.).

AM WEGE

Kojnik, Golič, Lipnik | Coinico, Golich, Lipenico

»Golfplatz Gottes!« notierte ein Wanderer ins Gipfelbuch des Golič, womit das sanft gewellte, mit kleinen Dolinen übersäte Hochland zwischen Podgorje und Zazid trefflich beschrieben ist. Die dunkelgrünen, zum Teil steingefassten Mulden – sie werden *vrtače* genannt und wurden früher bewirtschaftet – heben sich so deutlich von ihrer Umgebung ab, dass sie aus der Vogelperspektive tatsächlich wie »Löcher« aussehen. Aber die Spurrillen entlang der Hügelketten stammen nicht etwa vom Caddy des Allmächtigen, sondern von den motorisierten Patrouillen, die hier die Schengengrenze zwischen Slowenien und Kroatien bewachen. Das tut der Harmonie der Landschaft, die selbst Agnostikern paradiesisch vorkommen wird, aber keinen Abbruch. Wie im siebten Himmel fühlen sich auch die Botaniker, wenn sich ab Mitte Mai die seltensten Blumen zur Farbenorgie verabreden. Die auffälligsten Blüten steuern die Blutrote Nelke, die Feuerlilie, die Sternnarzisse, die Pfingstrose und verschiedene Glockenblumen bei. Nicht zu übersehen ist auch der Weiße Affodill, dessen kolbenartige Blütenstände bis zu einem Meter hoch werden.

Die üppige Flora ist der jahrhundertelangen Weidewirtschaft und regelmäßigen Wiesenmahd zu verdanken – ein Erbe, das bald aufgebraucht sein könnte, denn die Verwaldung schreitet unerbittlich voran. Das zeigt sich am deutlichsten am Südosthang des Kojnik und neuerdings auch unterhalb des

Trockenmauern auf dem Hochplateau zwischen Golič und Lipnik

Golič (dessen Gipfelkreuz auf der falschen Kuppe steht). Im Verbund mit den ausgedehnten Trockenwiesen bei Podgorje gehört das Hochplateau aber immer noch zu den artenreichsten Karstfluren. Besonders wohl fühlen sich hier die Schmetterlinge, was sich in einer erstaunlich vielfältigen Population niederschlägt. So hat der österreichische Lepidopterologe Heinz Habeler in der Umgebung von Podgorje 1.133 (!) verschiedene Arten von Tag- und Nachtfaltern nachgewiesen und diese größtenteils auch fotografiert. Die schönsten Aufnahmen können in einem dicken Album bewundert werden, das im Dorfgasthaus *Pod Slavnikom* aufliegt.

Der dritte Gipfel des Hügellands namens Lipnik markiert eine der Geländekanten, denen der Kraški rob, Karstrand, seinen Namen verdankt. Die auffälligen Felsenbänder erstrecken sich in mehreren Etagen von Osp in südöstlicher Richtung nach Kroatien und stellen die geografische Grenze zwischen dem Karst und Istrien dar. Im 2. Weltkrieg waren die Steilwände Operationsgebiet der Partisanen, die in kleineren Höhlen Unterschlupf fanden und von den Felsklippen das Tal überblickten. Unweit des Gipfels erinnert ein Gedenkstein an ein

In Zazid

Kriegsverbrechen der Nationalsozialisten am 3. Oktober 1943: »An diesem Ort«, lautet die Übersetzung der Inschrift, »haben die nazistischen Okkupatoren zehn Männer aus dem Dorf Mačkolje bei Triest sowie zwei Deserteure der italienischen Armee festgenommen und erschossen.« Die Opfer waren auf dem Weg nach Istrien, um sich dort dem bewaffneten Widerstand anzuschließen. Bis heute werden an der Gedenkstätte regelmäßig Kränze niedergelegt.

Zazid | Sasseto | Steindorf

Wer einmal hier war, möchte wiederkommen, denn Zazid ist ein Juwel unter den Dörfern des Kraški rob. Das liegt nicht nur an der schönen Umgebung und dem fast unversehrten Ortsbild, sondern vor allem an einer der erfreulichsten Gaststätten der Region. Gemeint ist eine alternative Herberge namens *Hostel Xaxid*, die 2008 von zwei Aussteigern im besten Sinne des Wortes eröffnet wurde und das abgelegene Zazid zu neuem Leben erweckte. Die Gäste kommen aus ganz Europa, Kletterer, Wanderer und Mountainbiker beiderlei Geschlechts und jeden Alters, die hier für wenig Geld Quartier und, noch wichtiger, ihresgleichen finden. Die Wirtsleute, Tina und Dušan Bitenc, wissen ihre Rolle mit Freundlichkeit und Weltoffenheit, aber auch mit Überzeugungen auszufüllen, die für Gastronomen nicht selbstverständlich sind. Dazu gehört die Einsicht, dass Gewinn keine Frage der »Spanne« ist, sondern durch Rücksicht und Nachhaltigkeit erzielt wird. Soziale Verantwortung, schonender Umgang mit der Natur und Respekt vor dem kulturellen Erbe sind hier keine leeren Worte, sondern Teil des Konzepts. Das Hostel ist damit ein Leuchtturm des sanften Tourismus in Slowenien und zugleich ein Plädoyer für eine »andere«, vielleicht bessere Gesellschaft.

Das setzte von Anfang an viel Mut und Hartnäckigkeit voraus: Dušan erwarb mit dem Erlös einer geerbten Wohnung in Ljubljana ein völlig desolates Haus in Zazid und schuf daraus, buchstäblich mit eigenen Händen (und nach australischen bzw. neuseeländischen) Vorbildern ein Youthhostel, das anfangs niemand für überlebensfähig hielt. Die private Expansion – Ehe mit Tina, Geburt zweier Kinder – ging mit der Erweiterung des Betriebes um ein weiteres Gästehaus einher, dem 2013 ein drittes Gebäude folgte. Es ist ein kleines Eckhaus, bis vor wenigen Jahren eine Ruine mit eingestürztem Dach und eingebrochener Zwischendecke, das nun als »Bibliothek« für Gäste und Dorfbewohner dient. Zazid ist damit nicht nur um ein vorbildlich renoviertes Gebäude, sondern auch um einen Ort der Inspiration reicher geworden. Nicht verschwiegen werden soll, dass behördliche Engstirnigkeit und bürokratische Schikanen, von der allgemeinen Krise ganz abgesehen, wie ein Damoklesschwert über dem Projekt Xaxid schweben.

Der Name des Hostels entspricht der altslawischen Ortsbezeichnung, dessen italienische Version Villa dei sassi, Steinhaus, allerdings noch älter ist. Der lateinische Name *Saxetum* verweist auf das beträchtliche Alter des Dorfes. *Saxetum locus saxosum*, *Saxetum* ist ein steiniger Ort, lautete Ciceros treffende Ortsbeschreibung. Zazid hat aber auch »deutsche Wurzeln«, worauf der vorherrschende Familienname Švab, dt. Schwabe, verweist. Grund war die Vertreibung der Einheimischen durch die Venezianer und, in weiterer Folge, die von Maria Theresia verfügte Ansiedlung deutschsprachiger Bauern, die im Lauf der Jahrhun-

Bahnübergang bei Zazid

derte assimiliert wurden. Deutsche Satzstellungen finden sich im regionalen slowenischen Dialekt bis heute. Zeugnisse romanischer Kultur hingegen muss man, von zwei italienischen Grabsteinen abgesehen, mit der Lupe suchen.

Dabei befand sich Zazid im Mittelalter im Besitz verschiedener italienischer Adelsfamilien, deren Untertanen allerdings slawischer Herkunft waren. Seit 1195 war der Ort von einer Wehrmauer umgeben, die jedoch weder den Türken noch den Uskoken standhielt. Die bescheidene Kirche – der Turm misst kaum 15 m – wurde im frühen 17. Jahrhundert erbaut und weckt eher Mitleid als Interesse an ihrer Architektur. Aus dieser Zeit stammen auch der alte Dorfbrunnen und die Tränke *na ščidenci*, letztere ein Relikt der Schafzucht, die hier bis zum Siegeszug der Baumwolle Mitte des 19. Jahrhundert in großem Maßstab betrieben wurde. Weideten die Tiere hauptsächlich auf kargem Terrain, wurde der fruchtbare Talboden für den Anbau von Kartoffeln, Mais und anderem Getreide, sowie für den Weinbau genützt. Das ermöglichte den Bauern ein weitgehend autarkes Leben, ehe ihnen nach dem 1. Weltkrieg unter italienischer Herrschaft die Existenzgrundlage entzogen wurde.

So wurden etwa die Weingärten mit hohen Steuern belegt und der Handel mit Wein unter neun Volumprozent überhaupt untersagt. Die Folge war eine starke Abwanderungswelle, der nach dem 2. Weltkrieg eine weitere folgte. Ursache war diesmal die Vertreibung bzw. Emigration tausender Italiener aus Koper, deren Platz nun von Slowenen aus dem Hinterland eingenommen wurde. Es waren vor allem jüngere Leute, die an der Küste Arbeit suchten und fanden.

Neben der Entvölkerung und Überalterung war die sozialistische Agrarreform für die Krise der Landwirtschaft verantwortlich. Privater Grundbesitz wurde auf 10 ha beschränkt; was darüber hinausging, wurde enteignet und einer Genossenschaft zugeführt. Flächen, die für deren Landmaschinen unzugänglich waren, blieben unbestellt, was eine rasche Verödung alter Kulturlandschaften zur Folge hatte. Auch die privaten Bauern ließen ihre Gründe zunehmend veröden, weil sie ihre Produkte nicht kostendeckend verkaufen konnten und die Beschäftigung von Hilfskräften zu Erntezeiten an kaum erfüllbare Auflagen gebunden war. Erst Ende der 1960er Jahre verbesserte sich die Lage der Kleinbauern, indem man sie an Maschinenringen teilhaben ließ und ihnen mehr unternehmerischen Freiraum gewährte. Der Verfall jahrhundertealter Terrassierungen und der Niedergang der Dörfer konnte damit aber nicht mehr aufgehalten werden.

EINKEHR:

Hostel Xaxid. Die freundliche und preiswerte Herberge ist ganzjährig geöffnet und empfiehlt sich Wanderern nicht nur für einen kurzen Zwischenstopp. Den Gästen stehen drei Mehrbettzimmer, vier Doppelzimmer sowie eine Küche zur Selbstversorgung zur Verfügung. Der Mangel an Komfort wird durch die besondere Atmosphäre des Hauses mehr als wettgemacht. Auf Vorbestellung wird auch gekocht; kleine Imbisse, Bier und Wein sind immer zu haben. 00386 5 6392006, www.hostelxaxid.si

KLEINE WASSERKUNDE

Wer mit offenen Augen durch die Dörfer des Karsts spaziert, wird verschiedenste Vorrichtungen zum Sammeln von Regenwasser entdecken: verästelte Dachrinnen, die, zu einem Rohr vereint, über mehrere Ecken einer abgedeckten Zisterne zugeführt werden; bunte Ensembles aus Tonnen, Fässern und ausgemusterten Emailtöpfen, die unter Traufen oder undichten Dächern stehen und Wasser für den Garten oder die Haustiere auffangen; betonierte Mulden, alte Badewannen und Karosserieteile, die als Viehtränke dienen. Nicht zu vergessen die aus Marmor gemeißelten *vodnjaki* mit schweren Deckeln, teils mit Reliefs verziert, teils mit schmiedeeisernem Überbau, manche verfallen, andere noch immer in Verwendung.

Ob historische Brunnen oder improvisierte Installationen der Gegenwart, sie alle legen den Schluss nahe, dass das Wasser im slowenischen Karst ein kostbares und seltenes Gut ist. Letzteres trifft nur bei oberflächlicher Betrachtung zu. Denn an Niederschlägen mangelt es hier keineswegs. So können die Winter besonders schneereich sein und sind auch in der wärmeren Jahreszeit längere Regenperioden gang und gäbe. Der springende Punkt ist die geringe »Halbwertszeit« des Wassers infolge der Durchlässigkeit des Bodens, der die Feuchtigkeit kaum zu speichern vermag, sondern der Schwerkraft überlässt. Permanente Oberflächengewässer bilden aus diesem Grund die Ausnahme. Die Ursache dürfte allgemein bekannt sein: Kalkgestein ist wasserlöslich, allerdings nur unter Mithilfe von Kohlendioxyd, das mit dem Regen in den Boden gelangt und dort die Bildung von Kohlensäure ermöglicht, die ihrerseits den Kalk wieder in Kalziumhydrogenkarbonat verwandelt. In der konkreten Poesie der Chemiker liest sich der betreffende Prozess so: $(Ca(HCO3)2)$ $CaCO3 + CO2 + H2O <-> Ca(HCO3)$.

Wie aggressiv diese Mischung ist, lässt sich mit freiem Auge erkennen. Allenorts finden sich Felsblöcke und Steinbrocken in den bizarrsten Formen. Es sind wassergemeißelte, schrundige

Moderne »Zisterne« im Notranjski kras

Skulpturen, manche so scharfkantig wie Schneidezähne, andere durchlöchert wie Schweizer Käse. Wo der Regen entlang rinnt, sind fingerbreite, parallel verlaufende Rillen und Furchen entstanden, die aussehen, als wären sie mit dem Schremmer gezogen worden, und wo das Wasser zusammenläuft, hat es kleine Pfannen herausgeätzt, die den Vögeln als Badeplatz und den Farnen als Heimstatt dienen. Manche dieser Steine starren den Wanderer aus leeren Augenhöhlen an, andere schneiden Grimassen oder legen sich wie Reptilien in den Weg. Wer darüberstolpert und den Fels aus nächster Nähe betrachtet, hat ein ganzes Gebirge vor sich: Dolomiten und Karawanken, Gletscherseen und Trogtäler, Schluchten und Almen – alles en miniature.

Ungleich dramatischer ist, was das Wasser unter Tag hervorgebracht hat. Es sind die Tropfsteinhöhlen, die von unterirdischen Flüssen und Bächen aus dem Gestein geschwemmt wurden und zusammen – viele sind durch unterirdische Wasserläufe miteinander verbunden – ein eigenes dunkles Universum namens Endokarst ergeben. Bewohnt wird es von Stalagmiten und Stalaktiten, die an Formenreichtum kaum zu überbieten sind und seit jeher die Phantasie der Höhlenforscher und -touristen beflügeln. Das subterrestrische Figurentheater ist allerdings nicht jedermanns Sache, denn die gesinterten Darsteller haben immer etwas Zuckerbäckerhaftes an sich und sind entsprechend kitschverdächtig. Vielleicht wirken sie auch einfach zu barock, um zeitgenössischem Geschmack zu entsprechen, oder es ist die Erinnerung an Geisterbahnen, die, nach dem Vorbild von Tropfsteinhöhlen geschaffen, bald Langeweile aufkommen lässt.

Allein in Slowenien sind rund 15.000 solcher Grotten bekannt und zumindest teilweise erforscht; wie viele unentdeckt sind und auch bleiben werden, weil sie keinen Zugang zur Außenwelt haben, lässt sich nur erahnen. Ein deutliches Indiz für ihre Existenz sind die unzähligen Dolinen und Dellen, die das Landschaftsbild des Karsts maßgeblich prägen und auf eingestürzte Hohlräume verweisen. Während die meisten Dolinen landwirtschaftlich genützt wurden, weil sich in ihnen fruchtbare Erde sammelte, dienten andere, meist in der Nähe von Dörfern, als natürliche Wasserspeicher oder Viehtränken. Zur Abdichtung wurde in den Mulden Lehm aufgebracht und festgestampft, wodurch sich diese nach der Schneeschmelze bzw. bei Regen mit Wasser füllten und nach und nach zu kleinen Biotopen entwickelten. Viele dieser *kali* oder *lokve* sind mangels Pflege längst ausgetrocknet, einige wenige wurden in den letzten Jahren restauriert und stehen unter besonderem Schutz. Immer noch in Gebrauch sind die bereits erwähnten primitiv gemauerten oder betonierten *štirne* oder *šterne*, die sich von der lateinischen cisterna ableiten.

Bis ins 18. Jahrhundert lieferten solche Zisternen in vielen Siedlungen auch Trinkwasser, das vor Gebrauch erst abgekocht werden musste, da es mit Staub und Laub verunreinigt oder durch Vogelkot u. ä. bakteriell belastet war. Wurde das Wasser nicht ausreichend entkeimt, was aus Sparsamkeit nicht selten geschah, konnte Diarrhöe ganze Dörfer für Tage außer Gefecht setzen. Verseuchtes Wasser stellte vor allem für Kleinkinder eine lebensbedrohliche Gefahr dar.

Viel besser hatten es da die Dörfer mit Trinkwasserquellen oder Grundwasserbrunnen, und derer gibt es im Karst gar nicht so wenige. Wenn nämlich die unterirdischen Wasserläufe auf undurchlässige Flyschschichten treffen, bahnen sie sich ihren Weg ins Freie, wo sie zumeist unter Felswänden und -abbrüchen und manchmal unter hohem Druck entspringen. Treten am Kraški rob, dem Karstrand, der viele solcher markanter Geländestufen aufweist, nur kleinere Quellen zutage, sind es am Fuß des Nanos besonders ergiebige. Rekordhalter sind der Hubelj-Ursprung, der bis zu 50 m^3 Wasser pro Sekunde ausspuckt, und die Vipava-Quellen, die sich sofort zu einem beachtlichen Fluss vereinigen. Noch eindrucksvoller ist das Schauspiel der Reka, des wasserreichsten Flusses des slowenischen Karsts, die bei Škojcan, nachdem sie zwei Naturbrücken unterquert hat, im Berg verschwindet, um erst nach 35 km in San Giovanni bei Monfalcone unter dem Namen Timavo wieder ans Tageslicht zu treten. Aufgrund der enormen Wassermenge muss auf mehrere unterirdische Zuflüsse geschlossen werden, die jedoch bis heute kaum erforscht sind. Der Timavo mündet bereits nach zwei Kilometern ins Meer und gilt daher als einer der kürzesten Flüsse der Welt. Hier stand im Altertum ein Minerva-Tempel und sollen Jason und seine Argonauten Station gemacht haben.

Die griechischen Helden waren aber auch, glaubt man der Überlieferung, im Krainer Karst unterwegs, indem sie die Donau und Save flussaufwärts segelten und bis *Nauportus*, heute Vrhnika, dem Ursprung der heutigen Ljubljanica, vorstießen, die die letzte Metamorphose des legendären Flusses der sieben Namen darstellt. Er entspringt in Kroatien, ist 85 km lang, wovon er ein Viertel unterirdisch zurücklegt, und wird der Reihe nach Trbuhovica, Loški Obrh, Stržen, Pivka, Unica und eben Ljubljanica genannt. Auf seiner Reise durch den Karst mäandert er immer wieder durch sogenannte *polje*, riesige Dolinenfelder, die wie grüne Inseln in der Landschaft liegen und die fruchtbarsten Böden des Karsts darstellen. Bei Hochwasser können sich diese Becken in metertiefe Seen verwandeln, bei längerer Trockenheit in wahre Mondlandschaften, an deren Rändern sich unheimliche Schlucklöcher, Schwinden, Schlinger und Ponore auftun. Sie sind Eingänge zur Unterwelt, die Ende des 19. Jahrhunderts zum Teil befestigt wurden, um den Abfluss zu regulieren, und, wie im Norden des Planinsko polje, als Kulturdenkmal gelten.

Wegen der enormen Schwankungen des Wasserpegels und seines geringen Gefälles kann der Fluss der sieben Namen nur bedingt zur Energiegewinnung genutzt werden. Lediglich an den Ursprüngen oder Schwinden siedelten sich schon vor Jahrhunderten Mühlen, Sägewerke und kleine Manufakturen an, weil hier die Überschwemmungen am ehestens berechnet bzw. kontrolliert werden konnten. Ein moderneres Beispiel ist das Kleinkraftwerk am Ausgang der Planinska jama, das dank eines raffinierten Kanalsystems selbst bei extremem Hochwasser Strom erzeugt.

Vom Laibacher Moor abgesehen, ist die Postojnska kotlina, der Adelsberger Kessel, das größte Karstfeld Sloweniens, jedenfalls im Verbund mit dem Pivško podolje, dem Seental der Pivka. Fast 20 km lang und 10 km breit werden die beiden Senken vom Transitverkehr brutal durchschnitten, was ihrer Schönheit abseits der Straßen aber keinen Abbruch tut. So findet sich nur unweit der Autobahn mit dem Tal der Nanonščica eine der stillsten und harmonischsten Flusslandschaften der Region. Noch idyllischer ist das Quellgebiet der Pivka, wo sich im Frühjahr bis zu 17 Seen bilden, von denen das Petelenjsko jezero, das von dunklen Kiefern umrahmt wird, selbst dem berühmten Zirknitzer See »das Wasser reichen« kann. Letzterer leidet seit einigen Jahren unter dem vor wenigen Jahren gegründeten und ständig wachsenden Industriezentrum Podskrajnik bei Cerknica, das zu einer immensen Verkehrs- und Umweltbelastung geführt hat und dem erklärten Ziel einer besseren touristischen Vermarktung des angrenzenden Naturschutzgebietes Hohn spricht.

Wanderer im Karst stoßen allenthalben auf Spuren von Wasserleitungen oder auf Pumpstationen, die mittlerweile fast alle Ortschaften mit fließendem Wasser versorgen. Das ist mitunter mit großem Aufwand verbunden, wie etwa beim Wasserwerk von Planina, wo die Malenščica-Quelle gefasst, das Wasser aufbereitet und über die Adelsberger Pforte nach Postojna geleitet wird. Wie diese Leitung ist auch die *conduttura dell'acqua* vom Rižana-Tal nach Koper ein Werk der italienischen Okkupatoren nach dem 1. Weltkrieg.

Nicht überall ist die Wasserversorgung per Pipeline eine Selbstverständlichkeit. Noch vor 30 Jahren war im »klassischen« Karst, dem Plateau südwestlich des Vipava-Tales, nur jedes fünfte Dorf an das öffentliche Leitungsnetz angeschlossen. Erst 1986 begann man mit dem Bau einer Leitung, die bis 2003 zwei Drittel der 170 Siedlungen erreichte. Angezapft wurde dafür ein Gundwassersee im Brestovica dol, der erst in den 1970ern entdeckt worden war und sich, dicht an der Grenze zu Italien und nur 2 km nordöstlich des Timavo-Ursprungs gelegen, 40 m unter der Erdoberfläche befindet. Beim Bau der Pipeline konnten Zwischenspeicher genutzt werden, die bereits im 19. Jahrhundert unter österreichischer Verwaltung entstanden waren.

Die Österreicher waren es auch, die die erste, 35 km lange Wasserleitung von Gornje Ležeče am Fuße der Vremščica über das Karstplateau bis Prosecco bei Villa Opicina bauten. Ihr einziger Zweck war es, die riesigen Wassertanks in den Bahnhöfen entlang der Karstbahn zu füllen. Um den Durst der Dampflokomotiven zu stillen, musste das System ständig erweitert werden, zuletzt in den 1930er Jahren, als auch das Wasser der Reka mittels großem Pumpwerk eingespeist wurde. Erst nach der Elektrifizierung der Bahn kam die Wasserleitung der örtlichen Bevölkerung zugute, was sie (zumindest teilweise) bis heute tut.

Ein noch viel aufwändigeres Projekt war das 80 km lange Leitungsnetz zur Versorgung der österreichisch-ungarischen Armee an der Isonzofront im 1. Weltkrieg. Es entstand innerhalb weniger Monate und war von bisher unerreichter Leistungsfähigkeit. So wurde das Wasser von den Hubelj-Quellen nach Dornberk im Vipavatal geleitet und von dort 375 m höher gepumpt, um an mehrere Armeestützpunkte hinter der Front verteilt zu werden. Eine der Leitungen reichte bis Villa Opicina. Da die Schützengräben und Kavernen selbstredend nicht mit fließendem Wasser ausgestattet werden konnten, waren die kämpfenden Truppen auf die Versorgung mit Tankfahrzeugen, Packpferden und Wasserträgern sowie zusätzlich auf Zisternen und Brunnen angewiesen. Dass damit der von der Armeeführung errechnete Mindestbedarf von zwei Liter Trinkwasser plus eineinhalb Liter Brauchwasser pro Mann und Tag sowie 30 Liter Tränkwasser pro Pferd nicht annähernd gedeckt werden konnte, liegt auf der Hand, hielten sich doch auf dem Karstplateau stets mehrere zehntausend Soldaten auf. Ständiger Wassermangel, verdurstende Menschen und Tiere, katastrophale hygienische Zustände und Epidemien gehörten zum Kriegsalltag. Dass der »Betrieb« dennoch drei Jahre aufrecht erhalten werden konnte, ist wohl nur mit der rücksichtslosen Härte der Kommandierenden zu erklären. Ihre »logistische Leistung« bestand u. a. darin, dass sie die Wasservorräte an der Front, »Trommelfeuervorräte« genannt, nach der Wahrscheinlichkeit der Verluste an Soldaten berechneten und entsprechend reduzierten. Viele Soldaten kamen durch vergiftetes Wasser um. So wurden die Wasserspeicher an der Front häufig durch die aus Blindgängern austretende Pikrinsäure kontaminiert, was zu massenhaftem Durchfall führte. Noch gefährlicher war das Leichengift von Gefallenen oder herumliegenden Körperteilen, die nicht geborgen werden konnten, das ins Grundwasser sickerte oder auf anderem Weg in die Brunnen oder Zisternen gelangte.

Zu vergleichbaren Verseuchungen kam es gegen Ende des 2. Weltkriegs, als zuerst die italienischen Faschisten und deutschen Nationalsozialisten und später die kommunistischen Partisanen ihre jeweiligen politischen Gegner in den *fojbe*, senkrechten Karsthöhlen, »entsorgten«. Dokumentiert sind Beschwerden von Bauern über vergiftete Brunnen, was die Behörden veranlasste, einige der Massengräber unauffällig wieder zu räumen.

Derart vergiftetes Trinkwasser braucht man heute nicht zu fürchten, wiewohl die Wasserqualität in der Karstregion bisweilen arg zu wünschen übrig lässt. In der Umgebung von Divača kann es vorkommen, dass das Leitungswasser so stark nach »Hallenbad« riecht und schmeckt, dass man seinen Durst lieber mit Mineral- oder Feuerwasser stillt. Die Ursache liegt einerseits in den veralteten und verschmutzten Leitungen (die zu Wasserverlusten von über einem Drittel führen), andererseits in Verunreinigungen des Grundwassers durch Landwirtschaft und Industrie, denen man mit der chemischen Keule, sprich Chlor, zu Leibe rückt.

Neben der Sanierung alter Leitungen, die aufgrund knapper Budgets nur schleppend vorangeht, sind daher Umweltschutzmaßnahmen und die Senkung des Trinkwasserverbrauchs ein Gebot der Stunde. Die eingangs erwähnten Installationen sind also keine Relikte der Vergangenheit, sondern durchaus »moderne« Vorrichtungen zum nachhaltigen Umgang mit der Ressource Wasser. Traditionelle Speicher wie Brunnen oder Zisternen gewinnen wieder an Bedeutung, nicht nur zur Bewässerung der Gärten und Felder, sondern auch als Brauchwasserreservoirs für die Haushalte. Einsparungspotenzial gibt es aber vor allem bei den Großverbrauchern in der Region: Es sind die Schinken, *kraški pršut*, produzierenden Betriebe und, nicht zuletzt, das Gestüt von Lipica, für dessen teure Tiere täglich 160 Kubikmeter Wasser benötigt werden.

Gerhard Pilgram

14. GLEITSTÜCK
Wanderung von Zazid nach Hrastovlje oder Gračišče

Nach dem Höhenflug des Vortages ist auch diese Etappe ohne jeden Makel. Wieder bewegt man sich im harmonischen und einsamen Hochland, ohne dafür allerdings nennenswerte Höhenunterschiede bewältigen zu müssen. Die Wege sind außerdem so bequem und gut markiert, dass es weder Orientierungsprobleme noch konditionelle Herausforderungen gibt.

Kaum der Rede wert ist der kurze Anstieg von Zazid zum Veliki Gradež, wo einst eine Burg das Karstplateau bewachte. Fast eben wandert man weiter zum Kuk, dem wohl flachsten Gipfel des Kraški rob. Pferde- und Rinderherden bevölkern die fast kahle, mit weißen Steinen übersäte »Steppe«. Von einem Felsvorsprung überblickt man die Movraška vala, ein fruchtbare Mulde an der Grenze zu Kroatien, in die drei kleine Dörfer vor der Gegenwart geflüchtet sind. Vom anschließenden Kammweg genießt man die Aussicht auf die Highlights des kommenden Tages: Die Wehrkirche Hrastovlje, das Felsennest Podpeč und das Bergdorf Črni Kal sind die Stationen, die man auf dem Weg nach Osp absolvieren wird. Weißgraue Felsen strukturieren die Landschaft und weisen in Richtung Italien. Wie eine ruhige Kamerafahrt erlebt man diesen letzten Abschnitt, und viel zu kurz währt das Vergnügen des mühelosen Wanderns. So steigt man nur ungern nach Gračišče ab, um dort für die bevorstehende Etappe die nötige Kraft zu sammeln.

HINWEISE ZUR WANDERUNG
LÄNGE: 9 km [6 km]
HÖHENDIFFERENZ: 220 m ↑ 310 m ↓ [120 m ↑ 340 m ↓]
GEHZEIT: 2:45 Std. [1:30 Std.]
ANFORDERUNGEN: gering
ORIENTIERUNG: mittel
KARTE: Turistična karta »Primorska«, 1:40.000, Verlag Kartografija
GASTSTÄTTEN: Zazid, Gračišče

Aussichtspunkt über der Movraška vala

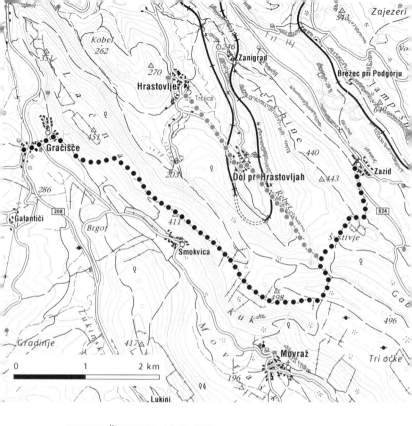

UNTERKÜNFTE: Zazid, Gračišče
VERKEHRSVERBINDUNGEN: Bahnhof in Dol pri Hrastovljah, Bushaltestelle in Gračišče
ANMERKUNG: Der »Abschneider« nach Hrastovlje empfiehlt sich, wenn man am nächsten Tag nicht nach Koper, sondern Richtung Triest wandern möchte.

WEGBESCHREIBUNG

Man wendet sich auf der Straße vor der **Kirche** in Zazid in südlicher Richtung, folgt dieser nach 30 m nach links, passiert eine **Wasserstelle** und verlässt den Ort. 100 m nach der Ortstafel biegt man nach rechts in ein ansteigendes Sträßchen (Markierung, **Wegweiser »Mlini, Lačna«**). Man umgeht einen kleinen Sportplatz und folgt dem markierten Wanderweg bergauf. Sanfter Anstieg zwischen steinigen Weiden. Der Weg mündet in einen breiten **Karrenweg**, führt über eine kleine Kuppe und senkt sich in eine Mulde, um erneut anzusteigen. Nach einem weiteren kurzen Zwischenabstieg trifft man auf einen breiten **Querweg**, geht links und steigt nun etwas steiler bis zu einem unbewaldeten **Kamm** an (0:40 Std.).

> [**Abkürzung** nach Hrastovlje: Nach einem weiteren kurzen Zwischenabstieg trifft man auf einen breiten **Querweg** und wendet sich auf diesem nach rechts. 30 Min. Abstieg bis **Dol**, wo man auf der ersten **Querstraße** im Dorf nach links geht. Man folgt der Straße, die bald nach rechts dreht, am **Bahnhof Hrastovlje** vorbeiführt und den **Bahndamm** unterquert. Weiter auf Asphalt bis zur **Ortstafel** von Hrastovlje. Kurz davor biegt man nach rechts in einen Fahrweg, der zu einem **Haus** führt. Hier wendet man sich nach links und steigt auf einem schönen Pfad zur **Wehrkirche** von **Hrastovlje** an (1:30 Std.) Von hier kann die Wanderung nach Osp, wie in der 15.2 Etappe beschrieben, fortgesetzt werden.]

Weite Blicke. Kurzer Abstieg bis zu einem breiten **Querweg**; auf diesem nach rechts (**Wegweiser »Kuk vrh«**). Der Weg gabelt sich kurz darauf; man hält sich links (Markierung). Schöner, fast ebener Weg über ein nahezu kahles und von Kühen beweidetes Hochplateau. Nach gut 10 Min. ein Wegweiser; man geht rechts (**Wegweiser »Kuk vrh«**) und erreicht nach 70 m das entsprechende **Gipfelkreuz** (1:00 Std.). Blick zum Meer und auf Hrastovlje.

Zurück zum **Wegweiser** und hier nach rechts **Richtung »Lačna«**. Nach 30 m eine Gabelung; man geht links, die Markierung verlassend. Gleich darauf wieder eine Gabelung; man geht rechts (begibt sich aber zuvor wenige Meter nach links zur **Geländekante**, von wo sich ein schöner Blick auf Movraž ergibt). Sanfter Abstieg auf einer **Fahrspur**, die sich bald wieder mit dem **markierten Hauptweg** vereint. Schöne Wiesenhänge, dazwischen tiefe und dicht bewachsene Dolinen. Der Weg führt in ein **Kieferwäldchen** (unmittelbar davor wird eine Abzweigung nach rechts ignoriert) und dreht nach 70 m nach rechts. 30 m danach wendet man sich, den Hauptweg verlassend, nach links in einen **Wiesenpfad**. Abstieg in halb offenem Gelände. Der Weg wird undeutlicher und verzweigt sich. Man behält die Richtung ungefähr bei und steigt bald, ein **Steinmäuerchen** überwindend,

14. Wanderung von Zazid nach Hrastovlje oder Gračišče

am Gegenhang wieder an. Der Pfad vereinigt sich nach einiger Zeit mit dem von rechts kommenden **Hauptweg** (an dieser Stelle zweigt nach links ein markierter Pfad Richtung Tal ab); auf diesem geradeaus (Markierung). Bequemer **Kammweg**, in den nach 15 Min. ein von links, aus dem Tal kommender **Karrenweg** einmündet. Man geht geradeaus, weicht aber schon bald nach links auf einen schmalen, parallel verlaufenden **Pfad** aus, der die Geländekante entlang führt. Nach gut 5 Min. wendet man sich halb links in einen abwärts führenden Pfad (undeutliche Markierung). 15 minütiger steiler Abstieg über einen felsigen Hang bzw. im Wald. Nach einigen Kehren ist man im **Talgrund** angelangt und trifft dort auf einen geschotterten Fahrweg; auf diesem nach rechts. Vorbei an einigen Weingärten und Olivenbäumen bis zu einer **Querstraße** unterhalb der Kirche von Gračišče. Man geht links, trifft auf eine weitere **Querstraße**, welche man überquert, um einem Gehweg bis zum »Hauptplatz« an der **Hauptstraße** von Gračišče zu folgen (2:45 Std.). Einkehr bzw. Übernachtung in der **gostilna Ražman**.

AM WEGE

Gračišče | Gracischie | Altenberg

Autofahrer, die auf der Durchreise nach Kroatien sind, nehmen aus dem Augenwinkel eine unscheinbare Häusergruppe wahr, deren Mittelpunkt ein Parkplatz bildet, um den sich ein kleiner *Mercator*, das verwaiste Postamt und ein schäbiges Partisanendenkmal gruppieren. Auch die *gostilna* vis-à-vis wirkt nicht sonderlich einladend, weshalb nur wenige Touristen den Fuß vom Gaspedal nehmen. Selbst wer eine kurze Kaffeepause einlegt, bekommt Gračišče nicht wirklich zu Gesicht, denn der wunderschöne Ortskern liegt gut versteckt hinter einem Hügelkamm am Fuße der Lačna.

Den Vorposten stellt eine Kirche aus dem 17. Jahrhundert dar, deren imposanter Glockenturm, obwohl er älter wirkt, erst 1784 errichtet wurde. Über dem Portal erinnert eine Inschrift, teils in glagolitischen Lettern, an seine Stifter und Erbauer: »Ich rufe die Lebenden und weine um die Toten«, lautet die Überschrift. Ein paar Schritte weiter verzwegt sich die Straße in ein Netz aus engen Gassen, in dem sich rund 30 Wohnhäuser samt

Hauskatze in Gračišče

ihrer Nebengebäude verfangen haben. Sie sind aus lehmbraunem Naturstein gemauert, teils unverputzt, teils grob gekalkt, womit sie einen fast mittelalterlichen Eindruck vermitteln. Zu ihrer Schönheit tragen auch die gut erhaltenen Ziegeldächer aus Mönchen und Nonnen, dunkelgrüne Fensterläden und einfache Steinornamente bei. Nicht zu vergessen eine Schar bunter Katzen, die es sich auf Fenstersimsen und Gartenmauern gemütlich macht. Ebenso entspannt wirken die Bewohner, die da ein wenig Laub zusammenrechen und dort Abfallholz zu einem Stapel schlichten oder eine Wäscheleine mit lauter Blaumännern bestücken.

    Das weitgehend intakte Ortsbild könnte über die Tatsache hinwegtäuschen, dass Gračišče in seiner Geschichte gleich zweimal zerstört wurde. 1615 verwüsteten österreichische Truppen im Kampf gegen die Venezianer das Dorf; 1943 waren es die Deutschen, die im Zuge einer »Säuberungsaktion«

Hofeingang in Gračišče

fast alle Häuser niederbrannten. Der Wiederaufbau oblag den Bauern, deren Vorfahren den Ort aufgrund der günstigen klimatischen Bedingungen und der fruchtbaren Böden im Umkreis gegründet hatten. Angebaut und beweidet wurden und werden die windgeschützten Flächen Richtung Movraž, die die Einheimischen *vala* nennen, was nicht der einzige Flurname mit italienischen Wurzeln in Slovenska Istra ist. Auch die Felder links und rechts der Staatsstraße nach Sočerga werden bis heute bewirtschaftet.

Ende des 20. Jahrhunderts kam das kleine Dorf durch den Satz »Alle Straßen führen nach Rom, und alle Wege zurück nach Gračišče« zu literarischen Ehren. Er stammt aus dem Roman *Šavrinke*, dt. *Die Frauen der Schaurinia*, von Marjan Tomšič, der zu den renommierten zeitgenössischen Erzählern Sloweniens gehört. Der 1939 geborene Autor erzählt darin die Geschichte istrischer »Eierfrauen«, die in der Zwischenkriegszeit von Dorf zu Dorf zogen, den Bauern ihre Produkte abkauften und diese am Triestiner Markt feilboten. Weitgereist, mehrsprachig und selbstbewusst, genossen die *Šavrinke* hohes Ansehen, nicht zuletzt, weil sie über Bargeld verfügten, das am

Land meist Mangelware war. Zusätzliche Einnahmen brachte der Verkauf von Wacholderschnaps, *trapa* genannt, was einigen Mut erforderte. Wer von den Carabinieri beim Brennen oder Schmuggeln erwischt wurde, musste nicht nur mit hohen Geldbußen, sondern auch mit Haftstrafen rechnen. »Gebrannt wurde trotzdem«, heißt es in der deutschen Übersetzung von Johann Strutz, »und zwar an den verborgensten Orten: im Wald, in Schluchten, bei Flüssen, in Gruben. [...] Der Schnaps half den Leuten aus hunderterlei Schwierigkeiten. Schnaps half immer.« Und wenn sie nicht gestorben sind, dann trinken sie noch heute.

EINKEHR:
Domačija Razman. Das ungemütliche Entrée weckt keine hohen Erwartungen; geboten wird aber traditionelle Küche auf überraschend hohem Niveau. Auch der Wein aus eigener Produktion, *refošk* und *malvazija*, braucht sich nicht im Keller zu verstecken. Tadellose Gästezimmer. 00386 5 6572003, www.razman.si

15.1 MEERZUGANG
Wanderung von Gračišče nach Koper

Wer sich dazu entschließt, vom Kraški rob direkt in Richtung Meer »abzubiegen«, erlebt auf dieser letzten Etappe einen jähen Wechsel von einer idyllischen Hügellandschaft zur zersiedelten Umgebung von Koper. Die Wanderung ist dennoch ein bereicherndes Erlebnis, selbst im letzten Abschnitt, wo der Gegensatz von Natur und »Zivilisation« kaum brutaler sein könnte.

Vom malerischen Ortskern von Gračišče gelangt man nach einem kurzen Anstieg zum Scheitelpunkt der Lačna, wo sich von einem Aussichtsturm ein wunderbares Panorama bietet. Blicke zum Meer genießt man auch auf dem Weg nach Kubed, das mit seiner eigentümlichen Kirche einen kleinen Pass markiert. Eine Kuppe weiter lädt eine freundliche *gostilna* zur ersten Rast. Im lichten Wald und über Olivenhaine gelangt man ins Rižana-Tal, wo man erst dem Fluss, dann einem Radweg bis zur nächsten Einkehr folgt. Von hier führt ein Schleichweg nach Bertoki, das von Weingärten umgeben ist und sich als Dorf mit Charakter erweist. Den Rest des Weges legt man in einer vom Turbokapitalismus vergewaltigten Landschaft zurück. Futuristische Gastanks, Berge von Containern, riesige Kräne und monströse Einkaufszentren bestimmen das Bild. Einen absurd anmutenden Kontrapunkt setzt das Naturreservat Škocjanski zatok. Ungerührt vom Verkehrslärm ankern unzählige Schwimmvögel in der ehemaligen Saline. Ein letztes Mal weicht man der Straße aus, ehe man sich in die Asphaltschlacht wirft. Was harmoniebedürftigen Wanderern wie ein Spießrutenlauf vorkommen wird, ist der Preis für den erfreulichen Abschluss: den Rundgang in der schönen (und autofreien) Altstadt von Koper und den Ausklang am Kai mit der untergehenden Sonne als Gegenüber.

HINWEISE ZUR WANDERUNG
LÄNGE: 19 km
HÖHENDIFFERENZ: 380 m ↑ 670 m ↓

15.1 Wanderung von Gračišče nach Koper

GEHZEIT: 5:15 Std.
ANFORDERUNGEN: gering
ORIENTIERUNG: einfach
KARTE: Turistična karta »Primorska«, 1:40.000, Verlag Kartografija
GASTSTÄTTEN: Gračišče, Kubed, Miši, Koper
UNTERKÜNFTE: Gračišče, Koper
VERKEHRSVERBINDUNGEN: Bushaltestellen in Gračišče und Koper, Bahnhof in Koper; Taxi Koper 00386 31386000, 00386 40 386000
ANMERKUNG: Der letzte Abschnitt der Wanderung ab Bertoki kann mit dem städtischen Bus übersprungen werden.

WEGBESCHREIBUNG

Man wendet sich auf der **Hauptstraße** vor der **gostilnaRažman** nach links und biegt nach 50 m nach rechts (**Wegweiser »Movraž«**). 100 m danach biegt man nach links in ein ansteigendes Sträßchen, das zur **Kirche** führt und sich gleich danach gabelt. Man hält sich rechts und gelangt nach 70 m zu einem unverputzten Steinhaus mit Sitzbank. Man geht rechts daran vorbei (zuvor empfiehlt sich die Besichtigung des alten Ortskerns) und nimmt nach 50 m eine Abzweigung nach rechts (**Wegweiser »Lačna, stolp«**).

Man passiert einen Neubau und folgt dem **markierten Weg** in den Wald. Nach 50 m nimmt man eine Abzweigung nach links (undeutliche Markierung). Kurzer steiler Anstieg bis zu einer **Gabelung**; man geht rechts. Weiter steil bergauf bis zu einem breiten **Querweg**; auf diesem nach rechts (**Wegweiser »Razg. stolp«**). Nach 200 m wendet man sich, den Hauptweg verlassend, nach links und gelangt kurz darauf zu einem **Aussichtsturm** (0:30 Std.).

Unterhalb des Turmes wendet man sich nach links und folgt einem **markierten Pfad** in nordwestlicher Richtung, bis sich dieser mit einem breiten, von links kommenden Weg vereinigt. 70 m danach folgt man dem breiten Weg nach links, die Markierung verlassend. Der Weg dreht bald nach rechts und vereinigt sich nach einigen Minuten erneut mit dem **markierten Pfad**, welchem man bis **Kubed** folgt. (1:00 Std.).

Unmittelbar vor dem Dorf überquert man einen **Bach** und steigt zur **Hauptstraße** an; auf dieser nach rechts. Nach 50 m wendet man sich nach links in ein ansteigendes Sträßchen und folgt gleich darauf einem Fußweg nach rechts bis zur **Kirche** von Kubed. Zurück

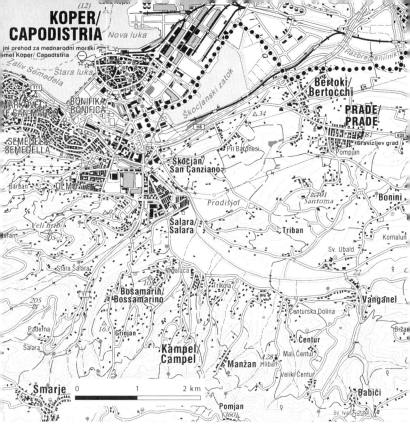

zur **Hauptstraße**; auf dieser nach rechts. Nach 50 m wendet man sich nach rechts und folgt einer Straße bis zu einer **Fünffachkreuzung** (Müllinsel). Hier wendet man sich halb links in einen ansteigenden **Karrenweg** (Markierung). 15minütiger Anstieg im Wald, dann fast eben bis zur **gostilna Mohoreč**. (1:30 Std.).

Man durchschreitet das Grundstück und folgt einem breiten **markierten Weg** leicht bergab. Eine Abzweigung nach links wird ignoriert. Kurz darauf eine **Gabelung**; man wendet sich nach links (Markierung). Weiter bergab bis zu einem deutlichen **Querweg**; auf diesem nach rechts. Gleich darauf eine **Wegkreuzung**; man geht links, die Markierung verlassend. 15minütiger bequemer Abstieg bis zu einer größeren **Lichtung**, wo der Weg sich gabelt. Man hält sich rechts, auf dem **Hauptweg** bleibend (die beiden Wege vereinigen sich bald darauf wieder). Nach weiteren 15 Minuten nimmt man eine **Abzweigung** nach links und tritt gleich darauf oberhalb eines **Olivenhains** ins

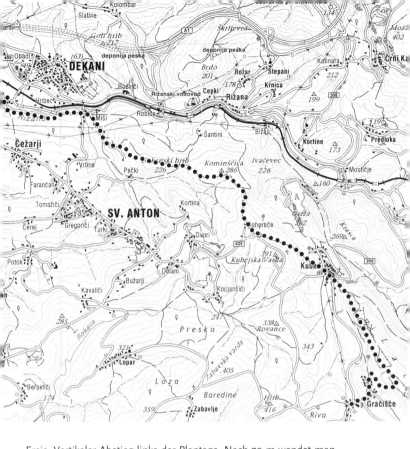

Freie. Vertikaler Abstieg links der Plantage. Nach 70 m wendet man sich nach rechts und folgt einem sich bald senkenden Weg mit Blick auf Koper bis zu einem **Asphaltsträßchen**; auf diesem nach rechts, weiter bergab. Nach 5 Min. passiert man die **gostilna na Brdi** (Einkehr empfohlen) und folgt der Straße in den Talgrund, wo man einige Häuser passiert und sich bei der **turistična kmetija Bordon** links hält. Man überquert einen Bach und wendet sich sofort nach rechts. 300 m Asphalt bis zu einer **Straßenbrücke**. 30 m davor wendet man sich nach links in einen undeutlichen Pfad, der erst dem Ufer der **Rižana** folgt und sich dann gabelt. Man geht links und steigt zu einem etwas breiteren **Querweg** an; auf diesem nach rechts. Gut 10 Min. auf fast ebenem, ziemlich verwachsenem Weg bis zu einer **Häusergruppe**. Man steigt auf dem Zufahrtsweg zu einer **Querstraße** ab, geht rechts und überquert die **Rižana**. Nach 150 m wendet man sich scharf nach links und folgt einem Sträßchen bis zu einer **Häusergruppe**.

Treppenweg in Kubed

Hier wendet man sich auf einem Sträßchen nach rechts, das nach 70 m in einen **Feldweg** übergeht, der nach wenigen Schritten nach links dreht. Bequemer Weg, erst entlang eines **Wassergrabens**, dann parallel zur **Eisenbahn** bis zur Einmündung in einen **Radweg** (die »Parenzana«); auf diesem nach links. Man überquert bald darauf neuerlich die **Rižana** und wendet sich nach wenigen Metern nach links in ein Sträßchen (**Wegweiser »Gostilna Turk«**). Zuvor empfiehlt sich die Einkehr in der **turistična kmetija Mlin** rechter Hand (3:30 Std.).

Man folgt der Straße bis zur **gostilna** und wendet sich vor dieser nach rechts in einen **Feldweg**. Nach 400 m ein **Quersträßchen** man geht links und biegt nach wenigen Metern nach rechts in einen Pfad. Schöner Weg zwischen **Weingärten** bis zu einem breiten Querweg; auf diesem nach rechts, dann sofort nach links. Weiter bis zur **Kirche von Bertoki** (4:00 Std.).

Man passiert die Kirche, geht rechts und sofort nach links in die **ulica ob spomeniku**. Die Straße führt an einem **Denkmal** vorbei

15.1 Wanderung von Gračišče nach Koper

und mündet bald darauf in die **Hauptstraße**; auf dieser nach links bis zu einer großen **Kreuzung** (kurz davor eine Bushaltestelle). Man geht rechts, überquert **Auto- und Eisenbahn** und steigt 100 m danach nach links über eine **Böschung** zu einem breiten Schotterweg – dem **Lehrpfad des Naturschutzgebietes** Škocjanski zatok – ab; auf diesem nach rechts. Angenehmer Weg entlang des Schilfgürtels des Naturparks. Nach 300 m ignoriert man eine Abzweigung nach rechts. Nach weiteren 300 m dreht der Lehrpfad nach links. Hier steigt man nach rechts zur **Straße** an und geht links. Man erreicht einen **Kreisverkehr**; geht links und folgt einem Gehweg bis zum nächsten **Kreisverkehr**. Knapp davor wendet man sich nach links und folgt einem **Pfad** am Rande des Naturschutzgebietes, bis dieser wieder auf die Straße trifft. Auf dieser 300 m nach links bis zum nächsten großen **Kreisverkehr** (5:00 Std.).

Hier wendet man sich man rechts, geht beim darauffolgenden **Kreisverkehr** geradeaus und erreicht kurz darauf die **Altstadt von Koper** (5:15 Std.). [Wer zum Zug will, geht beim großen **Kreisverkehr** links und erreicht nach 500 m den **Bahnhof von Koper** (5:10 Std.).]

AM WEGE

Kubed | Covedo

Wie archäologische Funde belegen, war der Ort schon in der frühen Eisenzeit besiedelt, und spätestens seit dem Altertum führt eine wichtige Straße an Kubed vorbei. Einer römischen Festung, *Castrum Cubitum*, verdankt das Dorf auch seinen Namen; der Flurname Grad, Burg, verweist auf mittelalterliche Verteidigungsanlagen. Der fünfeckige Glockenturm ist neben einigen Mauerresten Überbleibsel einer Zitadelle, die von den Venezianern als Bollwerk gegen die Österreicher sowie zum Schutz gegen die Türken errichtet wurde. Im 1688 erbauten Kirchenschiff, das zum Campanile einen Respektabstand von fast 50 m hält, findet sich ein Werk des manieristischen Malers Giorgio Ventura, der sich auch Zorzi Ventura Zaratino nannte und an der Wende zum 18. Jahrhundert etliche Kirchen in Venedig, Istrien und Dalmatien mit frommen Bildern ausstattete. Schön ist der Blick in die Ferne, vor allem auf die weißen Felsenbänder des Kraški rob im Nordosten und die Bucht von Koper im Westen.

Kirchturm von Kubed

Der alten Höhensiedlung zu Füßen und der Sonne zugewandt liegen die beiden Ortsteile Križišče und Skrajniki, die bis heute ihren bäuerlichen Charakter bewahrt haben. Auch die Wiesen und Felder südwestlich der Straße werden, obgleich im Nebenerwerb, nach wie vor bewirtschaftet. Ihre größte Ausdehnung hatten die Anbauflächen im 19. Jahrhundert, als mit der Expansion von Triest die Nachfrage nach landwirtschaftlichen Produkten sprunghaft anstieg. Kubed erlebte mit dem Verkauf von Wein, Olivenöl, Gemüse, Fleisch und Milch einen Aufschwung, der sich im Bau einiger stattlicher Häuser niederschlug. Mit dem relativen Wohlstand ging auch das wachsende Selbstbewusstsein der Bevölkerung einher. 1870 war Kubed Schauplatz eines sogenannten *tabor*, einer Volksversammlung unter freiem Himmel, die auf die gesamte Region ausstrahlte und zur »nationalen Erweckung« Sloweniens beitrug. Die dabei erhobene Forderung nach slowenischem Schulunterricht, slo-

15.1 Wanderung von Gračišče nach Koper

wenischer Amtssprache sowie Senkung der Steuern wurde von rund 4.000 Istrianern unterstützt. Das 120jährige Jubiläum dieser Veranstaltung feierten die Kommunisten unter dem Motto *Ta zemlja je sveta – ta zemlja je naša* (Dieses Land ist heilig – dieses Land ist unser).

Dass das Ortsbild etwas zerrissen wirkt, liegt nicht zuletzt an der Zerstörung Kubeds durch deutsche Einheiten am 2. Oktober 1943. Zuvor hatten sich hier 200 Partisanen versammelt, um sich dann vor den heranrückenden Deutschen Richtung Buzet zurückzuziehen. Auch die Dorfbevölkerung floh, mit Ausnahme des Pfarrers, der sich – so die Pfarrchronik – den Angreifern mutig entgegenstellte. Die aber beschossen den Ort mit Granaten und setzten dabei 40 Häuser in Brand.

Etliche leerstehende Gebäude verweisen auf die starke Abwanderung im letzten Jahrhundert. Hatte Kubed um 1900 noch 400 Einwohner, sind es heute nur noch 160. Deren Vorfahren können für sich in Anspruch nehmen, ihre letzte Ruhe auf einem der ältesten Friedhöfe Istriens gefunden zu haben. Er stammt aus dem 11. Jahrhundert – aus jener Zeit, als Cubida noch Kaiser Heinrich IV. und damit zum Heiligen Römischen Reich gehörte.

EINKEHR:
Gostilna Jakomin. Auf den ersten Blick nicht unbedingt einladend, bietet das traditionsreiche Gasthaus dennoch gute istrische Küche und tadellose Weine aus eigener Produktion. 00386 5 6572030 oder 00386 31 368741
Gostilna Mohoreč. Sympathisches Wirtshaus im Nachbarort Mohoreče, das offiziell erst ab Mittag geöffnet hat, bedürftigen Wanderern aber auch schon am Vormittag ein Glas Wein anbietet. 00 386 5 6532114 oder 00 386 41 822699

Rižana | Risano
Sie entspringt bei Kubed und ist, obwohl nur 14 km lang, der einzige nennenswerte Fluss, der von Slowenien direkt in die Adria mündet. (Das unterscheidet ihn von der Reka, die bekanntlich bei Škocjan im Boden verschwindet, um erst nach 40 km bei Monfalcone wieder an die Oberfläche zu kommen und unter dem Na-

men Timavo ins Meer zu fließen.) Im Sommer oft nur ein Rinnsal, vermag die Rižana nach der Schneeschmelze oder längeren Regenperioden bedrohlich anzuschwellen und manchmal sogar über die Ufer zu treten, was Wanderern das Fortkommen erschwert. Wer Glück hat, findet aber ein munteres Flüsslein vor, das von efeubewachsenen Weiden beschattet wird, da und dort über ein Wehr springt und sich gelegentlich durch einen Mühlkanal zwängt. 38 Mühlen nützten die Rižana einst als Energiequelle; vor dem 2. Weltkrieg trieb sie auch die Turbinen eines Kraftwerks bei Dekani an. Als Trinkwasserlieferant dient der Fluss seit 1938, als die italienischen Besatzer die Quelle anzapften und eine Wasserleitung zur Küste bauten. Der alte *vodovod* begleitet den Wanderer bis zur Häusergruppe Brtuči und wechselt dort auf das andere Ufer. Hier führt auch die Eisenbahn vorbei, derentwegen die Rižana 1967 fast vollständig reguliert wurde. Aufgrund der Uferbefestigungen sowie der industriellen Verschmutzungen im Unterlauf bezeichnen sie Biologen heute als totes Gewässer; bei Fliegenfischern ist sie aufgrund des relativen Fischreichtums trotzdem beliebt. Neben der heimischen Regenbogenforelle finden sich hier Flusskrebse und die berühmte Marmorata aus dem Soča-Tal.

Bei Porton, wo die Koperbahn den Fluss überquert, teilt sich dieser in zwei Arme, von denen einer in den Škocjanski zatok und der andere in den Hafen von Koper strömt. Im Delta, ursprünglich Lagune und Sumpfgebiet, wurden bereits in römischer Zeit Salinen angelegt, die 1911 aufgrund des Salzpreisverfalls aufgegeben wurden und versumpften. Später legten die Italiener weite Teile trocken, um sie landwirtschaftlich zu nutzen. Ende der 1950er Jahre begann man mit dem Bau des neuen Hafens von Koper. Um Baugrund zu gewinnen, wurde das seichte Küstengewässer vertieft und der Aushub landseitig aufgeschüttet. Übrig geblieben sind ein geschütztes Feuchtgebiet sowie einige Hektar Ackerland, die durch ein dichtes Netz von Entwässerungskanälen gewonnen wurden. Es ist aber wohl eine Frage der Zeit, bis auch diese landwirtschaftlichen Flächen dem ständig expandierenden Hafen geopfert werden.

Weingarten im Rižana-Tal

Bertoki | Bertocchi

Auffälligstes Gebäude ist ein kaisergelbes Palais mit mexikanisch anmutenden Zierelementen in der Ulica ob spomeniku/via del monumento. Es stammt aus venezianischer Zeit und diente einst als Krankenhaus, daher auch der Name *lazzaretto*. Später residierten hier Adelige aus Koper. Heute verbergen sich hinter der noblen Fassade schäbige Mietwohnungen, zu denen 18 verrostete und zum Teil aufgebrochene Briefkästen gehören. Im benachbarten Park wird die Erinnerung an den gemeinsamen Kampf slowenischer und italienischer Partisanen hochgehalten. Eine dicht gedrängte Personengruppe, die mit grobem Werkzeug aus einem Marmorblock geschnitten wurde, symbolisiert eine »felsenfeste« politische Einheit, die in Wirklichkeit recht brüchig war, da die Widerstandsgruppen unterschiedliche nationale Ziele verfolgten. Während die Slowenen auf den Anschluss Triests, Istriens, Gorizias und Rijekas an Jugoslawien drängten, waren die italienischen Partisanen für den Verbleib bei Italien. Die zweisprachige Inschrift – »Der Tod hat Euch brüderlich vereint« – liest sich daher wie ein frommer Wunsch.

Škocjanski zatok | Val Stagnon

Von vierspurigen Straßen eingeschnürt und vor der Kulisse von Industriegebäuden wirkt das Naturschutzgebiet wie eine Fata Morgana in einer Wüste aus Asphalt und Beton. Eine Besichtigung erscheint daher wenig verlockend, zu störend ist der Autolärm und allzu trostlos die Umgebung. Umso erstaunlicher, welcher Artenreichtum – ob an Flora oder Fauna – sich unter solchen Bedingungen erhalten hat bzw. entfalten konnte, denn der *zatok*, Haff, ist weitgehend Natur aus zweiter Hand. Noch in den 1980er Jahren befand sich hier eine wilde Mülldeponie, die, um Bauland zu gewinnen, zugeschüttet werden sollte, was aber am Widerstand einer Bürgerinitiative scheiterte. Erst 1998 wurde das Gebiet unter Naturschutz gestellt.

Das rund 120 ha große Areal umfasst zwei unterschiedliche Zonen, wovon die Brackwasserlagune die größere und »wertvollere« ist. Hier mischt sich das Wasser der Rižana mit dem Meerwasser, das vom Frachthafen durch einen schmalen Kanal landeinwärts strömt. Das Gebräu ist Lebensquell für spezialisierte Pflanzen, die nicht nur mit dem Salzgehalt, sondern auch mit den Gezeiten sowie mit extremen Temperaturschwankungen zurecht kommen müssen. Dazu gehören etwa die Salden, die den sogenannten Froschlöffelarten zugeordnet werden und üppige »Wiesen« unter Wasser bilden. An der Oberfläche gedeihen der fleischige Queller und die krautige Strandsode, beide wohlschmeckend und ehemals nützlich, weil sie zur Sodagewinnung und damit zur Seifen- und Glasproduktion verwendet wurden. Essbar ist auch die graugrüne Salzmelde, die sich allerdings gerne mit Schwermetallen anreichert. Abgeraten wird vom Genuss des stacheligen Kali-Salzkrautes, weil es binnen Minuten zu Herzrhythmusstörungen führt.

Laien werden zumindest die Strandbinse erkennen, die in charakteristischen Büscheln wächst und im Watt kleine Inseln bildet, die dem Federvieh als Brut- und Rastplätze dienen. Ornithologen haben hier 241 Vogelarten gezählt, womit das Škocjanski zatok sogar das Ljubljansko barje an Vielfalt übertrifft. Das Haff ist aber auch Lebensraum zahlreicher Säugetiere, die man in dieser Landschaft kaum erwarten würde. Sie finden sich vor allem im zweiten, östlichen Teil des Naturparks, der

Vogelbeobachtung am Škocjanski zatok

um 1990 als Ersatz für trockengelegte Sümpfe angelegt wurde und ein Südwasserbiotop samt Feuchtwiesen und Schilfgürtel darstellt. Wer ihn umrundet, wird nicht nur zwei Camargue-Pferde und vier istrische Steppenrinder antreffen (deren Aufgabe es ist, die Feuchtwiesen abzuweiden), sondern mit etwas Glück auch einem Feldhasen begegnen. Unsichtbar bleiben zumeist der scheue Rotfuchs und die (fast ebenso große) Biberratte sowie acht verschiedene Mäusearten, darunter die hübsche Brandmaus und die putzige Etruskerspitzmaus, die als das kleinste Säugetier der Welt gilt. Nicht zu vergessen die schlaue Wanderratte, die auch ohne Wegbeschreibung hierher gefunden hat.

Koper | Capodistria | Gafers

Manche Menschen behaupten, dass der reale Sozialismus nicht zuletzt an seiner Hässlichkeit zugrunde gegangen sei. Sollte diese These auch auf den Kapitalismus zutreffen, ist Koper ein wahrer Hoffnungsort, denn übler kann man eine Stadt bzw. deren Peripherie kaum zurichten. Wanderer müssen sich durch einen breiten Gürtel aus Lagerhallen, Supermärkten und Einkaufszentren hindurchkämpfen, der fast stündlich zu wachsen

Vor dem Prätorenpalast am Titov trg

scheint und Koper wie ein Krebsgeschwür zu überwuchern droht. Es sind Tempel des Konsums, in denen allen einschlägigen Marken und Konzernen gehuldigt wird. Grelle Farben, Logos und Leuchtschriften können aber kaum über die billige Machart hinwegtäuschen, die die Gebäudekulissen, kaum aus dem Boden gestampft, bereits wieder hinfällig aussehen lassen. Erschlossen wurde das Gebiet mit vierspurigen Schnellstraßen, an deren Knotenpunkten die motorisierten Kunden per Kreisverkehr ihrer Bestimmung – kaufen und konsumieren – zugeführt werden. Selbst Fußgänger können diesen Zentrifugen kaum ausweichen und müssen hoffen, von ihnen nach Norden, Richtung Altstadt, ausgespuckt zu werden, wo Koper ein völlig anderes, nämlich überraschend hübsches Gesicht zeigt.

Hier kann man sich fürs Erste getrost dem Strom der Touristen anschließen und sich mit ihm durch das (einzige noch erhaltene) mittelalterliche Stadttor Muda auf den Prešernov trg treiben lassen, der mit großen Marmorplatten gepflastert wurde und von hellen, zweigeschoßigen Häusern im italienischen Stil gebildet wird. Als besondere Sehenswürdigkeit gilt der Da-Ponte-Brunnen, dessen achteckiges Becken von einer Steinbrücke überspannt und von vier wasserspeienden Fratzen gespeist wird. 15 Pilaster repräsentieren die einst wichtigsten Adelsfamilien der Stadt. Der Brunnen stammt aus dem Jahr 1666 und wurde von den Bürgern bis Ende des 19. Jahrhunderts als Trinkwasserquelle genützt. Vergleichsweise unscheinbar ist die St. Bassokirche an der Südostseite, wo sich im Mittelalter das städtische Armenasyl und ein Krankenhaus befanden. An der Stirnseite des Platzes fällt die *knjigarna Libris* mit originell gestalteten Schaufenstern und gelegentlichen öffentlichen Lesungen auf. Sie ist nicht die einzige Buchhandlung in der Stadt, denn Koper ist seit 2003 Sitz der *Univerza na Primorskem* mit über 5.000 Studierenden. Das macht sich nicht zuletzt in einer ganzen Reihe studentischer Kneipen bemerkbar, u. a. in der Župančičeva sowie der Čevljarska ulica, durch die man zum Stadtkern ansteigt. Letztere ist auch eine beliebte Einkaufsgasse, wenngleich ihr die Shoppingmalls am Stadtrand längst den Rang abgelaufen haben. Von hier empfehlen sich mehrere Abstecher in die engen und verwinkelten Seitengassen, die von linken Sprayern zur nazifreien Zone erklärt wurden, sowie in die Ulica Osvobodilne fronte, wo das Palais Gravisi-Butorai aus dem 17. Jahrhundert als Kulturzentrum der italienischen Volksgruppe dient. Deren Sprache ist ohnehin omnipräsent: So sind sämtliche Straßennamen und viele andere Aufschriften zweisprachig und mischt sich die italienische wie selbstverständlich mit der slowenischen Alltagssprache. Der Bevölkerungsanteil der Italiener, die bis zum 2. Weltkrieg die große Mehrheit bildeten, ist dennoch verschwindend. Die Volkszählung im Jahr 1900 hatte noch 7205 italienische, 391 slowenische, 167 kroatische und 67 deutsche Einwohner erhoben; 100 Jahre später gaben von 50.000 Einwohnern 74 Prozent Slowenisch, 2,2 Prozent Italienisch und 17,5 Prozent Serbokroatisch als ihre Muttersprache an.

Den höchsten Punkt und zugleich das Zentrum der Altstadt bildet der Titov trg, der von den Venezianern, die Capodistria über 500 Jahre beherrschten, unverkennbar geprägt wurde. Einducksvoll ist der merkwürdig asymmetrische, mit Schwalbenschwanzzinnen bekrönte Prätorenpalast, bis Ende des 18. Jahrhunderts Sitz des Bürgermeisters sowie mächtiger venezianischer Kapitäne. Auch das Appellationsgericht tagte hier. Vis-à-vis wurde eine Loggia mit gotischen Spitzbögen aus dem 15. Jahrhundert in ein elegantes Café umfunktioniert. Eine Madonnenfigur über der Ecksäule erinnert an eine Pestepidemie, die den Niedergang der Stadt Anfang des 17. Jahrhunderts einleitete.

Stilelemente der Gotik, der Renaissance und des Barock vereinigt die Domkirche an der Ostseite des Platzes. Kunstliebhaber begeistern sich für das monumentale Altarbild von Vittore Carpaccio sowie den meisterhaft gemeißelten Sarkophag für die Reliquien des heiligen Nazarius. Unbedingt lohnend ist der Aufstieg zur Aussichtsplattform des Glockenturms, von wo sich ein phantastischer Blick auf die Stadt und ihre Umgebung bietet. Dabei fällt der Blick auch auf die größte Grünfläche der Altstadt, den Trg Brolo, der einst als Sammelbecken für das Regenwasser diente und heute von zwei ehemaligen Klöstern aus dem 13. Jahrhundert, dem *Fontico*, einem Getreidespeicher aus dem 14. Jahrhundert, sowie dem barocken *Palais Gravisi-Barbabianca* gesäumt wird. Die angrenzende gotische Jakobskirche gilt als bedeutendster Sakralbau der Stadt.

Von der Universität, die im ehemaligen venezianischen Zeughaus an der Westseite des Titov trg untergebracht ist, führt die Kidričeva ulica zum *Palais Begramoni-Tacco*, ehemals Sitz einer wohlhabenden Patrizier-Familie, heute das *Pokrajinski muzej/Museo regionale*. Die angenehm entrümpelte und ambitioniert gestaltete Ausstellung führt durch die Geschichte der Region, beginnend mit prähistorischen und bronzezeitlichen Funden, die die frühe Besiedelung dokumentieren, und Zeugnissen der Römer, die der Stadt mit *Capris* ihren ersten Namen gaben. Er leitet sich angeblich von den Ziegen ab, die hier, durch einen breiten natürlichen Kanal vom Festland getrennt, geweidet wurden. Bis ins 19. Jahrhundert sollte Koper eine Insel bleiben. Hier suchte die romanische Bevölkerung während der Völkerwanderung Zuflucht und errichtete Byzanz Mitte des 6. Jahrhunderts eine Festung, was dem Ort zur ersten kulturellen Blüte

Da-Ponte-Brunnen in Koper

verhalf. Aus dieser Zeit können ein paar schöne Steinreliefs und Ornamente besichtigt werden. Im frühen Mittelalter unterstand *Caput Histriae* zeitweilig dem Patriarchen von Aquileia, genoss dabei aber das Privileg einer selbstständigen Stadt. 1279 markiert den Beginn der venezianischen Herrschaft, während der Koper dem habsburgischen Triest den Rang als Handelszentrum und Salzproduzent abzulaufen drohte. Ein steinernes Figurentheater im Renaissance-Zimmer des Museums erinnert an diese Epoche der Prosperität. Umfangreicher, aber etwas langweilig ist die Gemäldesammlung mit Werken aus dem 15. bis 18. Jahrhundert. Der Niedergang der Stadt begann 1719, als Triest zum Freihafen erklärt wurde, und wurde unter der österreichischen Herrschaft zwischen 1897 und 1918 bzw. mit dem Bau der Eisenbahn von Wien nach Triest besiegelt. Eine kleine Waffensammlung und wertvolle »Antiquitäten«, darunter die prächtigen Schrankwände einer Apotheke, repräsentieren diese Zeit.

Unbedingt sehenswert sind die Schauräume zur Stadtgeschichte ab dem 1. Weltkrieg. Den Schwerpunkt hat man dabei auf die Gewaltherrschaft der italienischen Faschisten und des Nationalsozialismus sowie den bewaffneten Widerstand

In der Altstadt von Koper

gelegt. Als Anschauungsmaterial dienen historische Fotos, Flugblätter und Plakate, aber auch Uniformen, Waffen und ein rekonstruierter Partisanenbunker. Nach 1947 war Koper Teil der Zone B des Freien Territoriums Triest, das 1954 an Jugoslawien fiel. Ein Großteil der italienischen Bevölkerung war zu diesem Zeitpunkt bereits emigriert oder von den Kommunisten vertrieben worden. An ihre Stelle traten slowenische Zuwanderer, die nicht zuletzt im neu ausgebauten Hafen Beschäftigung fanden. Den verbliebenen Italienern wurden weitgehende Minderheitenrechte zugesprochen. Von ihrer Präsenz zeugen mehrere Kulturvereine, ein eigener Radiosender, die italienische Volksschule sowie ein italienischsprachiges Gymnasium.

Vom Museum empfiehlt sich der Abstieg zum Carpacciov trg mit einer hübsch kolorierten Häuserfront und der ehemaligen Markthalle, deren große Rundbögen den Blick zum Jachthafen eröffnen. Wer hier dem Kai nach links folgt, passiert einige mehr oder weniger hippe Cafés, wird aber bald von der Wirklichkeit in Form von Parkplätzen und Autokolonnen eingeholt. Schöner ist es, den Weg nach Norden einzuschlagen, wo sich in Sichtweite des Frachthafens das kleine städtische Strandbad befindet. Es ist, trotz gegenteiliger Umgebung, ein idyllisches Plätzchen. Ein gepflegter Kiesstrand, zwei taubengrau lackierte Holzstege und das erstaunlich saubere Meerwasser laden zum Baden ein, das kleine Strandcafé mit gemütlicher Veranda zum vorgezogenen Sundowner.

EINKEHR:
Hotel Koper. Es ist das einzige Hotel im Altstadtbereich und zeichnet sich weder durch ein passables Preis-Leistungsverhältnis, noch durch besondere Freundlichkeit aus. Wer hier trotzdem übernachtet, sollte dies aufgrund der exponierten Lage in einem der oberen Stockwerke tun. 00386 5 6100500, www.terme-catez.si
Hotel Vodišek. Unweit eines Monsterkreisverkehrs, aber auch nahe der Altstadt, kann man es hier schon ein bis zwei Tage aushalten. 00386 5 6392468, www.hotel-vodisek.com
Hotel Pristan. Auch von hier hat man es nicht weit ins Stadtzentrum. 00386 5 6144000, www.pristan-koper.si
Istrska klet Slavček. Einheimische und Touristen erfreuen sich an preiswerten regionalen Spezialitäten und der kitschverdächtigen Einrichtung mit rustikalem Einschlag. 00386 5 6276729.
Restaurant Skipper. Das noble Fischlokal lockt mit einer schönen Aussichtsterrasse, hat aber, nomen est omen, für Wanderer nicht allzu viel übrig. 00386 5 6261810, www.skipper-koper.com

15.2 ZU RANDE KOMMEN
Wanderung von Gračišče nach Osp

Ist man am Vortag in Slovenska Istra und damit fast an der Grenze zu Kroatien angekommen, macht man an diesem Tag eine Kehrtwendung nach Norden, dem Golf von Triest entgegen. Richtungsweisend ist der Karstrand, der bei Črni Kal ein besonders markantes Felsband hervorgebracht hat und wie eine mächtige Trockenmauer das Rižanatal säumt. Doch im Gegensatz zur Umgebung von Zazid bestimmen hier keine einsamen Hochebenen das Bild, sondern freundliche Dörfer, gepflegte Weingärten und gleich mehrere Kulturdenkmäler.

Der Tag beginnt mit einer Überraschung. Gračišče, das am Vorabend wie ein seelenloses Straßendorf erschien, bezaubert in der Morgensonne mit erdbraunen Steinhäusern und stimmungsvollen Höfen. Einen Stock höher, vom Gipfel der Lačna, schweift der Blick über die Steilstufen des Kraški rob, die man im Lauf des Tages entlangwandern wird. Zunächst steht einem aber ein tiefer Fall bevor. Über grobes Geröll stürzt man Hals über Kopf nach Hrastovlje, wo mit der Wehrkirche Sveta Trojica eines der bedeutendsten Kulturdenkmäler Sloweniens wartet. Nach der Besichtigung (und einer ersten Einkehr) folgt der zweite Kraftakt des Tages. Es ist der Anstieg nach Zanigrad, das mit dem Kirchlein Sveti Štefan ein Kleinod mittelalterlicher Architektur besitzt, und weiter nach Podpeč, einem liebenswerten Nest unter den Felsen. Sanft und grün liegt einem das Tal zu Füßen, schmal und steinig windet sich der Pfad zwischen den Wiesen. Zeitweilige Begleiter sind die Güterzüge aus Koper, die wie buntes Spielzeug den Steilhang schneiden. So wandert man zwischen Salbei und Thymian von einem wunderbaren Aussichtspunkt zum nächsten und schließlich zur Burgruine Črni Kal, die sich mit letzter Kraft an eine Klippe krallt. Bedrohlich schief steht auch der Kirchturm im Dorf darunter. Den letzten Abschnitt (für den man sich in einer Straßenkneipe gestärkt hat) legt man auf bequemen Wegen,

Wehrturm von Podpeč mit Hrastovlje im Hintergrund

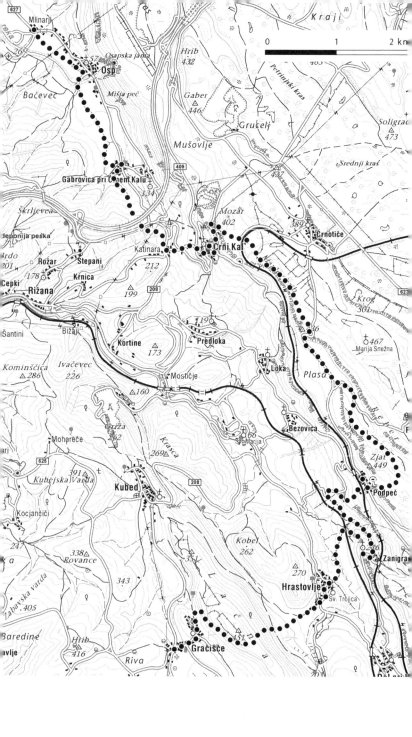

teils im Wald, teils zwischen Rebstöcken, zurück. Nicht zu verfehlen ist der Zielort: Wie ein riesiger Steinbruch umrahmt die *stena* das kleine Dorf Osp, das nicht nur eine dramatische Kulisse, sondern auch ein angenehmes Quartier zu bieten hat.

HINWEISE ZUR WANDERUNG
LÄNGE: 20 km [18 km]
HÖHENDIFFERENZ: 700 m ↑ 960 m ↓ [580 m ↑ 840 m ↓]
GEHZEIT: 6:15 Std. [5:15 Std.]
ANFORDERUNGEN: Ausdauer und Trittfestigkeit
ORIENTIERUNG: mittel
KARTE: Turistična karta »Primorska«, 1:40.000, Verlag Kartografija
GASTSTÄTTEN: Gračišče, Hrastovlje, Črni Kal, Osp
UNTERKÜNFTE: Gračišče, Osp
VERKEHRSVERBINDUNGEN: Bushaltestelle in Gračišče; Taxi Koper 00386 31386000, 00386 40 386000; Taxi Triest 00386 40 307730 oder 00386 40 390039
ANMERKUNG: Der »Umweg« zur Kirche Sveti Štefan bei Zanigrad ist unbedingt lohnend, weshalb man die Abkürzung nach Podpeč nur bei Schlechtwetter nehmen sollte.

WEGBESCHREIBUNG
Man wendet sich auf der **Hauptstraße** vor der **gostilna Ražman** nach links und geht nach 50 m rechts (**Wegweiser »Movraž«**). 100 m danach biegt man nach links in ein ansteigendes Sträßchen, das zur **Kirche** führt und sich gleich danach gabelt. Man hält sich rechts und gelangt nach 70 m zur einem unverputzten Steinhaus mit **Sitzbank**. Man geht rechts daran vorbei in ein Gässlein (zuvor empfiehlt sich die Besichtigung des alten Ortskerns) und nimmt nach 50 m eine Abzweigung nach rechts (**Wegweiser »Lačna, stolp«**).

Steiler Anstieg auf markiertem Weg im Wald bis zu einer **Gabelung**; man geht rechts. Weiter steil bergauf bis zu einem **Querweg**; auf diesem nach rechts (**Wegweiser »Razg. stolp«**). Nach 200 m wendet man sich, den Hauptweg verlassend, nach links (Wegweiser »Stolp«) und gelangt kurz darauf zu einem **Aussichtsturm** (0:30 Std.).

Nach dessen Besteigung folgt man dem **Wegweiser »Hrastovlje«** bergab. 30minütiger steiler und beschwerlicher Abstieg über Geröllfelder (nicht markierte Abzweigungen werden ignoriert), dann,

Am Friedhof von Podpeč

weiter der Markierung folgend, auf angenehmen Feldwegen bis zur **gostilna Švab** am Ortsrand von **Hrastovlje** (1:15 Std.). Einkehr.

Weiter auf der Hauptstraße Richtung **Wehrkirche**. Nach 100 m halbrechts in ein ansteigendes Sträßchen (Markierung), das links an der **Kirche** (Besichtigung empfohlen) vorbeiführt und sich senkt. Bei der darauffolgenden **Kreuzung** geht man rechts (Markierung), weiter bergab. 50 m danach ein **Quersträßchen**; man geht rechts und verlässt kurz darauf die Ortschaft. Der Asphalt endet; man folgt einem geschotterten **Fahrweg** in den **Talgrund**, wo man eine Abzweigung nach rechts ignoriert. Man geht geradeaus (**Markierung**) und quert kurz darauf ein **Rinnsal**. 50 m danach wird eine Abzweigung nach links ignoriert. Der Weg beginnt anzusteigen. Man ignoriert eine Abzweigung nach rechts und gelangt bald darauf zur **Bahntrasse**, welche man unterquert. Nach dem **Durchlass** wendet man sich nach rechts in einen ansteigenden Weg (Markierung).

[**Abkürzungsmöglichkeit**: Man geht geradeaus und nimmt kurz danach eine Abzweigung nach links (**gelbrote Markierung**). Weiter wie im nächsten Absatz beschrieben bis Podpeč. Zeitersparnis ca. 1:00 Std.)]

Steiler Anstieg, erst mit Blick auf Hrastovlje, dann auf die Felswände von Podpeč, bis zu einer licht bewaldeten **Kuppe**, wo der Pfad nach rechts dreht und zur **Kirche Sv. Štefan** führt (2:30 Std.). Besichtigung. Vor der Kirche begibt man sich zu einer **Schotterstraße**; auf dieser nach links. Nach 100 m wendet man sich, der Markierung folgend, nach links und passiert den verfallenen Weiler **Zanigrad**. Der Weg senkt sich unterhalb der Felswände von Podpeč und führt erneut zur **Eisenbahnunterführung**. Kurz davor wendet man sich nach rechts (**gelbrote Markierung**). Bequemer, fast ebener Weg, der bald auf einen breiten Querweg trifft; auf diesem nach rechts. Der Weg dreht nach rechts und steigt, mit Blick auf Podpeč, an, um kurz darauf eine markante **Linkskurve** zu beschreiben. 30 m danach wendet man sich, der Markierung folgend, scharf nach rechts. 10 Min. zwischen Terrassierung bergauf bis zur **Kirche** unterhalb der Ortschaft **Podpeč** (2:00 Std.).

Man unterquert die **Bahn** und steigt, die Richtung beibehaltend, auf einem Sträßlein zum **Ortskern** an. Nach 150 m eine **Querstraße**; man wendet sich scharf nach rechts, passiert kurz darauf den ehemaligen **Dorfbrunnen** und steigt bis zum Ortsrand an. Kurz vor der Ortstafel folgt man der **Markierung** nach links in einen ansteigenden **Pfad**. Sehr steiler Anstieg bis zur **Turmruine** oberhalb des Dorfes und weiter bis zur **Geländekante**, wo man sich auf einem **Querweg** nach links wendet. Markierter Pfad entlang der **Geländekante**, der nach 500 m zu einem schönen **Rastplatz** mit Blick auf Podpeč führt (3:00 Std.).

Weiter auf dem markierten Weg, der sich nun von der Geländekante abwendet und nach 10 Min. zu einem breiten **Querweg** führt; auf diesem nach links, die Markierung verlassend. Bald darauf werden zwei Einmündungen von rechts ignoriert. 500 m danach dreht der Hauptweg nach links; man geht geradeaus in einen **Wiesenpfad**, der nach 150 m erneut in einen Fahrweg mündet. Man folgt dem sanft ansteigenden **Hauptweg**, der bald eine scharfe Rechtskurve beschreibt und zu einer Wegkreuzung führt. Hier geht man links und gelangt zu einem **Sendemasten** (4:00 Std.).

15.2 Wanderung von Gračišče nach Osp

20 Min. weiter entlang der Abbruchkante, bis sich der markierte Weg senkt und gabelt. Man geht rechts (**Wegweiser »Lahka pot«**)...

[**Variante** für Schwindelfreie: Man geht links (Wegweiser »Zelo zahtevna pot«), quert kurz darauf die Bahn und folgt einem markierten **Klettersteig** bis zur **Burgruine** von Črni Kal.]

... und trifft im Wald auf einen breiten **Querweg**; auf diesem nach links. Man gelangt zur **Bahntrasse**, quert diese und folgt der Markierung auf breitem Waldweg bis zu einer Gabelung; man geht rechts (**Wegweiser »Grad«**) und erreicht gleich darauf die **Burgruine** von Črni Kal, wo man sich auf einem Querpfad nach rechts wendet. 10 Min. entlang der **Geländekante** bergab bis zu einem **Fahrweg**; auf diesem scharf nach links. Abstieg auf einem Sträßchen bis zur **Kirche** von **Črni Kal**; von dort weiter bergab, das Dorf durchschreitend, bis zur **Hauptstraße** unterhalb der Ortschaft. Man quert die Straße und schreitet auf einem schmalen **Sträßchen** weiter bergab. Man gelangt neuerlich zur **Hauptstraße**, überquert diese und steigt auf einem schmalen **Sträßchen** (Fahrverbot) weiter bergab. Rechter Hand befindet sich die **Bar »Viki Burger«** (5:00 Std.).

Man durchschreitet eine **Häusergruppe** und gelangt ein weiteres Mal auf die **Hauptstraße** (50 m rechts die **gostilna Žerul**). Man quert die **Straße** an der **Abzweigung Richtung Krnica** (Wegweiser), um sich sofort nach rechts in einen geschotterten **Fahrweg** Richtung Autobahnbrücke zu wenden. 500 m entlang der Hauptstraße. Man passiert deren **Abzweigung Richtung Osp** (Wegweiser) und steigt 50 m danach zur **Straße** an. Man überquert dieselbe und folgt einem geschotterten **Fahrweg** in ein Kieferwäldchen. Man unterquert die **Autobahnbrücke** und ignoriert gleich danach eine Abzweigung nach links. Der Weg senkt sich und führt zu einer **Mehrfachgabelung**. Man hält sich, den Hauptweg verlassend, rechts. Der Weg verjüngt sich; weiter bergab. 50 m vor einer kleinen Quellfassung eine kleine Weggabelung; man hält sich links. Weiter auf schmalem Pfad bergab. Der Wald lichtet sich allmählich und gibt bald den Blick auf Osp frei. Der Weg dreht nach rechts und trifft auf die **Landstraße**; auf dieser nach links, die Ortschaft **Gabrovica** betretend.

Nach gut 200 m biegt man, unmittelbar vor einem größeren **Betriebsgebäude**, in eine Straße nach links, die gleich darauf nach rechts

In Slope (11. Etappe)

Am Slavnik (12. Etappe)
Bei Tublje pri Hrpeljah (12. Etappe)

In Zazid (13. Etappe)

Kirchturm von Gračišče (14. Etappe)
Am Kuk (14. Etappe)

In der Altstadt von Koper (15.1 Etappe)

Wasserspeicher in Socerb (16. Etappe)
Osp unter der Stena und Griža (15.2 Etappe)

Im Val Rosandra (16. und 17. Etappe)

Am Stadtrand von Triest (17. Etappe)

Museo Ferroviario in Triest (17. Etappe)

dreht, um nach weiteren 150 m eine Linkskurve zu beschreiben. Hier geht man geradeaus in einen Weg, der an einem **Obstgarten** vorbei in den Wald führt. Nach rund 400 m eine **Gabelung**; man hält sich rechts. Bei einer weiteren Gabelung geht man wieder rechts. Der nun etwas verwachsene Pfad dreht nach rechts, trifft auf einen breiten **Querweg**; auf diesem nach links bis zur **Straße**. Unmittelbar davor wendet man sich nach links in einen **Feldweg**. Schöner Weg zwischen Weinkulturen und Feldern. Man folgt dem Hauptweg bis zu einem breiten **Querweg**; Man geht rechts, ignoriert kurz darauf eine Abzweigung nach links (markierter Weg Nr. 1) und erreicht **Osp** (6:00 Std.).

Man passiert am Ortsbeginn einen **Campingplatz** und geht bei einer Gabelung links. Nach 70 m eine weitere Gabelung; man geht wieder links und folgt einem **Sträßchen**, das kurz darauf in einen **Feldweg** übergeht. Nach 10 Min. trifft der Weg auf eine Straße; man geht geradeaus und erreicht nach 150 m die **gostilna Majda** in **Mlinarji** (6:15 Std.).

AM WEGE

Hrastovlje | Cristoglie | Chrästeirach

Die Wehrkirche Sveta Trojica zählt zu den bedeutendsten Kulturdenkmälern Sloweniens und wird an manchen Wochenenden von Touristen überrannt. Unter der Woche und außerhalb der Saison kann man aber das stimmungsvolle Bauwerk in Ruhe besichtigen. Es stammt aus dem 13. Jahrhundert; jüngeren Datums ist die hohe Festungsmauer mit runden Türmen, die zwei Ecken eines nur 32 x 16 m großen Gevierts markieren. Ein kleiner Torbogen bildet den Einlass zum Innenhof, der zu einem Gutteil von der Kirche ausgefüllt wird. Was dem Wanderer aus der Entfernung wie eine mächtige Festung erscheint, erweist sich vor Ort als Miniaturausgabe einer Burg. Allzu viele Menschen können hier in Zeiten der Gefahr nicht Schutz gefunden haben.

Auch die Kirche, deren Dach von der Wehrmauer überragt wird, wirkt wie eine Verkleinerung. Kaum geräumiger als eine Kapelle, besitzt sie, als wäre sie eine Basilika, drei Schiffe, die von unregelmäßig gemauerten Steinbögen und Säulen unterteilt werden. Das Tonnengewölbe läuft auf eine nischenartige Apsis zu, in der

Wehrkirche Sveta Trojica bei Hrastovlje

ein kleiner Altar gerade noch Platz hat. Ein nachträglich eingebautes Seitenfenster wirft ein wenig Tageslicht auf den Steinboden; auch die kleine Rosette an der Stirnseite erhellt den Raum nur marginal. So bedarf es künstlicher Beleuchtung, um zur Geltung zu bringen, wofür Hrastovlje über die Grenzen des Landes hinaus bekannt wurde: die prächtigen Fresken aus dem 15. Jahrhundert, die den Innenraum fast flächendeckend schmücken.

Geschaffen wurde das Kunstwerk von Ivan iz Kastva/Giovanni de Castura, einem Meister aus Istrien, der anderswo kaum Spuren hinterlassen hat. Es wurde etwa 200 Jahre später übermalt, um erst nach dem 2. Weltkrieg wiederentdeckt und in den 1950er Jahren – mit staatlichem Segen – restauriert zu werden. Bewacht wird der Schatz von Frau Rosana Rihter, die den Besuchern gegen eine kleine Gebühr mittels Audioeinspielung und Laserpointer die Wand- und Deckenmalereien erläutert. Faszinierend sind nicht nur die Farbigkeit und der Detailreichtum der Gemälde, sondern die Fülle an Themen und Szenen, die der Künstler auf engstem Raum festgehalten hat. Neben biblischen Szenen aus dem Alten und Neuen Testament und den Portraits verschiedener Heiliger finden sich auch profane Darstellungen, wie die Kalendermonate oder kleine Stillleben und Jagdszenen. Dazu kommt eine fast modern anmutende Ornamentik mit starken grafischen Akzenten. Prominentestes Gemälde ist der *mrtvaški ples*, der Totentanz, im rechten Seitenschiff. Menschen unterschiedlichen Standes, Bettler, Bürger, König oder Papst, sie alle stellen sich in Begleitung grinsender Skelette vor dem Thron des Sensenmannes an, der bereits ein Grab ausgehoben hat und sich sichtlich über den Andrang freut. Die egalitäre und durchaus subversive Botschaft – gesellschaftliche Hierarchien sind im Hinblick auf den Tod bedeutungslos – entspricht dem Zeitgeist des Spätmittelalters und galt im sozialistischen Jugoslawien als politisch korrekt. Gelegentlich an diese Wahrheit erinnert zu werden, kann auch im 21. Jahrhundert nicht schaden.

EINKEHR:
Gostilna Švab. Der Gastraum ist nicht ungemütlich, das angebaute Glaskobel aber eine Zumutung. Auch das Essen changiert zwischen gehobener Hausmannskost und liebloser Speisemasse für Bustouristen. 00386 5 6590510, www.gostilnasvab.com

Zanigrad | Sanigrado
Der uralte Weiler hat sich auf eine Geländestufe unterhalb des Kraški rob zurückgezogen und verdankt seinen Namen der östlichsten Burg des Rižanatales, von der aber nur noch wenige Grundmauern erhalten sind. Auch der Ort selbst ist zur Gänze verfallen, sieht man vom Haus Nr. 1 ab, an dem im Halbstundentakt die Güterzüge der Koperbahn vorbeirattern. 200 m westlich sitzt das romanische Kirchlein Sveti Štefan gleich einer Sphinx auf einem Felsvorsprung. Den Rumpf bildet ein langgestrecktes, fast fensterloses Kirchenschiff, das aus groben Quadern zusammengesetzt wurde und unter der Last eines dunkelgrauen Schieferdaches zu Boden gedrückt wird. Nur das Haupt, ein stumpfer, gedrungener Glockenturm, ragt über die Bäume hinaus, ohne sich dabei aber von der felsigen Umgebung abzu-

heben. Am schattigen Friedhof schweigend zu verweilen, gehört zu den magischsten Momenten der gesamten Weitwanderung.

Wer sich mit dem in einer Mauernische versteckten Schlüssel Zutritt zur Kirche verschafft, bekommt außerdem Freskenreste aus dem frühen 15. Jahrhundert zu Gesicht. Die können sich zwar nicht mit den Wandmalereien von Hrastovlje messen, sind aber motivisch bemerkenswert. Dargestellt ist u. a. die Heilige Ecclesia, Personifizierung der katholischen Kirche, die die Leiden Christi freiwillig auf sich nimmt und sich damit mit Gottes Sohn auf dieselbe Stufe stellt.

Podpeč | Popecchio
Es ist ein Dorf, um das man sich ernsthaft Sorgen machen muss, weil es für den Autoverkehr ein derart lästiges Hindernis darstellt, dass es nach der Abrissbirne geradezu schreit. Genau das macht aber seinen Reiz aus: dicht gedrängte, zum Teil verfallene Häuser und so enge Gassen, dass für LKW und Reisebusse kein Durchkommen ist. Ein weiteres Nadelöhr ist die Bahnunterführung, die auch nur auf Kosten des Ortsbildes erweitert werden könnte. Darüber schwebt das Damoklesschwert des Ausbaues der Koperbahn zur zweispurigen Hochleistungstrasse. Nicht auszudenken, wie sich dieses Projekt, sollten sich Geldgeber finden, auf das gesamte Tal rund um Hrastovlje auswirken würde. Noch zählt Podpeč aber zu den attraktivsten Orten des an schönen Dörfern ohnehin nicht armen Kraški rob. Das liegt nicht nur an der ursprünglichen Architektur, die hier in seltener Dichte vertreten ist, sondern auch an der spektakulären Lage am Fuße einer hohen Felswand, die von einer weithin sichtbaren Burgruine gekrönt wird. Ehe man sich dorthin begibt (um die atemberaubende Sicht auf das obere Rižanatal und zur Küste zu genießen), empfiehlt es sich, den Blick auf die Details zu richten, die zur besonderen Atmosphäre von Podpeč beitragen.

Schon auf dem Friedhof am Dorfrand finden sich Preziosen der Alltagskultur: ein Brunnen, der einem Grabstein nachempfunden ist, ein leeres Grab, das als Tulpenbeet dient, oder ein bunt bemalter Reisstrohbesen mit den Initialen des Eigentümers. Der freistehende galgenförmige Glockenturm ist so niedrig, dass man den Klöppel mühelos erreichen kann, herrlich

Am Ortsrand von Podpeč

deplatziert das Anschlagbrett, das man knapp unter dem Geläut befestigt hat. Die Kirche selbst besitzt verblasste Fresken aus dem Jahr 1489.

Beim Anstieg zum Dorf, bei dem man eine grün gestrichene Bogenbrücke, die einem Märklin-Baukasten entstammen könnte, unterschreitet, fügen sich ein Betonsträßchen mit Fischgrätenmuster, ein Gartenzaun aus gestanztem Industrieblech und eine löchrige Hauswand zum dreifarbigen Siebdruck, dem die denkmalgeschützte *Prkičeva hiša* mit enormen Steinquadern und einem kunstvoll gemeißelten Fenstersturz ein dezentes Pastell entgegensetzt. Im Ortskern wachsen krumme Weidenbäume aus dem Asphalt, auf dem (bei Nässe) die Kanaldeckel wie Fettaugen schwimmen und ein ausgeweidetes Elektroboot auf die nächste Sintflut wartet. Ein Baum wird als Handtuchhalter benützt, ein anderer, dessen Äste seit Generationen zurückgeschnitten werden, lehnt sich gefährlich über die Böschung. Hühner- und Hasenställe, aus bunten Holzabfällen, Wellblech und Eternit zusammengeschustert, und ein schrundiger Schuppen, das Dach mit Alteisen beschwert, bilden das Gegenüber einer ansteigenden Häuserreihe aus schönen Steinmauern, an deren oberen Ende ein kleiner Platz von Kletterpflanzen beschattet wird. Schmuckstück ist eine von Rosenstöcken gesäumte Mauernische, die mit Pelargonientöpfen vollgestellt ist und an eine Blumenhandlung denken lässt. In Erinnerung bleiben auch ein gepfählter Motorradhelm, der wie eine Trophäe einen Innenhof ziert, ein zugemauertes »gotisches« Steinportal, das bunt gefleckte Haus Nr. 6, das von einem Hirtenhund bewohnt wird, und die malerischen Spuren von Kupfervitriol auf einer weinumrankten Fassade.

Der einstige Dorfplatz befindet sich unter einem überhängenden Felsen, aus dem das Wasser förmlich herausgequetscht und in einen öffentlichen Brunnen (der vor einigen Jahren abgedeckt wurde) geleitet wird. Hier versorgten sich Generationen mit Trinkwasser und trafen sich die Frauen zum Wäschewaschen. An ihrer Stelle spritzen heute junge Männer ihre Autos ab. Der relative Wasserreichtum erklärt auch, warum hier schon vor tausend Jahren Menschen siedelten und die sonnigen Hänge unterhalb der Siedlung bewirtschafteten. Schutz vor Feinden boten eine befestige Höhle sowie ein Wehrturm der Venezianer aus dem 11. Jahrhundert, der Teil einer Verteidigungslinie gegen die Habsburger war. Diese verwüsteten den Ort im Jahr 1615, der Turm hielt den Österreichern noch bis zum Untergang der Republik Venedig im Jahre 1797 stand.

Črni Kal | San Sergio | St. Serg

Bis 2004 quälte sich der Transitverkehr über die engen Serpentinen knapp unterhalb des Dorfes, heute brausen die LKW im Respektabstand, aber immer noch unüberhörbar, vorbei. Umgeleitet wurden sie auf Sloweniens längste Autobahnbrücke, die in elegantem Bogen und mit taillierten Stützpfeilern das Tal auf einem Kilometer überspannt. Selbst Naturliebhaber werden ihr eine gewisse Schönheit nicht absprechen können. Gut möglich, dass in 500 Jahren ein bedeutendes Kulturdenkmal daraus geworden ist.

Ob dann der Kirchturm von Črni Kal noch stehen wird, ist eher ungewiss. Der neigt sich nämlich so stark zur Seite, dass der Sims einen Meter über die Grundfläche hinausragt, womit er dem schiefen Turm von Pisa alle Ehre macht. Schuld an der Schräglage sind der weiche Untergrund am Übergang vom Kalkstein zum Flysch, vielleicht aber auch die ständigen Erschütte-

Kalkfelsen am Kraški rob

rungen durch den Schwerverkehr. Wie ein Witz mutet das am Boden verankerte, hauchdünne Stahlseil an, das man durchs Kirchenschiff gefädelt und am Campanile befestigt hat, um diesen am Kippen zu hindern. Mehr Halt geben da die sonntäglichen Fürbitten der Anrainer.

Für die Ewigkeit gebaut erscheint hingegen die gedrungene *Benkova hiša* unweit des Brunnens im Ortskern. Sie ist aus großen, grob gehauenen Steinblöcken gemauert und zählt zu den ältesten Bauernhäusern Sloweniens. Obwohl dieses der Spätgotik zugeordnet wird, ist es noch ganz dem romanischen Stil verhaftet. Sein Entstehungsjahr, 1489, ist samt der Signatur seiner Erbauer in den Marmorbogen über dem Eingang gemeißelt; kunstvolle Steinornamente und eine glagolitische Inschrift finden sich am Nachbarhaus, das etwas jüngeren Datums ist. Bei einem Rundgang wird man noch weitere Steinhäuser mit schönen Steinmetzarbeiten finden,

Terrassencafé bei Črni Kal

die meisten aus dem 16. und 17. Jahrhundert, als Črni Kal, das an einer belebten Handelsstraße lag, seine letzte Blüte erlebte. Wichtiger Erwerbszweig war der *refošk*, dessen Qualität schon Johann Weichard Valvasor zu rühmen wusste. Von der Burgruine oberhalb des Dorfes bietet sich ein schöner Blick auf die bis heute kultivierten Weinterrassen.

EINKEHR:
Snack Bar Viki Burger an der Durchzugsstraße unterhalb des Dorfes. Biker und Autofahrer decken sich hier mit Fastfood und diversen Aufputschmitteln ein. Wanderer erfrischen sich auf der Aussichtsterrasse mit Gebrautem. Täglich geöffnet.
Gostilna Žerul. Einfaches Dorfgasthaus im Ortsteil Katinara. Geboten werden Pizzen und andere »istrische Spezialitäten«. 00386 5 6692199

Osp | Ospo
Sportkletterer kommen von weit her, um in den überhängenden Felsen von Osp der Schwerkraft ein Schnippchen zu schlagen. Wegen des günstigen Klimas frönen sie der vertikalen Fortbewegung auch im Winter, manche sogar bei Regen und sind

damit den Wanderern in puncto Wetterfestigkeit fast ebenbürtig. Ihre beliebteste »Spielwiese« ist der *mišja peč*, Mausfels, der sich 500 m südöstlich des Dorfes befindet und wie ein gekipptes Amphitheater anmutet. Hier tummeln sich die *hardmover* im 10. und 11. Schwierigkeitsgrad, darunter Bubu Bole aus Triest, der zur Weltelite der Kletterer gehört. Sportlich etwas weniger anspruchsvoll, dafür umso höher, nämlich 130 m, sind die *stena* und *griža*, jene Felswände, die das Dorf umrahmen und von Weitem wie ein großer stillgelegter Steinbruch wirken. Zu ihren Füßen befindet sich der Eingang einer Grotte, in der die Osapska reka entspringt, ein Hungerbach, der seit jeher Lebensquell des Tales war und bei Muggia/Milje ins Meer mündet. An seinem Ursprung sind die Reste einer mittelalterlichen Burg zu erkennen, deren Herren einst das fruchtbare Tal kontrollierten. Hier suchten die Einwohner vor den Türken, aber auch vor den Österreichern Schutz.

Die Geschichte des Dorfes reicht noch weiter zurück. Archäologen und Speläologen förderten etliche prähistorische und antike Fundstücke zutage, von denen die meisten als Antiquitäten verkauft oder verloren gingen. Fest steht, dass die Römer den Ort als *Hospum* oder *Villa Hospe* bezeichneten, und dass er im Jahr 1067 unter die Herrschaft der Freisinger Bischöfe geriet (die sich der Missionierung der alpenländischen Slawen verschrieben hatten). Im 13. Jahrhundert übernahmen die Venezianer das Kommando, für die Osp, in einem Korridor zur Küste gelegen, bis Ende des 18. Jahrhundert ein neuralgischer Stützpunkt war. Mit dem Aufstieg Triests im 19. Jahrhundert ging auch die letzte Blüte des Dorfes einher, dessen Bauern die Stadt mit Wein, Olivenöl, Gemüse, Milch und Käse belieferten. Aus dieser Zeit hat sich nicht nur eine Ölmühle erhalten, sondern auch die 1819 eröffnete Schule, in der bis zu 360 Kinder unterrichtet wurden. Glaubt man der Ortschronik, war sie die erste slowenische Grundschule Istriens. Zur Stärkung der nationalen Identität trugen auch der Sing- und Leseverein *Domovina*, ebenfalls der älteste dieser Art in Istrien, sowie ein im Jahr 1900 gegründeter Kredit- und Konsumverein bei. An die Opfer des italienischen Faschismus bzw. die Gefallenen des Befreiungskampfes erinnert ein nüchternes Denkmal im Ortskern.

Steinhäuser unter der Felswand von Osp

Neben der dramatischen Felskulisse punktet Osp mit einem historischen Häuserbestand, der von der Straße bergwärts drängt und sich mit hellbraunen Steinfassaden farblich der natürlichen Umgebung angepasst hat. Mehrere Häuser wurden geschmackvoll renoviert, andere sind malerisch heruntergekommen, wie die *obveščevalna točka*, in der sich Wanderer mit Ansichtskarten und Souvenirs eindecken können. Einen hübschen Anblick bieten auch die terrassierten Gärten und weinumrankten Lauben unterhalb der *stena*, in denen sich die Katzen rekeln und ein Rentner seinen Beobachtungsposten bezogen hat. 100 m höher sitzt ein gefiederter Geselle mit noch viel schärferen Augen. Es ist der Uhu, lat. *bubo bubo*, der rechts der *velika stena* über der Grotte von Osp nistet, weshalb diese Felswand für Kletterer tabu ist. Wanderer, die von oben zur Abbruchkante absteigen, haben aber gute Chancen, den seltenen Vogel beim Tagträumen zu beobachten.

EINKEHR:

Camping und turistična kmetija Vouk. Der ganzjährig geöffnete Zeltplatz wird hauptsächlich von Kletterern frequentiert, die sich selbst versorgen. Im angeschlossenen Buffet werden aber auch regionale Speisen und Imbisse geboten. Angenehmer Sitzgarten. 00386 5 6590600 oder 00386 40 167787, www.kmetija-vovk-osp.si

Appartements Klabjan. Der wenig anheimelnde, aber schön gelegene Neubau am nordwestlichen Ortsrand von Osp bietet Zwei- und Dreibettzimmer zu moderaten Preisen. Das Frühstück muss man sich selbst organisieren oder am Campingplatz im Dorf einnehmen. 00386 41 873840, www.sloveniaholidays.com/deu/appartements-klabjan-crni-kal.html

Gostilna Majda. Wunderschön renoviertes und ambitioniert geführtes Steinhaus im Ortsteil Mlinarji, 1 km nordwestlich von Osp. Besonders zu empfehlen sind die Trüffelspezialitäten und Fischgerichte, derentwegen auch die Triestiner anreisen. Neuerdings kann man hier auch übernachten. 00386 5 6590110, www.majda.si

TRST JE NAŠ!

Das Siedlungsgebiet der slowenischen Volksgruppe in Italien umfasst drei von vier Provinzen der Region Friaul-Julisch Venetien: Erstens die Provinz Udine mit dem Kanaltal/Kanalska dolina, dem Val Resia/Rozajanska dolina, dem Oberlauf des Flusses Torre/Terska dolina – wo der eigenwillige Klang des lokalen slowenischen Dialekts weitestgehend verstummt ist – und den Tälern des Natisone/Nadiške doline, der sogenannten Benečija östlich von Cividale; zweitens die Provinz Gorizia/Gorica, wo von Cormons/Krmin über die Provinzhauptstadt Gorizia bis zur »Slowenenhochburg« Doberdo/Doberdob bei Monfalcone/Tržič der regionale Dialekt, *goriško narečje,* nicht nur zuhause, sondern auch in der Öffentlichkeit gesprochen wird; und drittens die Provinz Triest/Tržaška pokrajina, wo in den Gemeinden des Triestiner Karstes der zahlenmäßig größte Anteil der slowenischsprachigen Bevölkerung lebt.

Je nach Zählweise und Anwendung ethnographischer Kriterien variieren die Angaben zwischen 61.000 (italienisches Innenministerium) und 100.000 (Erhebung durch den slowenischen Geografen Milan Bufon, 2004) Angehörigen der slowenischen Volksgruppe in Italien. Davon leben im Stadtgebiet von Triest und in den umliegenden Gemeinden von Duino Aurisina/Devin Nabrežina, Sgonicco/Zgonik, Monrupino/Repentabor, San Dorligo della Valle/Dolina und Muggia/Milje insgesamt etwa 30.000 bis 40.000 Slowenen.

Die Geschichte der Slowenen unter italienischer Herrschaft geht in das Jahr 1866 zurück, als sich die Bevölkerung der *Benečija*, italienisch *Slavia veneta*, einschließlich Resia- und Torretal, in einer Volksabstimmung für den Beitritt zum italienischen Königreich ausspricht. Die Hoffnung auf eine bessere Zukunft müssen jedoch die etwa 35.000 neuen Staatsbürger angesichts des rasch ausgeübten Assimilierungszwangs durch die italienischen Eliten bald begraben. Während die habsburgische Schulverwaltung bereits im Jahr 1869 regionale Sprachen im Unterricht zulässt, bleibt das Slowenische aus italienischen Klassenzimmern verbannt. Die

Slowenisches Kulturhaus in Villa Opicina

Vermittlung der slowenischen Schriftsprache bleibt großteils der Kirche und den Kulturvereinen vorbehalten. Bei der Vorbereitung kommt Büchern des Klagenfurter Hermagoras Verlags/Mohorjeva družba eine wichtige Rolle zu.

Die Slowenen der Goriška und Primorska hingegen bleiben noch bis zum Ende des 1. Weltkrieges unter österreich-ungarischer Kaiserkrone. Nach den nationalen Erhebungen des Jahres 1848 wird jedoch der Vielvölkerstaat von den nicht deutschsprachigen Ethnien zunehmend als »Völkerkerker« wahrgenomen und machen sich unter den politischen Eliten verstärkt Autonomiebestrebungen breit. In jenen Jahren wird erstmals die Idee eines Vereinten Sloweniens, *Zedinjena Slovenija*, formuliert. Der kämpferische Spruch *Trst je naš*, Triest ist unser, wird um das Jahr 1860 zur Losung einer kulturell und wirtschaftlich selbstbewussten slawischen Gemeinschaft, die ihre Zukunft in der Errichtung einer dritten – neben der deutschen und ungarischen – südslawischen Reichseinheit in der Habsburgermonarchie sieht. In Triest sollte die erste slowenische Universität errichtet werden und die Hafenstadt – im Verbund mit Zagreb und Ljubljana – zum kulturellen und wirtschaftlichen Zentrum der neuen slawischen Entität aufsteigen. Der österreichische Kaiser, italienische Nationalisten und die Zeitläufte lassen diese Visionen jedoch bald zu einer Fußnote der slowenischen Geschichte werden.

Dennoch erleben die Triestiner Slowenen an der Wende zum 20. Jahrhundert ihre kulturelle und wirtschaftliche Blütezeit: Stadt und Land werden mit einem dichten Netz von Lese-, Theater- und Gesangsvereinen überzogen und Genossenschaften, Wirtschaftsgemeinschaften sowie Banken gegründet. Einen vorläufigen Höhepunkt erreicht die slowenische Gründerzeit mit der Errichtung des *Narodni dom* in der via Filzi, in Sichtweite der Piazza Oberdan. Nach Plänen des slowenisch-italienischen Architekten Maks Fabiani, einem Schüler Otto Wagners, wird in den Jahren 1902–1904 ein mehrstöckiger Palazzo errichtet, der bald gut 30 verschiedene slowenische und kroatische Kultur- und Sportvereine, ein Restaurant, ein Kaffeehaus und ein Hotel beherbergt. Auch die am 8. März 1902 als *Dramatično društvo* gegründete erste professionelle Bühne zieht in das Gebäude im Zentrum der Stadt ein, das bald zum Aushängeschild und Symbol slawischer Präsenz in Triest wird. Am Schicksal des *Narodni dom* und des bis heute bestehenden Ständigen slowenischen Theaters, *Slovensko stalno gledališče/Teatro stabile sloveno*, lässt sich die Geschichte der Triestiner Slowenen im 20. Jahrhundert exemplarisch nachzeichnen.

Das erste Jahrzent des neuen Jahrhunderts meint es gut mit den Slowenen in Triest: In der Stadt leben mehr Slowenen als in Ljubljana, was den Schriftsteller Ivan Tavčar veranlasst, von Triest als »Lunge Sloweniens« in Ergänzung zum »Herz Ljubljana« zu sprechen. In Wort und Schrift wird die slowenische Sprache verbreitet: Bücher, literarische Zeitschriften und Periodika stoßen auf breites Interesse und große Leserschaft. Die Chronik des Slowenischen Theaters im *Narodni dom* verzeichnet allein bis zum Jahr 1920 254 Aufführungen von Sprechstücken, Opern, Operetten und Ballettabenden.

Mit dem Beginn des Ersten Weltkrieges und dem darauffolgenden Niedergang der Monarchie brechen für die slowenische Bevölkerung des Küstenlandes schwere Zeiten an: Neben tausenden Toten, die es zu beklagen gibt, leben große Teile der Bevölkerung in bitterer Armut. Arbeitslosigkeit, Hunger, Hoffnungslosigkeit und nicht zuletzt die slawenfeindliche Politik treiben tausende Frauen und Männer der Primorska ins Exil. Den Großteil verschlägt es in den neu gegründeten SHS-Staat, etliche finden in Übersee eine neue Heimat. Besonders unerbittlich meint es das Schicksal mit den jungen Müttern aus dem Triestiner Karst, die als *Aleksandrinke* Geschichte geschrieben haben: Um ihre Familien zu ernähren, verdingten sie sich als Kindermädchen reicher Kolonialherren in Ägypten und stillten als Ammen fremde Säuglinge, während der eigene Nachwuchs zu Hause von Verwandten in Obhut genommen werden musste. Bei den ägyptischen Arbeitgebern waren *les Slovenes*, die Sloweninnen, aufgrund ihres Fleißes und ihrer Bescheidenheit sehr beliebt und manche blieben für immer in der Fremde. Viele Frauen führte die Suche nach Arbeit in die Stadt Alexandria, weswegen der Volksmund sie als *Aleksandrinke* bezeichnete.

In weite Ferne rückt für die Slowenen nach dem 1. Weltkrieg auch die Hoffnung auf einen eigenen, geeinten Staat. Allen diplomatischen und militärischen Interventionen der SHS-Staatsführung (Königreich der Serben, Kroaten und Slowenen) zum Trotz wird ein gutes Drittel der knapp eineinhalb Millionen Slowenen auf die drei Nachbarstaaten Österreich, Ungarn und Italien aufgeteilt. Allein dem Königreich Italien, das im Jahr 1915 an der Seite der Entente in den Krieg gegen Österreich-Ungarn eintrat, wird ein Drittel des slowenischen Siedlungsgebietes zugeschlagen. 327.000 Slowenen oder ein Viertel der damaligen Bevölkerung, die zwischen Cerkno, Idrija, Postojna, Ilirska Bistrica, Koper und Triest leben, werden kraft der Verträge von Rapallo im Jahr 1920 zu italienischen Staatsbürgern wider Willen.

Nach der Machtergreifung der Faschisten im Herbst 1922 beginnt der offene und systematische Terror gegen alles Slawische, das als minderwertig und unzivilisiert denunziert wird. Die multiethnische und multikulturelle Stadt Triest sollte nach Vorstellung faschistischer Politiker und ihrer Anhänger bis zur letzten Silbe italienisiert und, im Widerspruch zu den historischen Fakten, zur *città italianissima* werden. Zudem wird die demographische Struktur der Bevölkerung durch geförderten Zuzug aus Süditalien nachhaltig verändert.

Der nationalistischen Logik folgend wird der Gebrauch der slowenischen Sprache in der Öffentlichkeit bei Strafe untersagt und der slowenischsprachige Unterricht in den Schulen abgeschafft. Die Herausgabe slowenischer Zeitungen wird eingestellt, slowenische Kultureinrichtungen werden verboten, Arbeiter-, Kultur- und Pfarrhäuser geschlossen und teilweise devastiert. Nicht einmal slowenische Grabinschriften sind vor nachträglicher Italianisierung durch Steinschliff sicher. Tragischer Höhepunkt und Fanal faschistischer Zerstörungswut ist die Brandschatzung des *Narodni dom*, dem Symbol slowenischer Kultur in Triest, am 13. Juli 1920.

In seinem Erzählband *Piazza Oberdan* (slow. *Trg Oderdan*) ruft der im Jahr 1913 in Triest geborene slowenische Schriftsteller Boris Pahor die dramatischen Ereignisse um den Brand des Kulturhauses in Erinnerung: Als Siebenjähriger wird er Zeuge der gewalttätigen Aufmärsche italienischer Faschisten, die vor den Augen der untätigen Polizei Häuser und Einrichtungen slowenischer Mitbürger überfallen und zerstören. In den Stunden vor der Brandlegung wird von mehr als 20 Anschlägen auf slowenische Banken, Kaffeehäuser, Druckereien, Redaktionen und Kanzleien berichtet. Damit fällt auch für das slowenische Theater im *Narodni dom* für 25 Jahre, bis zur Wiedereröffnung am 2. Dezember 1945, der letzte Vorhang. Die Tat bleibt ungesühnt, der materielle Schaden unvergütet. Auf politischer Ebene kommt es im wiedererrichteten Kulturhaus erst 90 Jahre nach seiner Zerstörung, am 13. Juli 2010, durch den Besuch der Präsidenten Italiens, Sloweniens und Kroatiens, Giorgio Napolitano, Danilo Türk und Ivo Josipović, zu einer symbolischen Aussöhnung.

Die faschistische Gewaltherrschaft treibt tausende Menschen ins Exil, viele jedoch auch in den politischen Untergrund. Bereits im Jahr 1924 formiert sich die slowenisch-kroatische Widerstandsgruppe TIGR, die sich die Befreiung von Triest, Istrien, Gorica und Rijeka vom Joch des italienischen Faschismus auf ihre Fahnen heftet. Die jungen Männer und Frauen bilden damit die erste antifaschistische Widerstandsgruppe Europas, wofür sie bei der slowenischen Bevölkerung Sympathie und Bewunderung ernten, mit ihren Anschlägen auf staatliche Einrichtungen jedoch Leib und Leben riskieren. Nach dem Anschlag auf die Redaktion des *Il Popolo di Trieste* im September 1930 werden Ferdo Bidovec, Fran Marušič, Zvonimir Miloša und Alojz Valentinčič verhaftet und nach kurzem Prozess in Basovizza/Bazovica hingerichtet. Den ersten Opfern des bewaffneten Befreiungskampfes gegen Faschismus und Nationalsozialismus in der Primorska sollten bis Ende des Zweiten Weltkrieges unzählige weitere folgen.

Nach dem Überfall auf Jugoslawien durch deutsche, italienische, ungarische und bulgarische Truppen am 6. April 1941 wird Slowenien zwischen Italien und Nazi-Deutschland aufgeteilt: Mehr als 700.000 Menschen, fast die Hälfte der damaligen slowenischen Gesamtbevölkerung, werden samt der Hauptstadt *Lubiana* der Mussolini-Diktatur zugeschlagen. Trotz wachsender Repressionen, Verhaftungen, Deportationen und Hinrichtungen gelingt es dem Okkupator nicht, den Widerstandswillen der Bevölkerung zu brechen. Bereits im September 1941 schließen sich die zunächst autonom operierenden kleineren Kampfgruppen der Primorska der unter Titos Oberkommando stehenden Befreiungsfront, *Osvobodilna fronta*, an und werden damit zum integralen Bestandteil der von den Alliierten militärisch unterstützten gesamtjugoslawischen Widerstandsbewegung. Zahllose Denkmäler in den Dörfern und Siedlungen des Triestiner Karstes, meist mit einem roten Stern geschmückt, erinnern an den leidvollen wie verlustreichen Kampf der Slowenen gegen die italienische und später deutsche Gewaltherrschaft.

Jubel und Erleichterung herrschen daher unter den Soldaten des IX. Corps der IV. Division der Jugoslawischen Volksarmee, als diese Anfang Mai 1945 als Befreier in Triest einmarschieren. Die Verwirklichung des alten slowenischen Traumes von »unserem Triest«, *Trst je naš*, rückt zumindest in den 40 Tagen der jugoslawischen Kontrolle über die Stadt in greifbare Nähe. In den geostrategischen Überlegungen der britischen, französischen und amerikanischen Diplomatie spielt diese Option allerdings keine Rolle: Bereits nach der Kapitulation des faschistischen Italien im Jahr 1943 wird beschlossen, dass nach dem Krieg eine Abtretung Triests an ein sozialistisches Jugoslawien nicht zur Disposition stünde. Um im einsetzenden »Kalten Krieg« bewaffnete Auseinandersetzungen zu vermeiden, wird das *Territorio libero di Trieste*, das Freie Territorium Triest, das die Stadt und das nähere Umland umfasst, ausgerufen und unter alliierte Verwaltung gestellt. Das restliche, bis 1943 »italienische« Territorium von Postojna über Pula und Rijeka wird dem jugoslawischen Kommando unterstellt.

Die Befürchtung, als italienische Minderheit in einem sozialistischen Jugoslawien zu enden, führt zum Exodus großer Teile der italienischsprachigen Bevölkerung aus Istrien. Divergierenden Angaben zufolge, werden von 1945 bis 1959 150.000 bis 250.000 »istrische Italiener« in Triest und seinem slowenischen Hinterland angesiedelt. Gleichzeitig emigrieren etwa 8.000 Küstenland-Slowenen nach Jugoslawien und Übersee. Für die slowenische Bevölkerung des Karstes bedeutet diese »Völkerwanderung« eine erneute Veränderung der demographischen Struktur zugunsten des Italienischen – ein Faktum, das sich auch in der Verteilung von Grund und Boden widerspiegelt: Sind im Jahr 1945 noch 95 Prozent der Fläche des Triestiner Karstes in Besitz slowenischer Eigentümer, sinkt deren Anteil in den Nachkriegsjahren unter 40 Prozent.

Unter anglo-amerikanischer Verwaltung beginnt für die Triestiner Slowenen nach mehr als zwei Jahrzehnten politischer, wirtschaftlicher und kultureller Unterdrückung eine neue Ära: In den Schulen wird Slowenisch wieder als Unterrichtsfach eingeführt, die Kultur- und Wirtschaftsvereine nehmen ihre Tätigkeit wieder auf, die politischen Volksvertretungen formieren sich neu. Auch das Ständige Slowenische Theater in Triest nimmt im Dezember 1945 seinen Betrieb mit der Inszenierung von Ivan Cankars Sozialdrama *Hlapec Jernej in njegova pravica* (dt. *Der Knecht Jernej und sein Recht*) wieder auf und die slowenische Literatur bekommt in zahlreichen Periodika und Publikationen unter reger Beteiligung heimischer Autorinnen und Autoren starken Aufwind. Die beiden bekanntesten Autoren der slowenischen Volksgruppe in Italien sind zweifellos Boris Pahor und Alojz Rebula, Jahrgang 1924, deren literarisches Schaffen von Fragen zur nationalen Identität, Gewalt, Widerstand und Entfremdung bestimmt wird. In die Zeit der alliierten Verwaltung fällt auch der Ausbau des slowenischen Radiosenders *Radio Trst A*, der heute als Teil des Medienhauses RAI 12 Stunden täglich sendet und in der gesamten Primorska empfangen werden kann. Die Präsenz der slowenischen Volksgruppe im Fernsehen hingegen ist auf eine tägliche Sendung von 20 Minuten begrenzt.

Großer Beliebtheit ebenso wie flächendeckender Verbreitung unter den Triestiner Slowenen erfreut sich die Tageszeitung *Primorski dnevnik*. Die Erstausgabe erscheint nur wenige Tage nach der Befreiung Triests, am 13. Mai 1945, und wird in der Druckerei des italienischen *Piccolo* produziert. Die Zeitung ist unmittelbarer Nachfolger des 1943 gegründeten *Partizanski dnevnik*, der bis zu seiner letzten Ausgabe am 7. Mai 1945, täglich über Sieg und Niederlagen des Volksbefreiungskampfes in der Primorska berichtete. Folglich bezeichnet sich auch der *Primorski dnevnik* als »Organ der slowenischen Volksbefreiungsfront für das Triestiner Territorium«, führt bis zum Jahr 1955 den fünfzackigen Tito-Stern im Zeitungslogo und setzt sich für den Anschluss Triests an Jugoslawien ein. Mit Inkrafttreten des Londoner Memorandums im Herbst 1954, als der slowenische »Kampf um Triest« endgültig aufgegeben werden muss, weil die Stadt am Golf samt Umland an Italien geht, werden auch beim *Primorski dnevnik* die

Symbole der *Osvobodilna fronta* aus dem Erscheinungsbild der Zeitung entfernt und die Weichen für eine links-liberale Blattlinie gestellt. Auch nach fast 70 Jahren seit seiner Gründung ist der *Primorski dnevnik* das wichtigste und sichtbarste Sprachrohr der Slowenen in Italien. Er wird in einer Auflage von etwa 12.000 Exemplaren gedruckt, gut 80 Prozent gehen an Abonnenten in Triest und Gorizia, der Rest in den freien Verkauf. Seit 1998 gibt es neben der Print- auch eine Onlineausgabe.

Für die mediale Vielfalt der Slowenen in Italien sorgt eine Reihe weiterer, teils nur regional erscheinender Wochen- und Monatszeitungen für Wirtschaft, Kirche und Religion sowie zwei Literaturperiodika. Es sind dies: *Gospodarstvo*, *Novi list*, *Katoliški glas*, *Novi Matajur*, *Most* und *Zaliv*.

Triest als Zentrum des gesellschaftlichen, politischen, wirtschaftlichen und kulturellen Lebens der Slowenen in Italien ist auch Sitz der beiden politischen Dachorganisationen der Volksgruppe: Die im Jahr 1954 gegründete, überparteiliche *Slovenska kulturno-gospodarska zveza* (Slowenischer Kultur- und Wirtschaftsverband) hat ihre Wurzeln in der antifaschistischen Bewegung des Küstenlandes und vertritt traditionell Gruppen des linken gesellschaftlichen Spektrums. Als ideologisches Gegengewicht wurde im Jahr 1976 der deutlich kleinere katholische Rat slowenischer Organisationen (*Svet slovenskih organizacij*) gegründet. Um eine einseitige ideologische Zuordnung zu vermeiden, sind zahlreiche Vereine Mitglieder beider Dachorganisationen, die als Interessensvertretungen der italienischen Regierung bei der Einhaltung und Umsetzung der Bestimmungen des Gesetzes zum Schutz der Minderheiten aus dem Jahr 2001 auf die Finger schauen. Es spricht nicht gerade für die Großzügigkeit der italienischen Nachkriegsregierungen, dass für Beschlussfassung und Inkrafttreten eines haltbaren Volksgruppengesetzes nahezu 50 Jahre vergehen mussten. Bezeichnend ist auch die Tatsache, dass die slowenischsprachige Bevölkerung der Provinz Udine, *Slovenci videmske pokrajine*, im Kanaltal, im Val Resia und in den Natisonetälern erst mit besagtem Gesetz als gleichberechtigte slowenische Minderheit anerkannt wurde.

Trotz verbesserter Rechtslage und seltener offener Anfeindungen sowie unermüdlicher Kulturarbeit und gesellschaftspolitischer Aktivitäten steht die slowenische Volksgruppe in Italien mit dem Rücken zur Wand: Der Gebrauch der slowenischen Sprache im Alltag geht durch Abwanderung und Assimilation auch im ländlichen Raum merklich zurück. Die slowenischen Medien klagen über mangelhafte Sprachkompetenz des journalistischen Nachwuchses und sind bemüht, junge Leserschaft zu gewinnen.

Hundert Jahre nach Ausbruch des 1. Weltkrieges, fast 70 Jahre nach Ende des 2. Weltkrieges und 25 Jahre nach dem Zerfall Jugoslawiens – einem Jahrhundert des nationalen Widerstandes gegen Gewalt und Unrecht, aber auch großer Pläne und enttäuschter Hoffnung – stehen die Triestiner Slowenen erneut vor der Herausforderung einer nationalen Selbstfindung, die durch Globalisierung und weltweite Vernetzung kein Spaziergang zu werden verspricht.

Emil Krištof

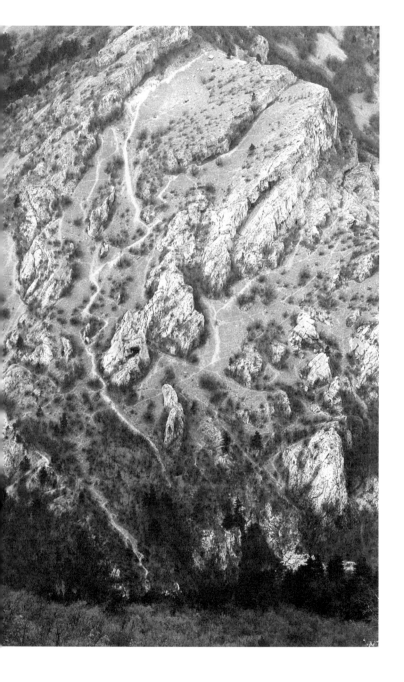

16. ÜBERTRETUNG
Wanderung von Osp nach Draga Sant'Elia

Diese ebenso anspruchsvolle wie abwechslungsreiche Etappe ist in doppelter Hinsicht ein Grenzgang. Erstens wechselt man von Slowenien nach Italien, zweitens bewegt man sich zumeist entlang der Grenze zwischen »Stadt«, in Gestalt der Triestiner Peripherie, und »Land«, in Form des Karstplateaus, das in diesem Abschnitt besonders eigenwillige Gefilde hervorgebacht hat. Es sind dies der felsige Rachen von Osp, der fast nackte Spodnji kras und die jähen Schrofen bei Socerb und Bagnoli, von denen sich die prächtigste Aussicht bietet. Höhepunkt ist das Val Rosandra, in das man über einen schmalen Felsgrat hinabklettert, um, von Bergziegen beobachtet, den Canyon taleinwärts zu durchschreiten und mit einem gewaltigen Wasserfall ein faszinierendes Naturschauspiel zu erleben. Ihre Schönheit verdankt die Landschaft aber auch den Zeugnissen endlicher menschlicher Existenz: einem kleinen Friedhof im Nirgendwo, einer Burgruine mit Blick auf Triest und dem versteckten Weiler Botazzo, der einst als Grenzposten diente und heute der Melancholie verfallen ist. Von hier führt ein letzter Anstieg nach Draga Sant'Elia, wo die Wanderer eine gemütliche Trattoria mit bester italienischer Küche erwartet.

HINWEISE ZUR WANDERUNG
LÄNGE: 13 km
HÖHENDIFFERENZ: 690 m ↑ 380 m ↓
GEHZEIT: 5:30 Std. [5:45 Std.]
ANFORDERUNGEN: Trittfestigkeit
ORIENTIERUNG: schwierig
KARTE: Turistična karta »Primorska«, 1:40.000, Verlag Kartografija oder Tabacco-Wanderkarte »Carso Triestino e Isontino«, 1:25.000
GASTSTÄTTEN: Osp, Socerb, Botazzo, Draga Sant'Elia
UNTERKÜNFTE: Osp, Draga Sant'Elia
VERKEHRSVERBINDUNGEN: Bushaltestelle in Draga Sant'Elia; Taxi Triest 00386 40 307730 oder 00386 40 390039

Felshang im Val Rosandra

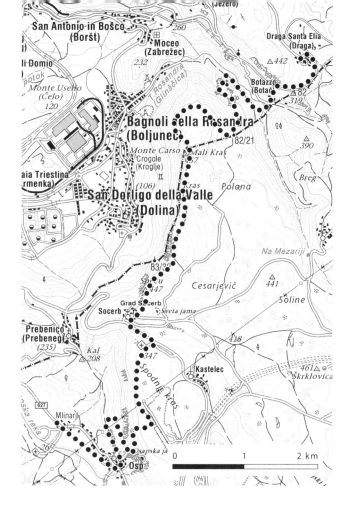

WEGBESCHREIBUNG

Man verlässt die **gostilna Majda** in **Mlinarji** bei Osp und wendet sich auf der **Straße** nach links. Nach 150 m biegt die Straße nach links; man geht geradeaus, durchschreitet eine kleine Furt und folgt einem **Feldweg** Richtung Osp. Nach 10 Min. geht der Weg in ein asphaltiertes Sträßlein über, das unterhalb der Kirche zur **Straße** führt; auf dieser nach rechts. Nach 100 m eine **Kreuzung**; man geht links bergauf (Markierung) und betritt damit den alten **Ortskern** von **Osp** (0:15 Std.). Nach 30 m eine Gabelung; man geht rechts. Das Sträßchen dreht kurz darauf nach links **Richtung Kirche**. 50 m davor folgt man der **Markierung** nach rechts in einen ansteigenden Karrenweg (**Wegweiser »Socerb«**).

16. Wanderung von Osp nach Draga Sant'Elia

Bequemer Anstieg im Wald bis zu einer **Gabelung**; man geht rechts (markierter Weg **Richtung »Kastelec«**). Anfangs recht steiler, dann moderater Anstieg auf markiertem Weg mit Blick auf Osp und die Bucht von Muggia. Das Gelände lichtet sich. Auf halber Höhe, in der ersten Linkskurve, befindet sich rechts des Weges ein schöner Aussichtspunkt oberhalb der Felswände von Osp. Der Weg entfernt sich bald von der Abbruchkante (wo man einen Steig nach rechts ignoriert) und führt auf eine nahezu kahle und flache **Kuppe** des **Spodnji kras** (1:00 Std.).

Bei einer **Wegkreuzung** vor einem **Steinmäuerchen** wendet man sich, die Markierung verlassend, nach links. Breite, fast ebene Fahrspur, die entlang der Steinmauer zu einem **Hochspannungsleitungsmasten** führt, wo der Weg nach rechts auf eine Weide biegt.

Hier geht man entlang des **Weidezaunes** geradeaus und behält damit die bisherig Richtung ungefähr bei. Eine weitere Umzäunung wird überstiegen. Wegloser Anstieg bis zu einer schütter bewachsenen **Kuppe**, von dort im leichten Gehölz und leicht rechts drehend bergab bis zu einem kleinen **Friedhof** in einer Mulde (rund 500 m nordwestlich der Hochspannungsleitung). Schöner Rastplatz.

Man folgt dem Zufahrtssträßchen bis zur **Hauptstraße**; auf dieser nach links bergauf. 500 m Asphalt bis zur Abzweigung nach rechts Richtung **Socerb** (Wegweiser). Man betritt das Dorf und folgt der Markierung Nr. 1 bis zur **Burgruine** oberhalb der Ortschaft (1:45 Std.). Schöner **Aussichtsplatz** an der Geländekante nördlich der Burg.

Vom Rastplatz wandert man weiter entlang der **Geländekante** Richtung Norden (Markierung). Der Pfad wendet sich bald vom Abbruch ab und trifft auf einen breiten **Querweg**; auf diesem nach links. Nach 300 m verlässt man den Hauptweg und folgt der **Markierung** nach links in den Wald. Der Weg senkt sich und führt mit Blick auf die Industrieanlagen von Bagnoli sowie erneut ansteigend zu einem weiteren **Aussichtsplatz** (2:30 Std.).

Weiter auf dem markierten Weg, der zur Kuppe des **Monte Carso** ansteigt, wo man die Reste einer militärischen Anlage passiert. Der Weg senkt sich wieder. Nach 100 m ignoriert man eine undeutliche Abzweigung (blaue Markierung) nach links. Kurz danach biegt man den Hauptweg verlassend nach links (**Wegweiser »Bagnoli«**, blaue Markierung). Schmaler verwachsener Pfad, der bald auf einen markierten **Querweg** trifft; auf diesem nach rechts. Der Pfad führt zur

16. Wanderung von Osp nach Draga Sant'Elia

Geländekante und dreht nach rechts. Tiefe Blicke auf Bagnoli. Weiter bis zur **Abzweigung** des markierten **Weges Nr. 25** nach rechts, welche man ignoriert. Man geht geradeaus, weiter auf markiertem Weg. Der Weg senkt sich im Wald und führt neuerlich zu einer **Geländekante**, wo man eine Abzweigung nach links ignoriert und stattdessen dem undeutlich markierten Weg nach rechts folgt. Kurzer steiler Anstieg, dann auf steinigem Weg mit schönem Blick auf das Val Rosandra. Der Weg senkt und gabelt sich; man hält sich links. Weiter recht beschwerlich bergab (undeutliche Markierung), bis der Pfad auf den **Weg Nr. 39** trifft. Man geht rechts und gelangt kurz darauf zur **Sella di Monte Carso** (3:20 Std.),

Hier folgt man dem **Weg Nr. 25** nach links (**Wegweiser »Koča«**). Nach 400 m eine Gabelung; man geht rechts (**Weg Nr. 13**) ...

[**Variante** bei Schlechtwetter und für Nicht-Schwindelfreie: Man hält sich links und folgt dem **Weg Nr. 25** bis ins Tal, wo man auf einen breiten **Querweg** (Nr. 1) trifft; auf diesem nach rechts. Schöner Anstieg oberhalb der Schlucht und vorbei an einem **Wasserfall**. Man erreicht die Häusergruppe **Botazzo** und wendet sich hier nach links (4:45 Std.).]

... und gelangt zu einem **Felsgrat**; auf diesem links bergab. Gleich darauf begibt man sich nach rechts zu einem kleinen **Gipfel** mit Ausblick ins Rosandratal. Weiter auf dem markierten, teilweise ausgesetzten Steig bergab bis zum **Kirchlein Santa Maria in Siaris** (4:00 Std.).

Man geht links an der Kirche vorbei und steigt, der Markierung folgend zu einem **Querweg** ab; auf diesem nach rechts. Schöner Anstieg oberhalb der Schlucht und vorbei an einem **Wasserfall**. Man erreicht die Häusergruppe **Botazzo** und wendet sich hier nach links (4:30 Std.).

20 Min. Anstieg auf dem **markierten Weg Nr. 1** bis zu einer alten **Bahntrasse**; auf dieser nach rechts. Man durchschreitet einen **Tunnel**, kurz darauf einen weiteren und wandert rund 1 km auf der **Bahntrasse** weiter bis **Draga Sant'Elia** (5:30 Std.). Bei einer Kreuzung (Infotafel) geht man links und erreicht den Ortskern. Einkehr in der **locanda Mario**.

Blick von Socerb auf Triest

AM WEGE

Grad Socerb | Castello San Servollo | Burg Sankt Serff
Dass hier im frühen Mittelalter eine Burg errichtet wurde, wird niemanden verwundern, der sich über die Brüstung der Aussichtsterrasse beugt. Besser lässt sich von nirgendwo die Bucht von Muggia und das Tal von Osp überblicken; entsprechend umkämpft war der strategische Punkt bis ins 17. Jahrhundert. Streitparteien waren zumeist die Venezianer und Österreicher oder deren Vasallen, gelegentlich griffen auch die Türken und Uskoken oder Raubritter ins Geschehen ein. So wechselte die Burg ständig ihre Besitzer, deren Aufzählung den Wanderer nur ermüden würde. Genannt sei lediglich Jeanne-Agnès Berthelot de Pléneuf, genannt Marquise de Prie, die eine Mätresse des französischen Premierministers Louis IV. Henri de Bourbon war und später von Stefan Zweig literarisch verewigt wurde. Von zwei Kupferstichen aus dem Jahr 1689, die Johann Weichard Valvasor nach seiner Visite anfertigen ließ, zeigt der erste ein gewaltiges Schloss mit mehreren Türmen, der andere »S. Serff von der hin[t]ern Seite«, dem das »Mare Adriaticaum« von Piran bis

Venedig zu Füßen liegt. Triest erscheint darauf als Kleinstadt, dem die »Salzpfannen« (Salinen) des heutigen Stramare vorgelagert sind.

1780 ging die Burg nach einem Blitzschlag in Flammen auf, womit sie als Adelssitz ein für allemal ausgedient hatte. 100 Jahre später wurde *Castello San Servollo* zum Ausflugsziel der Triestiner, was einen Geschäftsmann auf die Idee brachte, den Ort mit einer Seilbahn zu erschließen. Der ehrgeizige Plan musste mangels Investoren begraben werden. Dass das Gemäuer nicht vollständig verfiel, ist einem Baron namens Demetrio Economo zu verdanken, der die Ruine nach dem 1. Weltkrieg konservieren ließ. Im 2. Weltkrieg schrieb die Burg als Partisanenstützpunkt und Sitz eines »Volksgerichtes« Geschichte.

Die »revolutionäre Justiz« oblag der kommunistischen OZNA, also der sogenannten »Abteilung zum Schutze des Volkes«. Neben geheimdienstlichen Tätigkeiten gegen die deutschen Besatzer bestand ihre Hauptaufgabe im Kampf gegen den »inneren Feind«, womit die OZNA, so der Historiker Rolf Wörsdörfer, »die weitgehend egalitäre und [...] basisdemokratische Partisanengesellschaft aufzufressen [begann].« Verfolgt wurden tatsächliche oder vermeintliche »Kollaborateure«, »Verräter«, »Spione«, »Deserteure des Volkes«, aber auch Widerstandsgruppen, die sich nicht den Truppen Titos unterordnen wollten. So ging der Befreiungskampf immer wieder mit willkürlichen Festnahmen und Exekutionen ohne Gerichtsverfahren einher, die – bei allem Verständnis für das Bedürfnis nach Vergeltung – als systematische Kriegsverbrechen gewertet werden müssen. »Die schlimmsten Verräter flohen, andere wurden sofort erschossen; oft gab es in einem kurzen Verfahren schlimme Irrtümer und Entgleisungen«, heißt es etwas verharmlosend in den Erinnerungen des Schweizer Psychoanalytikers Paul Parin, der Chirurg in einem jugoslawischen Partisanenkrankenhaus gewesen war. Die Ermordung tausender Domobranzen wurde erstmals 1951 von Edvard Kocbek thematisiert, der sich als linker Katholik den Partisanen angeschlossen hatte. Auch Milovan Đilas, ein Kampfgefährte Titos, prangerte später die wahllosen Erschießungen politischer Gegner an und bezahlte dies mit Parteiausschluss und mehrjähriger Haft.

Val Rosandra im Abendlicht

EINKEHR:
Restavracija Grad Socerb. Wer hier einkehrt, benötigt Zeit und Geld, bekommt dafür aber einiges geboten: köstliches Essen, charmantes Service und ein traumhaftes Panorama. Auf der Terrasse über der Stadt schmecken die raffinierten Gerichte von Küchenchefin Jovanka Blažević besonders gut und kann man vom erlesenen Wein kaum genug kriegen. 00386 5 6592303, 00386 41 571544, www.socerb.si

Val Rosandra | Glinščica | Rosandratal

Wer von Socerb kommend über den Monte Carso nach Italien wechselt und kurz darauf am Rande des Canyons steht, wähnt sich in einer Hochgebirgslandschaft: Schrofen, Zinnen und Grate aus hellgrauem Kalkgestein erheben sich über steile Schutt- und Steinfelder, wie man sie sonst nur in den südlichen Alpen sieht. Kaum ein Felsen, der nicht mit tiefen Rinnen und Rillen, den Spuren der Korrosion, durchzogen ist, die von Geologen als Trittkarren, Trichterkarren, Rillenkarren, Rinnenkarren, Rundkarren, Mäanderkarren, Dachkarren oder Napfkarren bezeichnet werden. Hatte man es auf der Wanderung bisher hauptsächlich mit dem »grünen« Karst zu tun, be-

Alter Saumweg bei Botazzo

tritt man nun den »klassischen« Karst, der dem Klischee der kargen Steinwüste ziemlich nahe kommt. Auch der häufige Flurname *Griža*, Steinfeld, verweist auf die typische Morphologie. Das Val Rosandra ist dennoch ein Ausnahmefall, besitzt es doch mit dem Torrente Rosandra, slow. Glinščica, ein ergiebiges und landschaftsprägendes Oberflächengewässer.

Sein slowenischer Name leitet sich jedoch nicht, wie Sprachkundige annehmen könnten, von *glina*, dem Lehm ab, sondern von *klin*, dem Keil, eine zutreffende Bezeichnung, weil der Fluss das Karstplateau im Südosten Triests förmlich spaltet, wobei ihm neben der Erosion auch eine tektonische Bruchlinie zu Hilfe gekommen ist. Seinen Ursprung hat der Bach in Slowenien, wo er ein großes Waldgebiet entwässert, ehe er sich beim Grenzweiler Botazzo/Botač mit dem Grižnik vereinigt. 500 m weiter stürzt er sich über eine Geländekante, die die geologische Trennlinie zwischen einer wasserun-

Flyschzone und dem wasserlöslichen Kalkstein markiert. Der 30 m hohe Wasserfall ist das herausragende Naturdenkmal des Val Rosandra und plätschert selbst in Trockenzeiten, sofern ihn nicht die Bora zur Eissäule erstarren lässt. Unterhalb der *cascata* beschleunigt der Bach zwischen mehreren Engstellen, kreist in Becken und Wannen und wechselt mehrmals seine Richtung, ehe er bei Bagnoli am Talausgang zum Rinnsal verkümmert.

Der relative Wasserreichtum und eine Reihe schützender Höhlen spielten für die frühe Besiedelung des Val Rosandra eine entscheidende Rolle. So wurden an rund 40 Fundorten Spuren von Neandertalern aber auch von Menschen der Bronze- und Eisenzeit entdeckt, die das Tal bereits als Handelsroute nützten. Aus vorrömischer Zeit stammen auch die *castellieri* am Monte San Michele und Monte Carso, Festungsreste, die dem illyrischen Stamm der Histrier zugeschrieben werden. Diese wurden um 170 v. Chr. von den Römern unterjocht, die in den darauffolgenden 600 Jahren die Geschicke der Region bestimmten. Eindrucksvolles Zeugnis dieser Epoche ist ein 14 km langes Aquädukt, das vom Rosandrabach gespeist wurde und das römische Tergeste (Triest) mit Trinkwasser versorgte. Das im oberen Abschnitt erstaunlich gut erhaltene Bauwerk maß 160 x 55 cm im Querschnitt, unterquerte mehrere Erhebungen und brachte es auf einen Durchfluss von 5.800 Kubikmeter Wasser pro Tag. Wanderer werden vom kunstvoll gemauerten Kanal auf dem Weg von Botazzo nach Bagnoli superiore begleitet.

Im Mittelalter spielte das Tal vor allem als Korridor für den zunehmenden Warenaustausch zwischen Küste und Hinterland eine Rolle. Säumer und Lasttiere lieferten Salz, Öl und Wein nach Norden und kamen mit Getreide und Eisenprodukten zurück. Ein gutes Dutzend Burgen, darunter das im 13. Jahrhundert errichtete Schloss Fünfenberg, kontrollierten den Handelsweg und hoben Mautgebühren ein. Das führte zu einem regen Salzschmuggel, der im 16. Jahrhundert Anlass für kriegerische Auseinandersetzungen zwischen der Republik Venedig und der autonomen Stadt Triest wurde. An der Grenze der beiden Terri-

16. Wanderung von Osp nach Draga Sant'Elia

torien gelegen, geriet das Val Rosandra immer wieder zwischen die Fronten, was schließlich zur Zerstörung der meisten Festungen führte.

Auch von den Getreidemühlen, für die der Rosandrabach über fünf Jahrhunderte die Energie lieferte, sind nur Ruinen geblieben, darunter die von Efeu überwucherten Mauerreste bei Botazzo. Gezählt wurden wenigstens 32 Mühlen, wovon einige mit bis zu vier Wasserrädern betrieben wurden. Sie befanden sich im Besitz weltlicher und kirchlicher Gutsherren aus Triest und stellten aufgrund ihrer (geografischen) Monopolstellung eine ebenso verlässliche wie ergiebige Einkommensquelle dar. Die Müller, obwohl Untertanen, genossen hohes gesellschaftliches Ansehen und beherrschten ein komplexes Handwerk, einschließlich der Herstellung von Mühlsteinen und Mahlwerken. Den Frauen oblag der Verkauf des Mehls, wofür sie mit ihren Packeseln oft tagelang unterwegs waren. Ihre Blütezeit erreichte die Müllnerei zu Beginn des 19. Jahrhunderts, als allein in der Umgebung von Bagnoli, bei einer Einwohnerzahl von 654 Personen und 120 Wohnhäusern, 14 Getreidemühlen in Betrieb waren. Ihr Niedergang wurde mit der Einführung einer Mühlen- bzw. Wassernutzungsabgabe eingeleitet und war nach dem Aufkommen von Dampf- oder elektrisch betriebener Mühlen nicht mehr aufzuhalten. Die letzten Wassermühlen stellten ihren Betrieb in den 1950er Jahren ein.

Im Gegensatz zum Berufsstand des Müllers war die Tätigkeit der Wäscherinnen von geringem Ansehen und wurde von den ärmsten Frauen aus den Dörfern des Val Rosandra ausgeübt. Wohlhabende Triestiner ließen ihre Wäsche zur Reinigung ins Tal bringen. Im Bachlauf der Rosandra kauernd, spülten die Frauen die zuvor in Aschenlauge ausgekochten Wäschestücke im fließenden Wasser. Chronische Erkältungen, Rückenschmerzen und Rheuma waren die Folge. Mit dem Einzug der Waschmaschine in die Haushalte in den 1960er Jahren verschwanden auch die Wäscherinnen aus dem Rosandratal.

Seit der Ernennung des Val Rosandra zur *riserva naturale* im Jahr 1996 steht die touristische Nutzung im Vordergrund. Das Gebiet ist mit einem dichten Netz von markierten Wander-

Ehemaliger Grenzübergang in Botazzo

wegen überzogen. Einer der populärsten, stark frequentierten Wege verläuft auf der ehemaligen Bahntrasse, die von Triest nach Kozina/Hrpelje in Slowenien führt. Das 20 km lange Bauwerk überwindet einen Höhenunterschied von 490 Metern und durchmisst auf halber Höhe den schönsten Teil des Val Rosandra. Die Strecke beginnt auf Meeresniveau beim Bahnhof San Andrea in Triest und vereinigt sich in Kozina/Hrpelje mit der 1876 eröffneten Bahnlinie von Divača nach Pula, wo sich der österreichische Marinehafen befand. Die Grundsteinlegung für das Anschlussstück erfolgte im Jahr 1885, die feierliche Eröffnung nach einer Bauzeit von weniger als zwei Jahren. Etwa 2.600 Arbeiter waren mit der Errichtung von sieben Viadukten, sechs Brücken, der Sprengung von fünf Tunneln und dem Bau mehrerer mächtiger Stützmauern beschäftigt. An manchen Stellen beträgt die teils in Fels gehauene, teils natürlichen Gegebenheiten folgende Strecke die für Eisenbahnen größtmögliche Steigung von 33 Promille: Nicht zuletzt aufgrund der engen Kurvenradien brachten es die oft von zwei Dampflokomotiven gezogenen Frachtzüge lediglich auf eine Höchstgeschwindigkeit von 30 km/h.

Kalkfelsen im Val Rosandra

In der Zwischenkriegszeit, unter italienischer Verwaltung, erfreute sich die Bahn bei den Triestinern großer Beliebtheit. Es galt als chic, mit den *littorine*, Dieselloks, eine Reise nach Istrien zu unternehmen. Während des 2. Weltkrieges, vor allem nach der Kapitulation Italiens im September 1943, war die Bahn mehrmals Ziel von Sabotageakten durch Partisanen, wodurch die Verbindung immer wieder unterbrochen und der deutsche Nachschub gestört wurde. Nach dem Krieg leiteten die schwierigen und langwierigen Grenzverhandlungen zwischen Italien und Jugoslawien das Ende der Bahn durch das Val Rosandra ein; die beschlossene Grenzziehung brachte schließlich das Aus: Die Strecke war zur Sackgasse geworden, beim Bahnhof in Draga Sant'Elia war Endstation. Im Dezember 1958 fuhr der letzte Zug durch das Rosandratal, acht Jahre später wurde der Gleiskörper vollständig entfernt.

Emil Krištof

16. Wanderung von Osp nach Draga Sant'Elia

Santa Maria in Siaris | Sveta Maria na Pečah | Heilige Maria am Stein

Das einschiffige Steinkirchlein thront auf einem Vorsprung unterhalb der Zinnen des Cippo Comici und verschmilzt geradezu mit der felsigen Umgebung. Sie wurde im Jahr 1267 eingeweiht und war lange Zeit Anlaufstelle der *battuti*, einer Bruderschaft, die auf Selbstgeißelungen spezialisiert war. Einer Portion Masochismus bedarf es auch, um den steilen Aufstieg im Geröll genießen zu können, zumal die Kirche aus der Nähe betrachtet einige Schönheitsfehler aufweist. So wirkt das nachträglich angebrachte Vordach reichlich lieblos und passt die neue Eingangstür wie die Faust aufs Auge.

Botazzo | Botač

Der melancholische Weiler markiert den Zusammenfluss von Torrente Rosandra und Grisa und war bis zum Eintritt Sloweniens in den Schengenraum im Jahr 2007 streng bewachter Grenzposten. Der Übertritt war nur Einheimischen erlaubt, darunten den Bauern, die jenseits der Grenze Grund und Boden besaßen. Landwirtschaftliche Aktivitäten sind heute nicht mehr auszumachen; lediglich ein paar Schafe und Ziegen erinnern an die Zeit, da die Hänge unterhalb des Monte Stena beweidet wurden. Auch Terrassierungen und bemooste Trockenmauern zeugen davon, dass Botazzo einst eine Art Oase im Rosandra-Tal bildete. Noch vor wenigen Jahren drohte der Weiler zu verfallen, bis man sich zweier alter Bauernhäuser annahm und diese erfreulich stilvoll instand setzte. Auch eine heruntergekommene *trattoria* hält bis heute die Stellung und scheint dabei aus der Zeit gefallen zu sein. Die restlichen Gebäude hat man ihrem Schicksal überlassen, darunter das Haus Nr. 6 an der Brücke, das einst ein öffentliches Telefon besaß und nordseitig ein wunderbares Farbenspiel aus weinrot gefleckter Fassade und grünen Fensterläden bietet.

EINKEHR:
Trattoria Botazzo. Grenzwertig ist nicht nur der Wein, sondern auch der herbe Charme der Wirtsleute; im schattigen Gastgarten sitzt und trinkt es sich dennoch gut. 0039 040 8325032.

Auf der alten Bahntrasse beim Castello di Mocco

Draga Sant'Elia | Draga | Fünfenberg
Der italienische Ortsname wurde von den Österreichern »erfunden«, als diese in den 1870er Jahren die Bahnlinie von Triest über Kozina nach Pula eröffneten und Draga, das zuvor ein armseliger Weiler gewesen war, zur Bahnstation erhoben. Die namensgebende Kirche Sv. Elija steht einen Kilometer weiter östlich auf slowenischem Boden und war nach dem 2. Weltkrieg für die Dorfbewohner unerreichbar. Mehrere Warnschilder »Confine di stato – Državna meja« säumen noch heute die ehemalige Bahntrasse, die seit einigen Jahren als Rad- und Wanderweg genützt wird. Stillgelegt wurde die Strecke 1958, also während des »Kalten Krieges« zwischen Italien und Jugoslawien, womit auch die kürzeste Verbindung zum jugoslawischen Bahnnetz gekappt wurde. Die Schienen wurden abmontiert, die Schwellen verrotteten, und der ehemalige Bahnhof dient heute als Wohnhaus. Geblieben sind die pyramidenhohen Bahndämme aus behaue-

nen Steinen, die in mühsamer Handarbeit aufgeschichtet wurden und wohl noch Jahrhunderte überdauern werden.

Grenzort war Draga auch im Mittelalter, als das Val Rosandra die Trennlinie zwischen der Republik Venedig und dem habsburgischen Triest darstellte. Die alte, längst nicht mehr gebräuchliche deutsche Ortsbezeichnung verweist auf die Burg Fünfenberg/Vicumbergo, die einst über dem Val Rosandra thronte. Wie das ebenfalls verfallene *Castello di Mocco* hatte sie die Funktion einer Grenzwacht und Zollstation. Wanderer finden ihre spärlichen Reste, wenn sie von Botazzo zur Trasse aufsteigen, einen kurzen Tunnel durchschreiten und sich dann nach rechts auf eine markante Felsnase begeben. Wer hier eine letzte Rast einlegt (bis zum Dorf ist es nur noch ein Katzensprung), blickt in einen dicht bewaldeten Graben, durch den schon vor 5.000 Jahren die Händler von der Küste ins Hinterland zogen.

EINKEHR:
Locanda Mario. Freundlicher Familienbetrieb mit abenteuerlich dekoriertem Speisesaal und angenehmem Gastgarten. Die Küche ist auf Trüffelpasta, Pilz- und Wildgerichte spezialisiert, bietet aber auch Ausgefallenes wie Froschschenkel oder Weinbergschnecken. Dass sich die hohe Qualität auch in den Preisen niederschlägt, muss dabei in Kauf genommen werden. Sehr einfache Gästezimmer. 0039 04 0228193, www.locandamario.wpeople.it

17. STARKER ABGANG
Wanderung von Draga Sant'Elia nach Villa Opicina oder Triest

Die letzte, knapp fünfstündige Etappe steht ganz im Zeichen Triests, das man fast zur Gänze auf bequemen Höhenwegen umgeht, ehe man sich jäh ins Stadtzentrum fallen lässt. Erwarten darf man sich kein ungetrübtes Naturerlebnis, sondern eine Stadtrandwanderung, bei der sich zu vielen schönen Eindrücken auch einige Irritationen und der unerbittliche Verkehrslärm gesellen. Doch ist es nicht zuletzt dieser Kontrast, der den Reiz des Weges ausmacht.

Zu Beginn wandert man noch unbeschwert im Naturreservat des Val Rosandra, das von San Lorenzo, der ersten Raststation, noch einmal zur Gänze überblickt werden kann. Riesige Fabriksanlagen und Öltanks sind die Vorboten der Großstadt; monströse Bauwerke, wie das *Ospedale di Cattinara* und der Wohnsatellit *Quadrilatero*, schieben sich ins Bild. Nach einer Durststrecke im Bereich zweier Umfahrungsstraßen wendet sich das Blatt erneut. Ein harmonischer Panoramaweg eröffnet den Blick auf die Altstadt, die nun schon zum Greifen nahe scheint. Eine Etage höher, die man auf einem historischen Saumpfad erreicht, bietet ein schöner Wiesenhang die Aussicht auf die Tentakel des alten Hafens. Mehrere Sendemasten, die wie startbereite Raketen in den Himmel ragen, markieren den höchsten Punkt des Tages. Der letzte Abschnitt führt über Conconello zu einem Campingplatz, wo man sich auf eine gemütliche Einkehr freuen darf. Passabel schmeckt die Pasta, viel besser der Wein. Noch ein paar Schritte, und man erblickt das Ziel der langen Reise: den Obelisken von Villa Opicina, wo die legendäre Straßen- und Standseilbahn Anlauf zur halsbrecherischen Talfahrt ins Zentrum von Triest nimmt.

Wer auch diese Strecke zu Fuß zurücklegen möchte, erlebt als Draufgabe einen überraschend grünen Stadtspaziergang, bei dem sich die dörfliche Peripherie und etliche historische Wege zu einem kurzweiligen Leporello fügen.

In der Via di Romagna in Triest

HINWEISE ZUR WANDERUNG
LÄNGE: 15 km [20 km]
HÖHENDIFFERENZ: 480 m ↑ 470 m ↓ [580 m ↑ 920 m ↓]
GEHZEIT: 4:15 Std. [5:45 Std.]
ANFORDERUNGEN: gering [mittel]
ORIENTIERUNG: einfach
KARTE: Tabacco-Wanderkarte »Carso Triestino e Isontino«, 1:25.000

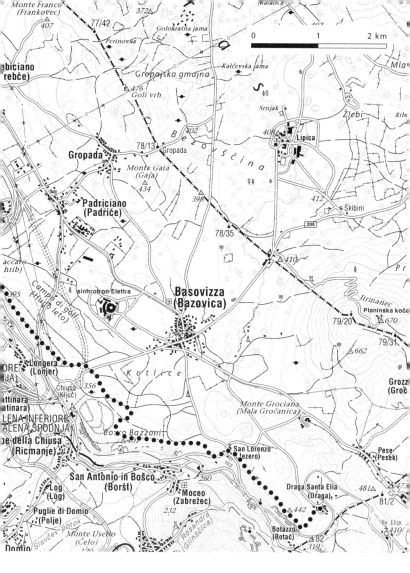

GASTSTÄTTEN: Draga Sant'Elia, San Lorenzo, Campingplatz bei Villa Opicina
UNTERKÜNFTE: Draga Sant'Elia, Triest
VERKEHRSVERBINDUNGEN: Bushaltestelle in Draga Sant'Elia, Straßenbahnhaltestelle in Villa Opicina, Bahnhof in Triest, Taxi Triest 00386 40 307730 oder 00386 40 390039

17. Wanderung von Draga Sant'Elia nach Villa Opicina oder Triest

WEGBESCHREIBUNG

Man verlässt die **locanda Mario** in **Draga** und wendet sich nach links in ein Sträßchen (Fahrverbot, **Markierung**). Nach 50 m geht man rechts in einen ansteigenden Weg (**Markierung Nr. 17**), der sich nach gut 300 m gabelt; man geht rechts. 10minütiger steiler Anstieg entlang der **Geländekante** oberhalb des Val Rosandra (**markierter Weg Nr. 1**). Man erreicht ein Plateau und folgt nun der **Geländekante** leicht bergab. Schöne Aussicht. Nach 10 Min. ignoriert man eine blau markierte Abzweigung nach links. Weiter auf dem markierten **Hauptweg**, untergeordnete Abzweigungen ignorierend und auf die Häusergruppe San Lorenzo zuhaltend, bis zu einem breiten Querweg; auf diesem nach links bis zum **Kirchlein San Lorenzo**, wo man sich nach links wendet und einem Sträßlein bis zur **trattoria Al Pozzo** folgt (0:45 Std.). Einkehr.

Weiter auf der Straße bergab bis zum **Ortsende**. 70 m danach wendet man sich nach rechts in den markierten **Weg Nr. 1**. Nach gut 5 Min. quert man den **Weg Nr. 49a** und geht geradeaus. Wieder folgt der Weg der **Geländekante** bis zu einem **Aussichtspunkt** (Windrose). Kurz darauf trifft man auf einen breiten Weg; auf diesem nach rechts (!). Nach wenigen Schritten nach links in einen Pfad (Markierung), der in den Wald führt. Man folgt der **Markierung Nr. 1** (mehrere Richtungswechsel) bis zu einer stark befahrenen Straße, welche man überquert (1:45 Std.).

Weiter auf dem markierten **Weg Nr. 1**, der kurz darauf auf einen breiten **Querweg** trifft; auf diesem nach links (rechts führt der Weg Nr. 44 nach Basovizza). Man passiert einen **Golfplatz** und wendet sich auf der nächsten **Wegkreuzung**, die Markierung verlassend, nach rechts. Sanfter Anstieg auf breitem Weg bis zu einer **Straße**, welche man überquert. Weiter auf breitem, nun wieder markiertem **Schotterweg**, der sich sofort gabelt; man hält sich rechts. Anstieg entlang des bewaldeten Hügelkammes mit gelegentlichen Blicken auf die Stadt. Nach 30 Min. dreht der Weg nach rechts und senkt sich zu einer weiteren stark befahrenen **Straße**, welche man unterquert (2:30 Std.).

Nach dem Durchlass ignoriert man die Abzweigung nach links (Nr. 11), folgt der **Markierung Nr. 1** kurz bergauf, um sich dann nach links in den **Weg. Nr. 18** zu wenden. Schöner Panoramaweg, der nach 15 Min. an einem aufgelassenen **Steinbruch** vorbeiführt. Kurz danach eine **Gabelung** (Infotafel); man geht geradeaus. Nach weite-

Windrose am Panoramaweg oberhalb von Triest

ren 20 Min. eine schräge **Wegkreuzung** (Infotafel); man geht scharf rechts und steigt 10 Min. auf schönem Wege zu einem bewaldeten **Sattel** auf. Hier wendet man sich nach links in den markierten **Weg Nr. 1**. Bequemer Hangweg, der kurz ansteigt und sich senkt, um erneut anzusteigen. 100 m danach findet sich linker Hand ein schöner **Rastplatz** (3:15 Std.).

Weiter den Kamm entlang, vorbei an mehreren **Sendemasten**. Der Weg senkt sich zu einer **Straße**; auf dieser links bergab. Nach 100 m (**Ortstafel »Conconello«**) wendet man sich scharf nach rechts in den markierten Weg Nr. 1. Bequemer, fast ebener Weg, der nach 30 Min. zu einem **Campingplatz** führt (4:00 Std.). Einkehr.

Vom Campingplatz folgt man der Markierung bergab bis zu einer **Hauptverkehrsstraße**; auf dieser 150 m nach rechts bis zum **Obelisken** von Villa Opicina und weiter zur **Haltestelle** der **Straßenbahn** (4:15 Std.). 20minütige Straßenbahnfahrt bis zur **Piazza Oberdan** im Stadtzentrum.

Kirche San Lorenzo

FORTSETZUNG BIS ZUR PIAZZA OBERDAN:
Man geht von der **Straßenbahnhaltestelle** am Sella di Opicina in südwestlicher Richtung, passiert den **Obelisken** und wendet sich nach 50 m halb rechts in die **Scala Santa**. Abstieg auf gepflastertem Sträßchen bis dieses die **Eisenbahn** überquert. 200 m weiter bergab bis zum **Haus Nr. 163**, vor dem man sich nach links in einen ebenen Weg wendet. Angenehmer Hangweg entlang alter Terrassierungen und Weingärten bis zur Häusergruppe **Piščanci**. Man durchschreitet ein Grundstück (Durchgang gestattet), gelangt zu einem Brunnen und geht halbrechts in die ansteigende **Via dei Moreri**. Schöner Ausblick Richtung Meer. Man erreicht eine Gabelung und geht links in die **Via dei Molini**. Kurz bergauf bis zu einer **Kreuzung**; man geht geradeaus.

Das Sträßlein senkt sich in einen **Taleinschnitt**, führt aus diesem wieder heraus und trifft bald darauf auf die **Vicolo delle Rose**; auf dieser scharf nach links. Anfangs moderater, dann steiler Anstieg bis zu einem Platz; hier geht man rechts in die **Via dei Giaggioli**, die kurz darauf in die **Via di Verniellis** mündet. Gleich darauf eine Gabelung; man hält sich links. Am Ende der Straße hält man sich rechts und wendet sich sofort nach links in die **Via Commerciale**. Nach 50 m wendet man sich nach rechts in die **Via Marziale** (markierter **Weg Nr. 2**).

17. Wanderung von Draga Sant'Elia nach Villa Opicina oder Triest

Nach 100 m folgt man der Markierung nach links, quert die **Straßenbahnlinie** und gelangt in den Wald. Nach 100 m biegt man scharf nach rechts. Abstieg bis zu einem **Rastplatz** (Brunnen). Kurz darauf eine **Wegkreuzung**; hier geht man rechts, die Markierung verlassend. Nach 5 m wieder eine Gabelung; man hält sich wieder rechts und steigt auf einem schmalen **Pfad** bzw. **Treppenweg** entlang eines Bächleins weiter bergab. Man trifft auf eine **Querstraße**, geht auf dieser nach rechts und wendet sich nach 20 m nach links in die **Via del Montello**, die kurz darauf in die **Via di Romagn**a mündet. Man folgt der Straße stets bergab bis zur einer **großen Straßenkreuzung**. Hier wendet man sich nach links in die **Via Giosuè Carducci** und erreicht kurz darauf die **Piazza Guglielmo Oberdan** (5:45 Std.).

Wer zum Bahnhof möchte, geht bei **großen Straßenkreuzung** rechts und folgt der **Via Carlo Ghega** bis zur **Pizza della Libertà**. Man passiert einen Park und erreicht den **Hauptbahnhof** von **Triest** (6:00 Std.).

AM WEGE

San Lorenzo | Jezero

Der slowenische Ortsname, zu deutsch See, geht auf eine längst verschwundene, künstlich geschaffene Wasserstelle zurück, wie es sie im Karst zu Hunderten gab. Ein kleines Juwel ist die schiefergedeckte Steinkirche im Dorfzentrum, die kürzlich ansprechend renoviert wurde. Sankt Laurenzius ist u. a. Schutzpatron der Köche, weil er von den heidnischen Römern geröstet wurde. Möge er auch dem Küchenpersonal der benachbarten Gaststätte beistehen!

EINKEHR:

Trattoria Al Pozzo. Essen und Wein sind nicht ganz auf der Höhe, dafür bietet sich von der Aussichtsterrasse ein prächtiger Blick auf das Val Rosandra. 0039 04 0228211

Campeggio Obelisco. Die kleine Bar, in der auch einfache Gerichte gereicht werden, ist Treffpunkt älterer Ortsbewohner, die sich beim Kartenspiel über die Schulter schauen lassen. 0039 040 2415306, www.campeggiobelisco.it

17. Wanderung von Draga Sant'Elia nach Villa Opicina oder Triest

TRIESTE | TRST | TRIEST

Piazza Guglielmo Oberdan | Trg Oberdan

Wer in Villa Opicina die historische Straßenbahnlinie 2 besteigt, mit der Arbeiter und Hauspersonal schon 1902 aus dem slowenischen Umland einpendelten, um in das Stadtzentrum von Triest zu gelangen, verliert bald, nach einer schönen, aussichtsreichen Passage, das Meer aus dem Blick, sieht links den faschistischen Prunkbau der Universität und taucht in Straßenschluchten zwischen Mietskasernen ein. Ziel und Endstation ist ein halbrunder Platz, dessen gerade Seite von der Via Carducci, einer mehrspurigen, lärmigen Straße, begrenzt wird: die Piazza Guglielmo Oberdan. Es gibt durchaus schönere Ankünfte in Triest: Mit dem Auto etwa landet man, nach der Fahrt über die Küstenstraße, fast unwillkürlich auf der Riva Tre Novembre oder der Riva del Mandracchio am Hafen. Wenn man einen Parkplatz gefunden hat, kann man auf den Molo Audace hinaus schlendern und von dort den Blick auf den Golf oder, sich umwendend, auf die weite Piazza Unità d'Italia und die Gründerzeitbauten der *Assicurazione Generali* oder des *Lloyd Triestino* von 1883, der als Schifffahrtsgesellschaft 1830 gegründet wurde, genießen. Der Molo ist nach dem italienischen Kriegsschiff *Audace* benannt, das im November 1918 hier anlegte und die Annexion Triests durch das Königreich Italien einleitete.

Aber die Piazza Oberdan, dieser auf den ersten Blick unscheinbare, ja ein wenig hässliche Platz, an dem man aus der Straßenbahn gestiegen ist, charakterisiert die Stadt viel präziser als der Blick von der Mole. Hier sind die Widersprüche Triests in äußerster Dichte präsent. Der 1913 in Triest geborene slowenische Dichter Boris Pahor, Widerstandskämpfer und Überlebender von vier Konzentrationslagern, hat diese Verdichtung in seiner literarischen Textcollage Piazza Oderdan festgehalten.

Viele Städte in Italien haben eine Via oder Piazza Oberdan, die nächste Calle Oberdan ist in Muggia ganz nahe. Sie alle sind benannt nach einem tragischen Sohn Triests, der als Wilhelm Oberdank 1858 geboren wurde. Seine Mutter war die unverheiratete Slowenin Marija Jozefa Oberdank, Köchin aus Gorica, sein Vater Valentino Falcier stammte aus dem Veneto und diente

Am Führerstand der Straßenbahnlinie 2

beim österreichischen Militär: also eine ziemlich interkulturelle Mischung. Der Vater verließ seine Geliebte bald, doch Marija fand einen treueren Gatten, der Wilhelm an Sohnes statt annahm und ihm ein Ingenieursstudium in Wien ermöglichte.

Der junge Mann litt tief unter seinem doppelten Makel: Er war unehelicher Herkunft, eine gesellschaftliche Schande zu dieser Zeit, und er war Slowene, also Angehöriger jener Bevölkerungsschicht in Triest, die aus dem sprachlich homogenen, bäuerlichen Umland eingewandert war und der überwiegend italienisch- und deutschsprachigen Oberschicht, den Kaufmännern und Bürokraten, als Dienstleistende zur Hand ging. Noch 1910 lebten übrigens mehr Slowenisch sprechende Menschen in Triest als in Ljubljana, nämlich über 56.000. Oberdank wollte seinen Makel in einem Akt der Selbstbefreiung abwerfen. In seinem lesenswerten Buch *Krisenherd Adria 1915–1955* zitiert Rolf Wörsdörfer einen anderen Spezialisten dieses Themas, nämlich Claus Gatterer: »Wilhelm Oberdank, der Angehörige des verachteten Domestikenvolkes, verwandelte sich in Guglielmo Oberdan, den Italiener. [...] Bei Oberdan wurde die nationale Konversion, die sich bei zehntausenden anderen Slowenen als stille Assimilierung, als Untertauchen in der italienischen Masse Triests unbewusst und gewissermaßen ohne eigenes Dazutun vollzog, zu einem bewussten, feierlichen Akt der Selbst-Entnationalisierung.«

Oberdan war ebenso vom Geist eines Konvertiten wie vom Geist eines Revolutionärs durchdrungen. Der zweiundzwanzigjährige Konvertit hatte sogar seinen Namen verstümmelt, um dazugehören zu können. Er desertierte aus dem österreichischen Militärdienst, zu dem man ihn vom Studium weg eingezogen hatte, und floh nach Rom, um nicht in Bosnien-Herzegovina gegen Partisanen kämpfen zu müssen, die sich der Besetzung durch Österreich 1878 widersetzten. In Rom, seit 1871 Hauptstadt des neu entstandenen italienischen Nationalstaates, wollte Oberdan sein Studium fortsetzen, aber stattdessen fand er ein politisches Ziel. Der italienische Irredentismus hat seinen Namen von *terre irredente*, also unerlöste Gebiete, Gebiete, die von Italienern bewohnt waren, aber noch nicht zum Nationalstaat gehörten, und dazu gehörte zu dieser Zeit auch Triest. Matteo Renato Imbriani, der Gründer dieser durchaus republikanischen und demokratischen Bewegung, muss Oberdan sehr beeindruckt haben. Aber Oberdan begegnete auch dem greisen Giuseppe Garibaldi: Als Mitglied eines Empfangskomitees begeisterter junger Italiener am Bahnhof in Rom wurde er von diesem charismatischen Kämpfer auf die Stirn geküsst.

Dieser Kuss wurde nicht nur zu seinem privaten Mythos, sondern zu einem Erweckungserlebnis. Er stachelte Oberdan vielleicht dazu auf, auch seine italienischen Triestiner Mitbürger in nationaler Hinsicht zu erwecken. Diese lebten in einer kosmopolitischen Situation, die im sehenswerten Friedhof Sant' Anna nachempfunden werden kann, der konfessionell aus sieben Teilen besteht. Weder wollte die Italienisch sprechende Oberschicht, die sich mit den Deutsch, aber auch Französisch, Griechisch oder sogar Armenisch sprechenden Klassengenossen arrangiert hatte, unter die Herrschaft einer Zentrale, die 1871 den Vatikanstaat besetzt hatte, noch war den Slowenisch sprechenden Triestinerinnen und Triestinern daran gelegen, die in nationaler Hinsicht großzügige österreichische Verwaltung auszutauschen. Die Bürger hatten sich, so Boris Pahor, »an ein bequemes Leben gewöhnt«, genossen die multikulturelle Küche, das Wild aus dem slowenischen Hinterland, Baccala, Gulasch, süditalienische Speisen, und ließen sich, »ihrem Charakter nach ohnehin zu Sorglosigkeit neigend, kaum für entschlossene Gesten begeistern«.

Aber Oberdan sah eine Gelegenheit. 1882 wurde die 500jährige Zugehörigkeit der Stadt zum Herrschaftsbereich der Habsburger gefeiert; und Kaiser Franz Josef hatte sich angekündigt. Oberdan besorgte sich einfache Bomben. Während der Feierlichkeiten explodierte tatsächlich eine Bombe, aber es war die Bombe eines anderen. Oberdan stand längst unter Überwachung der österreichischen Polizei. Er hatte sich am Tag vor dem Besuch des Kaisers in einem Gasthaus in Ronchi einquartiert und wurde dort, mit seinen Bomben im Gepäck, verhaftet. Sein Attentatsplan war derart unausgegoren, dass der bei Wörsdörfer zitierte Dichter Giosuè Carducci später meinte, Oberdan habe sich nach Triest begeben, »nicht um zu töten, sondern um getötet zu werden«. Das legt auch sein Verhalten vor Gericht nahe. Sogar konsequenter noch als seine Ankläger bestand er darauf, dass seine Bomben für den Kaiser bestimmt gewesen seien. Wie er sich selbst zum Italiener gemacht hatte, so machte er sich jetzt selbst zum Märtyrer. Trotz massiver Bedenken einflussreicher österreichischer Politiker, die keine Symbolfigur schaffen wollten, wurde Oberdan zum Tode verurteilt und gehenkt. Sein nur 24 Jahre währendes Leben, in dem er ein nicht einmal wirklich fehlgeschlagenes Attentat zu Stande gebracht hatte, war am 20. Dezember 1882 zu Ende.

Der Zweck aber, für den Oberdan sich aufgeopfert hatte, wurde erreicht. Die Sache des Irredentismus erhielt großen Zulauf, die Italienisch sprechenden Triestiner wussten nun, dass sie gegen die österreichische Herrschaft zu kämpfen hatten. Später war es der italienische Faschismus, der den Mythos Oberdan nützte, um die irredentistische Bewegung zu vereinnahmen. Dass der Friedensvertrag von Versailles Italien um die Früchte des Sieges im 1. Weltkrieg betrogen habe und es darum ginge, angesichts der *vittoria mutilata*, des verstümmelten Sieges, den Kampf um die *terre irredente* wieder aufzunehmen, war ein zentrales Motiv der italienischen Faschisten. Noch absurder wurde übrigens Marija Jozefa Oberdank, Oberdans slowenische Mutter, vereinnahmt. Als sie, für die man nach der Hinrichtung des

Graffito in der Altstadt von Triest

Sohnes in ganz Italien Unterschriften unter eine Beileidsbekundung gesammelt hatte, 1908 zu Grabe getragen wurde, geriet die Beerdigung zu einer antiösterreichischen Massendemonstration. Doch auch dann gönnte man Marija Jozefa keine Ruhe: 1930 wurde sie exhumiert und noch einmal feierlich bestattet.

Die heutige Piazza Oberdan war für die Faschisten der ideale Ort, dem Mythos Oberdan zu huldigen. Mussolini förderte großzügig das *Istituto Guglielmo Oberdan*, das daran ging, eine Gedenkstätte zu konzipieren. An der seinerzeitigen Piazza della Caserma stand ehedem ein Militärhospital aus den Zeiten Kaiserin Maria Theresias, das schon früh zur »Großen Kaserne« umgebaut worden war, ein mächtiges, die Habsburgische Herrschaft symbolisierendes Gebäude, umso mehr, als Oberdan hier gefangen gehalten und hingerichtet worden war.

Als die Stadtverwaltung 1926 mit dem Abriss der Kaserne und der Neugestaltung des Platzes begann, standen dort die ausgebrannten Mauern eines anderen, von den Faschisten gehassten Symbols, nämlich des *Narodni dom*, des slowenischen Volkshauses oder Kulturzentrums. In dem vom Architekten Maks Fabiani – auch er österreichisch-italienisch-slowenischer Herkunft

– geplanten und 1904 fertiggestellten Komplex befanden sich Büros, ein Theater, mehrere Vortragssäle, eine Bibliothek, eine Bank, ein Kaffeehaus und eine Herberge, die den schönen Namen »Hotel Balkan« trug. Das mächtige Gebäude, eine ständige Provokation für die Faschisten, war 1920 in Brand gesteckt worden. Boris Pahor, der mit seiner Schwester aus der nahe gelegenen elterlichen Wohnung herbei gelaufen war, sah als Kind die »schreiende Menge, über der aus den Fenstern des Volkshauses die Flammen züngelten. Wir waren erschüttert, hielten uns an den Händen und starrten auf die Feuerwehrmänner, denen die Angreifer verwehrten, ihre Wasserspritzen auf das brennende Gebäude zu richten«. Die ausgebrannten Außenmauern des *Narodni dom* erinnerten die Triestiner Slowenen lange an ihre Lage. Schließlich wurde das Haus reaktiviert, im Zuge der Neugestaltung in die zweite Reihe gedrängt und vom Platz selber abgeschnitten. Die faschistische Architektur hatte sich ganz im Sinne des Wortes dazwischengeschoben.

Die Neugestaltung der Piazza Oberdan, die unter dem Architekten Umberto Nordio 1926 begann und in der zweiten Hälfte der Dreißigerjahre abgeschlossen wurde, war über die Demolierung der alten österreichischen Kaserne hinaus auch ein architektonisches Statement gegen das klassische, unter Maria Theresia im sogenannten theresianischen Viertel nördlich der Altstadt etablierte Schachbrettmuster der Straßen. Mehrgeschoßige Gebäude umschließen ein Halbrund, in das verschiedene Straßen einmünden, hinter Arkaden findet man Ladenlokale. Die Zelle Oberdans wurde in ein *Sacrario*, einen mystischen Erinnerungsort, integriert, in dem der Bildhauer Attilio Selva Oberdan eine späte Belohnung verschaffte: Seine monumentale Statue wird von zwei hübschen, barbusigen Damen – Allegorien des Vaterlands und der Freiheit – umgarnt, während der Held brav die Hände über seinem Gemächte verschränkt. In einem Säulengang fanden nicht nur Wappen italienischer, sondern auch dalmatinischer Städte eine Herberge. Von einem quadratischen Turm aus, der das Gebäude überragt, könnte man in der Ferne das Denkmal für die Gefallenen des 1. Weltkriegs sehen, das derselbe Bildhauer für den Hügel San Giusto entworfen hat, alles in allem also ein Ort höchster symbolischer Verschränkung. Auch das in der ersten Etage des

Am Canal Grande in Triest

Komplexes gelegene *Museo di Storia della Patria e del Risorgimento* ermöglicht keine reflexive Distanz zu dieser Verschränkung. Es ist Monument der »Wiedererstehung« Italiens als Nation in der gleichnamigen Epoche zwischen 1815 und 1870, einer politisch und sozial höchst heterogenen Zeit, und gleichzeitig Dokument einer Erinnerungskultur, die den 1. Weltkrieg *Grande Guerra* und den monumentalen Kriegerfriedhof in Redipuglia *zona sacra* nennt. Wie die großen Bauten aus faschistischer Zeit, etwa die *Stazione Termini* oder die Gebäude der *Esposizione Universale di Roma*, deren Durchführung Mussolini für 1942 geplant hatte, in die heutige Stadtlandschaft Roms integriert sind, so zwanglos scheint die durch faschistische Gedächtnisinszenierungen aufrecht erhaltene Erinnerung auch das gegenwärtige italienische Geschichtsbewusstsein zu möblieren.

Ein anderes Zeichen findet sich jedoch vor dem Museum. Am Brunnen in der Mitte der Piazza sieht man eine Skulptur des Bildhauers Marcello Mascerini, die populär unter dem Namen *statua dei fidanzatini* (etwa Statue der kleinen Verlobten) bekannt ist. Sie erinnert an ein reales Ereignis: Am 21. März 1945 wartete hier der 22jährige Pino Robusti auf seine Verlobte, wurde von der SS

17. Wanderung von Draga Sant'Elia nach Villa Opicina oder Triest

verhaftet, in die Risiera di San Sabba, also ins örtliche Konzentrationslager, gebracht und dort am 6. April 1945 ermordet und verbrannt. Sein erhalten gebliebener Abschiedsbrief endet mit den Worten: »Leb wohl, geliebte Laura, ich gehe in das Unbekannte, in die Herrlichkeit oder in das Vergessen. Sei stark, redlich, großherzig, unbeugsam. […] Mein letzter Kuss enthält alle meine Liebe und Zuneigung«. Ganz in der Nähe, gegenüber dem heutigen Sitz der Region Friuli Venezia Giulia, in der Via Carducci, hatte die Gestapo von 1943 bis 1945 ihr örtliches Hauptquartier mit seinen Folterkammern, aus denen die Schreie der Opfer bis auf die Straße zu hören gewesen sein sollen.

Wer sich mittlerweile von der Geschichte erdrückt fühlt, gehe nun vom Platz aus nach links in die Via Carducci, biege in die Via Cesare Battisti nach links und zum *Caffè San Marco*, das mit Unterbrechungen seit 1914 existiert. Hier hat schon James Joyce seinen Kaffee getrunken. Und selbst nach der letzten Restaurierung des Etablissements sitzen hier noch immer feingliedrige alte Leute, die wie Schriftsteller aussehen. Oder man wendet sich, auf gleicher Höhe der Via Carducci, in den Passo Fausto Pecorari, geht den Canal Grande entlang, Relikt der von Maria Theresia betriebenen Trockenlegung des nach ihr benannten Viertels, und trifft dort bald auf ein Beispiel der religiösen Toleranz im Habsburgerreich in Gestalt der serbisch-orthodoxen Kirche, deren Popen über die Macht verfügen sollen, Pechsträhnen zu beenden. Vorne am Meeresufer wendet man sich nach links und erreicht die Piazza Unità d'Italia und das dortige *Caffè degli Specchi*, wo man seit 1839 einen Großen Braunen oder Verlängerten trinken kann. Irgendwie hat die österreichische Tradition, die Guglielmo Oberdan so hassen wollte, so auch etwas Tröstliches.

Wilhelm Berger

EINKEHR:
Albergo alla Posta. Passables 3-Sterne-Hotel an der Piazza Oberdan. 0039 040 365208, www.albergopostatrieste.it
Hotel Centrale. Preisgünstiges und freundliches Quartier in bester Lage. 0039 040 639482, www.triestehotelcentrale.com

ORTSREGISTER

Artviže | Artvische | Artuise 264
Begunje pri Cerknici | Wigaun bei Zirknitz | Begugne 140
Bertoki | Bertocchi 320
Betanja | Bettania | Betania 240
Bistra | Freudenthal 76
Blatna Brezovica | Moosthal 58
Borovnica | Franzdorf | Borovenizza 86
Botazzo | Botač 403
Brezovica | Bresovizza 266
Čepno | Tschepanu | Ceppeno 232
Cerknica | Zirknitz | Circonio 142
Cerkniško jezero | Zirknitzer See | Lago di Circonio 147
Črni Kal | San Sergio | St. Serg 374
Divača | Waatsche | Divazza 236
Dolenje Jezero | Unterseedorf | Lago Inferiore 145
Dolnja Košana | Unterkassanthal | Cossana Inferiore 217
Draga Sant'Elia | Draga | Fünfenberg 404
Drča 73
Gornja Košana | Oberkassanthal | Cossana Superiore 221
Grad Hošperk | Schloss Haasberg 172
Gradišče pri Divači | Gradischie di San Canziano 236
Grad Ravne | Schloss Raunach 215
Grad Socerb | Castello San Servollo | Burg Sankt Serff 395
Gračišče | Gracischie | Altenberg 306
Hrastovlje | Cristoglie | Chrästeirach 369
Ivanje selo | Eibenschuss 170
Javornik | Jauernig | Monte Pomario 198
Kal | Kaal | Cal di San Michele 214
Kojnik, Golič, Lipnik | Coinico, Golich, Lipenico 288
Koper | Capodistria | Gafers 323
Kožljek | Koscheg 92
Kubed | Covedo 317
Ljubljana | Laibach | Lubiana 19
Ljubljansko barje | Laibacher Moor | Palude di Lubiana 31
Matavun | Matavon | Mattauno 242
Metelkova mesto | Metelkova City 19

Naklo | Nakla | Nacla San Maurizio 263
Nova Sušica | Neudirnbach | Sussizza Nuova 216
Osp | Ospo 376
Petelinjsko jezero | Palude di Peteline 202
Piazza Oberdan | Trg Oberdan 414
Pivka | St. Peter | San Pietro del Carso 205
Planina | Alben | Planino 174
Planinsko polje 172
Podgorje | Piedimonte del Taiano | Podgier 280
Podpeč | Popecchio 372
Postojna | Adelsberg | Postumia 176
Postojnska vrata | Adelsberger Pforte 175
Rakek | Rakek | Recchio 161
Rakov Škocjan | Rakbachtal | Rio dei Gamberi 158
Rižana | Risano 319
Rodik | Roditti | Rodig 268
San Lorenzo | Jezero 413
Santa Maria in Siaris | Sv. Maria na Pečah | Hlg. Maria am Stein 403
Škocjanske jame | St.-Kanzian-Höhlen | Grotte di San Canziano 243
Škocjanski zatok | Val Stagnon 322
Škocjan | St. Kanzian | San Canziano della Grotta 241
Slavnik | Monte di Taiano 278
Slivnica 142
Slope | Sloppe 266
Soteska Pekel | Höllenklamm 90
Stara Sušica | Altdirnbach | Sussizza Vecchia 217
Sveta Trojica | Heilige Dreifaltigkeit | Santa Trinità 201
Trieste | Trst | Triest 414
Trnje pri Pivki | Dorn | Tergni 203
Tublje pri Hrpeljah | Tublie di Erpelle 277
Unška koliševka 175
Val Rosandra | Glinščica | Rosandratal 397
Verd | Werdenberg in der Oberkrain 74
Vremščica | Monte Auremiano 234
Vrhnika | Oberlaibach | Nauporto 60
Zanigrad | Sanigrado 371
Zazid | Sasseto | Steindorf 290

AUTOREN

Gerhard Pilgram, geb. 1955, Kulturmanager, Autor und bildender Künstler, Geschäftsführer des Universitätskulturzentrums UNIKUM. Publikationen u. a.: Kärnten. Unten durch, Klagenfurt 1998; Verschütt gehen, Klagenfurt 2002; Slowenien entgegen, Klagenfurt 2004; Das Weite suchen, Klagenfurt 2006 (alle gemeinsam mit Wilhelm Berger und/oder Gerhard Maurer); Die letzten Täler, Klagenfurt 2008; Le ultime valli, Udine 2010; Über die Zäune, Klagenfurt 2011; Tiefer gehen, Klagenfurt 2011.

Wilhelm Berger, geb. 1957, Sozialwissenschaftler und Philosoph, ao. Univ.-Prof. am Institut für Technik- und Wissenschaftsforschung der Fakultät für Interdisziplinäre Forschung und Fortbildung (Klagenfurt – Graz – Wien). Forschungsaufenthalte und Lehraufträge u. a. in Paris, Berlin, Rom, Wien und Graz. Buchveröffentlichungen u. a.: Kärnten. Unten durch, Klagenfurt 1998 (gemeinsam mit Gerhard Pilgram und Gerhard Maurer); Slowenien entgegen, Klagenfurt 2004; Das Weite suchen, Klagenfurt 2006 (gemeinsam mit Gerhard Pilgram und Gerhard Maurer); Philosophie der technologischen Zivilisation, München 2006; Die letzten Täler, Klagenfurt 2008; Macht, Wien 2009; Le ultime valli, Udine 2010; Über die Zäune, Klagenfurt 2011; Tiefer gehen, Klagenfurt 2011; Was ist Philosophieren? Wien 2014.

Werner Koroschitz, geb. 1961, lebt und arbeitet als freiberuflicher Historiker in Villach. Wissenschaftliche Leitung des Vereines Industriekultur und Alltagsgeschichte. Zahlreiche Publikationen zeitgeschichtlichen Themen, u. a.: Werkstatt Villach, Villach 2000; Alles Dobratsch, Villach 2002; Heiß umfehdet, wild umstritten, Villach 2005; Der Onkel aus Amerika, Villach 2006; Ein korrekter Nazi, Villach 2006; Wir gehörten hierher, Bad Eisenkappel 2008; Die letzten Täler, Klagenfurt 2008; Le ultime valli, Udine 2010; Über die Zäune, Klagenfurt 2011; Tiefer gehen, Klagenfurt 2011; Kein schöner Land, Murau 2012; Ans Meer, Villach 2012; Im besten Einvernehmen, Villach 2014.

KO-AUTOR

Emil Krištof, geb. 1957, Kulturschaffender und Musiker, Geschäftsführer des UNIKUM (gemeinsam mit Gerhard Pilgram).

ORTS- & WEGBESCHREIBUNGEN
Gerhard Pilgram

LEKTORAT & KORREKTUREN
Annemarie Pilgram, Helga Rabenstein, Tina Hofstätter

ÜBERSETZUNGEN & RECHERCHEN
Andrea Wernig

WEGRECHERCHE UND ORTSERKUNDUNGEN
Wilhelm Berger, Werner Koroschitz, Emil Krištof, Gerhard Pilgram, Bruno Taxenbacher

FOTOS
Gerhard Pilgram
Bildbearbeitung: Mark Duran

KARTENMATERIAL
Geodetski inštitut Slovenije, Jamova cesta 2, 1000 Ljubljana, Slovenija, www.gis.si, info@gis.si
Bearbeitung & Kartengrafik: Emil Krištof
Peilung und Qualitätskontrolle: Bruno Taxenbacher

BUCHGESTALTUNG
Emil Krištof, Gerhard Pilgram

TESTWANDERER & -WANDERINNEN
Ilse Abl, Heinz Abl, Karen Asatrian, Eva Chytilek, Jens Donner, Gerhard Fitzthum, Stefan Gfrerrer, Jacob Guggenheimer, Sebastian Hackenschmidt, Andreas Krištof, Ute Lambauer, Kirstin Mertlitsch, Moreno Miorelli, Katharina Müller, Dietmar Pickl, Annemarie Pilgram, Agnes Pluch, Johannes Puch, Robert Schabus, Esther Schmidt, Sabrina Scumaci, Bärbel Tietze, Walter Tietze, Inge Vavra, Andrea Wernig, Hanzi Wuzella

FAHRPLANAUSKUNFT FÜR BAHN UND BUS
Slovenske železnice (Slowenische Bahn): www.slo-zeleznice.si
Trenitalia (Italienische Bahn): www.trenitalia.com
Slowenische Busfahrplanauskunft: www.vozni-red.si
Italienische Busfahrplanauskunft: www.triestetrasporti.it

ERLÄUTERUNGEN ZU DEN WEGBESCHREIBUNGEN

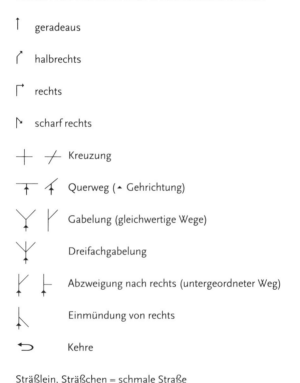

Sträßlein, Sträßchen = schmale Straße
Hauptweg = übergeordneter Weg
Forstweg = breiter Waldweg
Karrenweg, Feldweg, Fahrweg = zweispuriger Weg
Pfad, Steig = schmaler Weg
Sattel = markanter Einschnitt an einem Hügel- oder Bergkamm
Man *passiert* ein Gehöft = Man *geht* an einem Gehöft *vorbei*

Gerhard Pilgram | Wilhelm Berger | Werner Koroschitz | Annemarie Pilgram-Ribitsch
DIE LETZTEN TÄLER – Wandern und Einkehren in Friaul
Hg.: Universitätskulturzentrum UNIKUM, www.unikum.ac.at
416 Seiten mit Farbteil
Drava Verlag/Založba Drava 2008, Klagenfurt–Wien/Celovec–Dunaj
www.drava.at
3. aktualisierte Auflage 2010
ISBN: 978-3-85435-532-8
EUR 24,80

Friaul abseits touristischer Trampelpfade erleben: DIE LETZTEN TÄLER lenkt den Blick auf die verborgenen Schönheiten Friauls und lädt zu 24 Wanderungen durch die eigenwilligen Kulturlandschaften entlang der Grenze zu Slowenien. Ausführliche Orts- und Wegbeschreibungen, kulturhistorische Hintergrundinformationen und gastronomische Tipps. Ein Wander-Reise-Lesebuch für Neugierige.

Chiout di Gus, Cicigolis, Clabuzzaro, Mersino, Mogessa di là, Monte Prat, Montefosca, Pedrosa, Prossenico, Punta Barene, Stavoli, Stermizza, Stremiz, Topolò ... DIE LETZTEN TÄLER führt in die entlegendsten Dörfer Friauls und eröffnet den Reisenden eine unbekannte Welt. Auch prominente Orte wie Venzone, Cividale oder Grado erscheinen in ungewohntem Licht.
Eine Entdeckung.

Pressestimmen zu den Wander-Reise-Lesebüchern des UNIKUM:
»... Unsentimentale, exakte Kartographie ...«
Der Standard, Wien

»Nichts könnte in einem stärkeren Kontrast zu den gängigen Reisebildbänden stehen.«
DIE ZEIT, Hamburg

»DIE LETZTEN TÄLER liest sich wie eine Offenbarung. Ein Reisebuch voller Spürsinn«
Die Presse, Wien

DIE LETZTEN TÄLER – Wandern und Einkehren in Friaul ist auch in italienischer Übersetzung von Antonietta Spizzo erhältlich:
LE ULTIME VALLI – Camminate di confine in Friuli Venezia Giulia.
Forum Edizioni, 2010